제5판

민법사례연습 Ⅲ

[채권총론]

이병준 · 황원재 · 정신동

세창출판사

제5판 머리말

'민법사례연습 III' [채권총론] 제5판에는 여러 가지 변화가 있습니다. 우선, 강릉원주대학교의 정신동 교수가 공동 저자로 참여하여 새로운 사례의 개발과 검토에 도움을 주었습니다. 또한, 부정확하여 오해를 불러 오던 여러 표현들을 수정하고, 각주를 통해 새로운 판례의 경향도 소개하였습니다. 민법의 전형적인 사례들을 통해 핵심 이론을 이해하고 심화하려는 '민법사례연습'의 기본 취지를 유지하면서, 변화하는 판례와 이론을 모두 담아내기 위하여 이번 개정판은 지나치게 이론적인 사례를 삭제하고 새로운 사례를 추가하였습니다. 구체적으로 법정변제충당, 대위변제자 사이의 관계, 채권자지체로 인한 계약해제를 다룬 사례를 추가하여 독자들의 이해를 높이고자 하였습니다.

방대한 채권총론의 체계와 이론을 최대한 압축적으로 100개의 사례에 담아내는 것이 쉬운 일은 아니지만, 이러한 노력 때문에 2004년 9월 초판이 발행된 이후 '민법사례연습 III' [채권총론]은 민법을 공부하는 다양한 독자들에게 사랑받아 왔다고 생각합니다. 이번 개정판에서도 민법의 다양한 핵심 개념과 이론을 쉽게 이해하고 심화할 수 있도록 체계와 사례를 구성하려고 노력하였습니다.

이번 개정판을 발간하면서 오탈자 교정과 각주의 내용을 검토하고 최신화하는 작업은 계명대학교 문현지 학사가 맡아 주었습니다. 학업으로 바쁜 중에 개정 작업에 참여하여 수고해 준 문현지 학사에게 감사의 뜻을 표하며, 학문적으로 더 많은 성과를 이루기를 바란다는 희망도 함께 전합니다. 끝으로 이 책의 출판에 아낌 없는 도움을 주신 이방원 사장님과 임길남 상무님께도 심심한 감사를 드립니다.

2023. 2. 5.
공동저자
이병준 · 황원재 · 정신동

머 리 말

이 사례연습집은 민법을 공부하는 초학자들이 전형적인 사례들을 접함으로써 민법전과 민법이론을 더 잘 이해하고 그 내용을 심화할 수 있다는 생각에서 쓰게 되었다. 이 책에 나와 있는 사례들은 법과대학에 들어와서 채권총론 강의를 수강하는 학생들을 대상으로 만들어졌고 실제로도 이러한 학생들을 대상으로 강의하면서 정리해 온 사례들이다. 판례의 사안들을 변형해서 사용한 경우도 있지만, 되도록 실생활에서 쉽게 일어날 수 있고 해당 제도를 이해하기에 가장 적합하다고 생각되는 사례들을 모았다.

사례풀이는 독일 그리고 우리나라에서도 일부 도입되고 있는 청구권규범에 의한 사례풀이방식을 취하였다. 그 구체적인 내용은 [사례풀이방법의 기초원리]에서 간단하게 설명하였는데, 이 풀이방법의 강점은 논의하여야 할 논점들을 빠짐없이 찾아내고 일정한 체계를 갖추어 구성할 수 있다는 점이다. 이 풀이방법을 학습할 수 있는 기회를 제공하기 위해서 저자는 다양한 논점이 들어가 있는 사례문제를 고시잡지를 통하여 몇 개 발표한 바 있다. 그러나 너무 어렵다는 평가를 받았고 초학자가 보기에는 사례가 너무 복잡하고 논점이 너무 많았다. 그러다 보니 학생들이 정작 사례연습의 목적인 사실관계를 법률규정에 적용하는 연습을 하기보다는 목차와 논점만을 암기하고 있는 실정이었다. 그러나 '사례문제는 정형화되어 있는 문제들의 목차와 논점을 암기하여 답안을 작성하면 충분하다'는 생각은 위험하다. 모든 사례는 그 자체의 생명력을 갖고 자기 나름의 논점들을 가지고 있기 때문이다. 따라서 사례연습을 통하여 습득해야 하는 것은 사례에 접근하는 방법이다.

이러한 고민 속에 초학자들에게 필요한 것은 사례풀이에서 가장 중요하면서 기본적인 것, 즉 사실관계를 법규정에 적용하는 연습을 하는 것이라고 생각되었다. 즉 하나의 논점을 갖고 법률규정의 요건을 설정하고, 의미내용을 확정하여 사실관계에 대입하는 과정(포섭)을 연습할 수 있도록 구성한 책이 필요하다고 느꼈고 이를 실행에 옮긴 것이 이 책이다. 그러다 보니 자연스럽게 중요한 다른 하나의 사례풀이의 기능은 포기할 수밖에 없었다. 즉 이책은 다양한 논점들을 체계적으로 연결시킬 수 있는 훈련을 목적으로 쓰여져 있지 않다. 따라서 이 책으로 사례해결의 모든 것, 특히 체계적인 목차 작성을 해결하겠다고 생각해서는 안 된다. 이는 다른 사례풀이 교재를 통하여 반드시 보충되어야 한다.

이 책은 민법총칙 다음으로 나오게 되는 민법사례연습의 두 번째 책이다. 원래는 민법사례연습 II [물권법]이 먼저 출간되어야 하나, 저자가 강의를 더 많이 하였고 연구도 더 많이 하고 있는 채권총론 분야를 먼저 내게 되었다. 앞으로 채권각론, 물권법 순으로 사례연습책을 출간할 것을 약속 드린다.

이번 작업에서 가장 큰 역할을 한 것은 대학원 후배 박성완 석사이다. 2차시험을 친 후 여름 내내 연구실에서 늦게까지 함께 생활하며 여러 방면에서 집필작업을 도와 주었다. 이번 12월에 발표가 나는 시험에 좋은 결과가 있기를 바라며 학문적으로도 큰 연구자가 되기를 기원한다. 조교였던 유재현은 사법시험합격의 꿈을 안고 연구실을 떠났지만, 힘든 공부 속에서도 꼼꼼히 책의 교정을 맡아 주었다. 연수원에 있는 고등학교 후배 나승철은 이번에도 역시 책의 완성도를 높이는 데에 큰 기여를 하였다. 이 모든 분들에게 감사를 드린다. 마지막으로 기꺼이 책을 출판해 주신 세창출판사의 이방원 사장님과 언제나 친절하고 꼼꼼하게 교정을 하여 깨끗하게 책을 출간해 주신 임길남 상무님 및 세창출판사 직원 여러분에게 감사드린다.

2004년 8월 26일(음력 7월 11일)
어머니의 생신을 기념하고
더욱 건강하시길 기원하며
이문동 연구실에서
이 병 준

차   례

제1장 급부의 이행을 목적으로 하는 채권

제3장 손해배상법

제4장 책임재산의 보전

제5장 다수당사자의 채권관계

제6장 채권양도와 채무인수

제7장 채권의 소멸

민법사례연습 Ⅲ

[채권총론]

사례풀이방법의 기초원리

[민법사례풀이방법에 관한 문헌]

김형배, 민법연습, 신판(2007), 3-37면; 안춘수, 사법시험 2차대비 최종 전략: 민법, 고시계 2000년 6월, 25-34면; 이종복, 사례풀이의 기본지침과 방법, 사법관계와 자율, 131-162면(또한 고시계 1989년 11월·12월, 1990년 2월 167-178면, 156-164면, 186-196면); 정진명, 민사사례 해결방법론, 고시계 1999년 4월, 204-223면.

Ⅰ. 법률가의 임무와 청구권규범에 의한 사례풀이

법률가의 임무는 이미 발생하였거나 미래에 발생할 수 있는 사안을 법률규정에 적용하는 데에 있다. 따라서 법학 교육에서도 마찬가지로 구체적인 사안을 법률규정에 적용하는 연습을 사례풀이를 통하여 하게 된다. 물론 강의에서 사용되는 사례들은 실제 생활에서와 같이 복잡하지는 않으며, 전형적이고 논점이 드러날 수 있는 형태로 구성되어 있다.

대부분의 사례에서는 당사자들 사이에 무엇을 청구할 수 있는지가 문제된다. 예를 들어 甲이 乙에게 자신의 물건을 파는 매매계약을 체결하였는데, 매도인 甲이 매수인 乙에게 물건의 소유권을 이전해 주지 않으면 매수인 乙은 매도인 甲에게 소유권의 이전을 청구하게 된다. 이를 강제하기 위해서는 재판을 통하여 매수인 乙이 이와 같은 권리가 있음을 확인 받아야 하는데, 이때 판사는 법적인 근거가 있는 경우에만 乙에게 승소판결을 내리게 된다. 이와 같이 한 당사자가 다른 당사자에게 자신의 요구를 강제할 수 있는 법적 근거를 '청구권규범'이라고 한다. 실무에서는 물론 법학교육에서도 청구권규범이 사례해결의 중심에 있으며 사례풀이의 기초를 형성한다.

청구권규범은 당사자가 원하는 법률효과를 담고 있기 때문에 사안을 해결하는 단서가 된다. 그러나 청구권규범은 법률효과를 담고 있을 뿐만 아니라, 어떤 요건하에서 이와 같은 법률효과가 발생하는지를 규정하고 있다. 즉 청구권규범은 일반적으로 구성요건과 법률효과로 구분될 수 있는 구조를 가지고 있다.

[예] ○ 〈불법행위로 인한 손해배상청구권〉
　　　　　제750조의 요건: 고의 또는 과실로 인한 위법행위로 타인에 게
　　　　　　　손해를 가한 자
　　　　　제750조의 법률효과: 손해를 배상할 책임이 있다.

　　구성요건은 어떠한 사안에 법률규정이 적용되는지를 정한다(불법행위). 법률효과는 법률규정이 정하고 있는 사안이 발생한 경우에 그 효과를 규정한다(피해자의 손해배상청구권). 이와 같이 요건과 효과로 구분할 수 있는 구조는 모든 청구권규범에서 나타난다. 청구권규범을 검토할 때 이 법적인 기초(청구권규범)를 근거로 어떠한 요건이 충족되어야 하는지를 도출하고 구체적인 사안이 이 요건을 충족하는지를 검토해야 한다(포섭). 따라서 법률의 적용은 다음과 같은 3단논법에 따라 행하여진다.

1단계	대전제 : 법률규정
⬇	적용될 법률규정을 찾고 그 구성요건을 분리해서 각각의 의미를 확정한다.
2단계	소전제 : 사실관계
⬇	포섭: 추상적인 형태로 표현된 구성요건(예: 제750조의 손해)을 구체적인 사안이 충족하는지를 검토해야 한다(예: 甲이 乙을 때려서 乙이 입원하게 되었다. 어떠한 손해가 발생하였는가?).
3단계	결론 : 요건의 충족 또는 불충족

　　민법의 초학자들은 민법의 방대함 때문에 구체적인 사안에 적용될 청구권규범을 어떻게 다 찾아야 하는지 걱정할지도 모른다. 청구권규범을 찾고 그 의미를 아는 것이 민법을 배우는 중요 목적 중의 하나이다. 그러나 채권

각론을 배우게 되면서 중요한 청구권규범들은 거의 다 나오기 때문에 이제는 하나하나씩 정리해 나아갈 단계가 되었다. 그리고 민법 전반에 청구권규범이 흩어져 있기 때문에 채권각론을 배우면서 법전을 여기저기 왔다갔다하면서 청구권규범을 찾아야 할 때도 있을 것이다. 그런데 점차 사안을 풀다보면 전형적으로 자주 등장하는 청구권이 있음을 알 수 있다(예를 들어 제568조 제1항, 제390조, 제750조, 제741조, 제213조, 제214조 등).

II. 청구권규범의 검토

일상적인 삶의 분쟁에서는 물론 시험에서도 두 당사자 사이에서 청구권규범 하나만을 검토하는 경우가 있다.

[예]　○ 甲은 乙에게 컴퓨터의 인도를 청구할 수 있는가?
　　　○ 甲이 乙에게 손해배상을 청구하였다. 정당한가?
　　　○ 甲과 乙 사이에 도급계약이 체결되었는가?
　　　○ 甲이 계약을 해제할 수 있는가?

그러나 여러 명의 당사자 사이에서 여러 개의 청구권규범을 검토해야 하는 경우가 이보다 더 많이 나타난다.

[예]　○ 법률관계는 어떠한가?
　　　○ 당사자들 사이에 무엇을 청구할 수 있는가?
　　　○ 법원은 어떻게 결정해야 하는가?
　　　○ 甲은 乙에게 무엇을 청구할 수 있는가?
　　　○ 누가 손해를 배상해야 하는가?

구체화를 필요로 하는 문제가 나온 경우에 이 기본문제를 하나 또는 여러 개의 구체적인 개별문제로 구체화시켜야 한다. 모든 개별문제는 청구권자, 청구권의 상대방 그리고 특정 권리를 담고 있어야 한다. 그러면 양 당사자관계로 우선 구분을 하고 "누가 누구로부터 무엇을 요구하는가?"라는 형식으로 각 개별문제에서 묻게 된다.

1단계	사안에서 누가 무엇을 청구하려고 하는지를 찾아냄으로써 청구권자(채권자)를 확정하게 된다.

⬇

2단계	청구권자가 무엇을 원하는지를 확정함으로써 청구내용을 확정하게 된다.

⬇

3단계	청구권의 상대방(채무자)을 확정해야 한다.

[예]   ○ 기본문제: 甲은 乙에 대하여 어떠한 권리를 갖는가?
　　　 － 구체화된 문제: 甲은 乙에 대하여 이행을 청구할 수 있는가?
　　　　　　　　　　　 甲은 乙에 대하여 손해배상을 청구할 수 있는가?
　　　 ○ 기본문제: 甲은 누구로부터 이행을 청구할 수 있는가?
　　　 － 구체화된 문제: 甲은 乙로부터 이행을 청구할 수 있는가?
　　　　　　　　　　　 甲은 丙으로부터 이행을 청구할 수 있는가?
　　　 ○ 기본문제: 법률관계는 어떠한가?
　　　 － 구체화된 문제: 甲은 乙로부터 이행을 청구할 수 있는가?
　　　　　　　　　　　 甲은 乙로부터 손해배상을 청구할 수 있는가?
　　　　　　　　　　　 乙은 甲으로부터 매매대금의 지급을 청구할 수 있는가?

　　그 다음 단계로 문제된 청구권이 담겨진 청구권규범을 찾아야 한다. 올바른 청구권규범은 사안에서 문제되는 청구의 목적으로서 당사자가 원한 구체적 법률효과에 해당하는 추상적인 법률효과를 담고 있어야 한다. 따라서 법률효과를 비교해서 구체적으로 요구되는 법률효과와 법률에 규정된 법률효과가 완전히 일치하면, 문제의 해결을 위해서 필요한 청구권규범을 찾은 것이다.

[예] ○ 문제: 甲이 乙로부터 손해의 배상을 청구할 수 있는가?
　　　　－ 가능한 청구권규범: 제390조 제1항 본문 "… 손해배상을 청구
　　　　　　　할 수 있다."
　　　　－ 가능한 청구권규범: 제750조 "… 손해를 배상할 책임이 있다."

　　이러한 과정을 거쳐서 최종적으로 사안에서 검토해야 할 문제는 "누가
누구로부터 무엇을 어떠한 근거로 요구하는가?"라는 질문으로 구체화된다.

[예] ○ 甲의 乙에 대한 제750조에 기한 손해배상청구권

　　사안검토의 기본구조는 이미 3단논법에 의한 검토방식에서 보았듯이 "문
제에서 근거제시를 거쳐서 결과로"이다. 이 구조는 "감정서 형식(Gutachten-
Stil)"이라고 한다. 감정서 형식의 특징은 결과가 검토단계 뒤에 제시된다는
점에 있다. 이 형식에서는 결과를 아직 제시하지 않은 상태에서 해답을 작성
하게 된다. 반면에 먼저 결론을 내리고 그 이유를 설명하는 방식은 판결문에
서 사용하고 있다(판결문 형식; Urteil-Stil). 감정서 형식에 의한 사례풀이에서
는 항상 물음 또는 가정법으로 표현된 문장으로 검토를 시작해야 한다.

[예] 甲이 乙에게 불법행위로 인한 손해배상을 청구하기 위해서는 제750조
의 요건이 충족되어야 한다. 그러기 위해서는 (1) 가해자의 고의 또는 과실
에 의한 행위, (2) 가해행위에 의한 손해발생, (3) 가해행위의 위법성, (4) 가
해자의 책임능력 등의 요건이 충족되어야 한다. 가해자의 고의 또는 과실에
의한 행위가 있기 위해서는…
　　구체적인 사안이 청구권규범의 모든 요건들을 충족해야만 당사자가 원
하는 법률효과가 발생한다. 제568조 제1항의 경우 "매매계약의 성립"이라는
요건만 검토하면 되지만, 여러 요건을 규정하고 있는 청구권규범도 있다. 청
구권규범은 원칙적으로 매우 일반적인 표현으로 어떠한 상황을 설명하고 있
다. 입법자는 구체적인 개별사례들을 모두 규정할 수 없고 통일적이고 완성
된 체계를 형성하면서 되도록 많은 사례들을 규정하려는 목적을 갖고 있기
때문에 추상적인 용어를 사용하고 있다. 많은 요건들은 법 문외한에게도 쉽
게 이해될 수 있다(예: 생명, 신체). 그에 반하여 개념정의가 있어야만, 구체적

인 사안에서 그 요건이 충족되었는지를 알 수 있는 요건도 있다(예: 매매계약의 성립, 위법성, 손해, 인과관계). 추상적으로 표현된 요건과 사실관계의 비교를 포섭이라고 한다. 포섭은 순수한 인식의 문제가 아니라, 하나의 법적 판단과정에 속한다. 쉬운 요건에 대해서는 그 의미에 대하여 다툼이 없으나, 많은 요건에 대해서는 그 의미내용에 대하여 학설과 판례가 대립하고 있기 때문이다.

검토의 과정을 도표로 요약하면 다음과 같다.

1단계	청구권규범을 기초로 당사자가 원하는 법률효과를 찾고 문제를 구체화한다(누가 누구에게 무엇을 어떠한 근거로 청구할 수 있는가?).

⬇

2단계	요건의 검토			
	요건 1 →	요건의 개념정의 →	포섭 →	요건의 충족 또는 불충족 (이 경우 요건검토 종결!)
	요건 2 →	요건의 개념정의 →	포섭 →	요건의 충족 또는 불충족 (이 경우 요건검토 종결!)
	요건 3 →	요건의 개념정의 →	포섭 →	요건의 충족 또는 불충족 (이 경우 요건검토 종결!)

⬇

3단계	모든 요건이 충족된 경우에 질문에 대한 대답은 긍정될 수 있고, 반면에 하나의 요건이라도 충족되지 않으면 대답은 부정된다.

Ⅲ. 사례풀이의 구성

대부분의 시험이 단지 청구권규범이 충족되어서 청구권이 존재하는지를 검토하는 것만으로 끝나는 것은 아니다. 원칙적으로 청구권이 성립하였는지의 문제는 1단계에 불과하다. 민법은 청구권이 성립하였다가 후에 다시 소멸하거나 더 이상 행사될 수 없는 많은 사유를 규정하고 있다. 따라서 사안에서 이와 같은 항변권을 발생시킬 수 있는 사정이 존재한다면 항변권을 검토해야 한다. 이것이 끝나야만, 최종적인 결론을 내릴 수 있다.

[청구권규범에 의한 사례 해결]

1. 누가 누구에게 무엇을 어떠한 근거로 청구할 수 있는가?
   1) 청구권규범("청구할 수 있다", "반환해야 한다", "배상할 책임이 있다")
      (1) 요건설정
      (2) 포   섭
   2) 제103조 등의 불성립 또는 무효사유가 존재하는가?
   ⇨ **결과**: 청구권이 성립하였다 또는 청구권이 성립하지 않았다.

2. 청구권이 소멸하였는가? 소멸사유가 존재하는가?
   예를 들면 이행(변제 제460조, 제461조), 후발적 불능
   ⇨ **결과**: 청구권은 소멸하였다 또는 청구권은 계속 존속한다.

3. 항변권이 존재하는가?(연기적 또는 영구적 항변권의 존재)
   1) 실체법상 존재해야 함
   2) 행사되어야 함
   예를 들면 동시이행의 항변권(제536조), 해제권(제544조, 제548조 제1항)
   ⇨ **결과**: 청구권을 실현할 수 있다 또는 실현할 수 없다.

또한 하나의 법률효과에 대하여 여러 개의 청구권규정이 있는 경우가 있다(예를 들어 손해배상청구권과 반환청구권). 이때에는 단지 하나의 청구권규정이 충족되었다고 만족하면 안 되고, 원하는 법률효과가 담겨진 모든 청구권규정의 성립을 검토해야 한다. 왜냐하면 소송에서 요건사실을 입증하지 못하는 경우가 발생할 수 있기 때문이다.

문제가 될 수 있는 모든 청구권규범들을 검토해야 하기 때문에 한 사안에 여러 개의 법률규정이 적용될 수 있다. 이 경우 "경합"이 있다고 한다. 경합에 의하여 한 규정이 적용되면 다른 규정의 적용이 배제되는 경우가 있다. 이를 "법조경합"이라고 한다. 또한 경합이 있더라도 청구권이 서로 병존하는 경우가 있는데, 이를 "청구권경합"이라고 한다.

청구권은 다음과 같은 순서로 검토해야 한다.

1) 계약상의 청구권
2) 계약유사한 관계로 인한 청구권(예: 제135조)
3) 물권적 청구권
4) 불법행위 내지 위험책임으로 인한 청구권
5) 부당이득 반환청구권

[청구권기초론의 한계]

위에서 살펴본 청구권기초론에 의한 사례풀이는 사안의 문제가 청구권의 행사가 가능한지를 물을 때에만 사용할 수 있다.

(1) 그러나 물권적 권리상태의 확인을 묻는 문제, 예를 들어 "소유자는 누구인가?"라는 문제에서는 청구권기초론에 따라 검토할 수 없다. 이러한 문제에서는 청구권규범 대신에 문제된 권리와 연관된 법률규정이 문제된다. 소유권과 관련하여서는 법률행위와 법률 규정을 통한 소유권의 취득 또는 상실에 관한 규정들(제186조 이하)이 문제된다.

(2) 법률관계의 변경을 가져올 규범의 적용가능성을 묻는 경우, 예를 들어 "당사자들은 의사표시의 취소를 주장할 수 있는가?"라는 물음에서도 청구권기초론을 사용할 수 없다. 형성권을 담고 있는 규정들, 예컨

대 취소권(제109조, 제110조) 또는 해제권(제544조, 제546조)에 관한 규정
이 적용될 수 있는지를 검토해야 한다.

　(3) 물권적 권리 상태나 형성권의 성립을 묻는 문제에는 시간 순서
에 따라 법률관계를 검토하는 역사적 방법(발생사적 구성방법, historische
Aufbaumethode)에 따라야 한다. 이 경우 시간 순서에 따라 날짜를 특
정하여 해당 시점에 물권적 권리관계가 어떠한지 또는 형성권이 성립하
는지를 검토해야 한다.

이 책의 학습방법

이 책은 다음과 같은 방식으로 읽었으면 한다.

1. 사례는 기본적으로 각 제도 내지 법조문별로 하나를 만들었다. 먼저 제목에 쓰여져 있는 제도에 해당하는 법조문과 교과서를 충분히 학습한 후, 법조문과 교과서를 기초로 사례해결이 어떻게 될 것인지를 생각해 보기 바란다. 그런 후에 이 책에 나와 있는 사례해설을 읽어보아야 한다. 자신의 고민 속에서만 실력이 늘어날 수 있고 이 책은 자신의 실력을 검증하는 연습교재라는 것을 잊지 말아야 한다.

2. 이 책에 나와 있는 사례해설은 하나의 예시에 불과하다. 다른 해결방식도 가능하니, 너무 그 틀에 구속될 필요는 없다. 그러나 사례를 접근하는 방식은 이 책에 따라 많이 연습하기를 바란다. 이미 언급한 것처럼 적용될 법률규정의 요건을 사실관계에 접목시켜서 차근차근 검토하고 적용하는 연습이 절실히 필요하다고 생각한다. 이론만 나열하고 정작 사례에 적용하는 것을 게을리하는 사례풀이는 좋은 훈련이 되지 못한다. 구체적인 사안이 요건에 해당될 수 있는지, 대립하는 학설에 따라 결론이 어떻게 다르게 나는지에 관한 고민을 하는 과정 속에서 실력이 향상될 것이다.

3. 이 책은 민법의 세 번째 강좌인 채권총론에 해당하므로 사례가 담고 있는 모든 법문제를 되도록 다루어주려고 노력하였다. 따라서 채권각론과 연관된 논점이 있다면 같이 다루었다. 학생들이 채권총론이 어렵게 느껴지는 것은 아마도 채권각론과의 연관성을 동시에 이해해야 하기 때문일 것이다. 그러나 이미 강조하였듯이 민법의 학습은 해안가에서 밀려오는 파도를 보는 것과 같다. 즉 같은 제도를 여러 모습으로 여러 번 경험하게 된다. 따라서 다양한 형태로 그 제도를 익히다 보면 각 제도의 의미와 다른 제도와의 연관성도 점차 배우게 된다. 그러므로 두려움을 갖지 말고 각 제도들을 익혀나가기 바란다.

4. 연습교재이므로 문헌을 충실히 인용하지 않았다. 다만 제시된 논의가 어떻게 진행되고 있는지를 살펴볼 수 있을 정도로만 인용하였다. 책을 준

비하는 과정에서 주요 법조문을 각 사례 앞에 제시하는 것이 더 친절하지 않느냐는 의견도 있었으나, 직접 법조문을 찾아보는 것이 실력향상에 더 좋다는 생각에서 이를 생략하였다. 그렇지만 이 책을 읽어 나가면서 해당 조문번호가 제시되어 있으면 그것은 반드시 찾아서 읽어보기 바란다. 알고 있다고 생각되는 조문도 직접 찾아보면 의외로 새로운 점들을 많이 발견할 수 있을 것이다. 민법은 1차적으로 법률의 의미내용을 해석하는 학문이라는 사실을 잊어서는 안 된다.

채 권 총 론

[채권총론에 관한 문헌]

곽윤직, 채권총론, 제6판, 2014.

권용우, 민법연습, 1996.

김대정 · 최창렬, 채권총론, 2020.

김상용, 채권총론, 제3판, 2016.

김욱곤 외, 민법판례해설Ⅲ [채권총론], 2001

김주수, 채권총론, 제3판, 2003.

김주수, 논점민법판례연습(채권총론), 2000.

김증한 · 김학동, 채권총론, 제6판, 1998.

김형배, 채권총론, 제2판, 1998.

김형배, 민법연습, 신판, 2007.

송덕수, 신민법강의, 제16판, 2023.

이은영, 채권총론, 제4판, 2009.

장경학, 민법연습, 1965.

정기웅, 채권총론, 전정 2판, 2014.

지원림, 민법강의, 제19판, 2022.

지원림, 민법케이스연습, 제3판, 2000.

Köhler Lorenz, Prüfe dein Wissen-BGB Schludrecht Ⅰ, 20. Aufl.,
    2006.

Brox/Walker, Allgemeines Schuldrecht, 28. Aufl., 2002.

※ 채권총론 교과서는 주에서 저자명만 인용하였다.

제1장 급부의 이행을 목적으로 하는 채권

Ⅰ. 채권의 의미와 내용

1. 채권관계와 호의관계

> **사례**
>
> 甲은 같은 아파트 단지에 살고 있는 직장동료 乙과 매일 자신의 차로 같이 출근하기로 하였다. 乙은 기름값의 일부를 내기를 원하였으나, 甲은 좋은 이웃관계가 되기 원한다는 이유로 이를 거절하였다. 3월 2일 甲이 늦는 바람에 乙은 지각을 하게 되었고 그 이유로 乙은 감봉조치를 받았다. 이때 乙은 甲에게 손해의 배상을 청구할 수 있는가?
>
> **【변형】** 乙이 기름값의 일부를 낸 경우는 어떠한가?

乙의 甲에 대한 손해배상청구권(제390조)

채무불이행으로 인한 손해배상을 청구하기 위한 첫 번째 요건으로는 당사자 사이에 급부의 이행을 청구할 수 있는 채권관계가 존재해야 한다. 채권관계는 2인 또는 그 이상의 다수인이 채권자 또는 채무자로서 일정한 행위를 요구할 수 있는 권리를 갖고, 그에 대응하는 의무를 부담하는 법률관계를 말한다. 이 채권관계에 기하여 채권자는 채무자에 대하여 일정한 행위(급부; Leistung)를 청구할 수 있는 권리를 갖는데 이 권리를 채권이라고 한다. 채권관계는 법률의 규정 또는 계약(내지 법률행위)을 통하여 발생하는데, 본 사안에서는 계약에 의한 채권관계로서 운송을 목적으로 하는 도급계약(제664조)이 문제된다. 甲이 직장까지 乙을 데려다 주기로 하였기에 일정한 내용의 합의는 있었다. 그 대가로 기름값의 일부를 받기로 하였기 때문에 도급계약의 본질적 요소에 관한 합의는 있었다. 그러나 사안에서 甲이 합의를 통하여 일정한 행위를 할 법적 의무를 발생시키는 것을 내용으로 하는 채권관계를 형성하려고 하였는지 아니면 단순히 법적 구속력이 없는 약속을 하여 일상적인 호의관계를 형성하려고 하였는지가 명확하지 않다. 채권관계에서는 채권자가 채무자에게 채무의 이행을 청구할 수 있고 만약 채무의 이행을 하지 않는 경우에 이행의 강제 또는 손해배상을 청구할 수 있으나, 호의관계에서는 이행에 대한 법적 강제 또는 손해배상의무가 생기지 않는다.

채권관계와 호의관계는 이론상으로는 "법적 구속의사"라는 표지로 구분한다.[1] 즉, 채권관계를 형성하는 채권계약은 법률효과의 발생을 의욕하는 두 개의 의사표시가 있는 반면 호의관계를 형성하는 사교상의 약속은 법적 의무를 부담하려는 의사가 당사자에게 없다. 실제 사안에서 "법적 구속의사"는 객관적 정황을 기초로 의사표시의 해석을 통하여 확정해야 한다.[2] 결국 행위의 동기와 목적 및 그 행위가 당사자들에게 갖는 경제적 · 법적 의미가 중요한 척도가 된다.[3] 이때 무상성은 법적 구속의사가 없다는 징표가 될 수 있다. 그러나 무상계약(증여, 사용대차, 무상임치 등)이 인정되고 있으므로 무상성만 가지고 법적 구속의사가 없다고 판단하기는 힘들다. 한편 약속을 받은 자에게 약속이행에 대하여 특별한 이해관계가 존재하는 경우에는 원칙적으로 채권관계가 인정되어야 한다.

사안에서 甲이 기름값의 일부를 받는 것을 거절하고 좋은 이웃관계를 강조한 것으로 보아 호의로 자동차를 태워준 것으로 보인다. 법적 구속의사가 없는 당사자 사이의 채권관계를 인정할 수 없으므로 손해배상책임도 발생하지 않는다.

【변형】 乙은 운송의 대가로 기름값의 일부를 지급하기로 하였기 때문에

---

1) 김형배, 40면; 김증한 · 김학동, 5면; 김대정, 18면.
2) 송덕수, 신민법강의, 24면
3) 지원림, 민법강의, 34면.

당사자 사이의 합의된 내용이 유상이므로 특별한 사정이 없다면 당사자 사이에 채권관계가 발생한 것으로 보아야 한다.

그러나 계약을 통하여 채권관계가 발생하였더라도 당사자 사이의 이해관계를 기초로 판단하였을 때 乙은 甲에게 정기적으로 차를 태워 달라고 할 수 있는 권리가 있지만, 정시에 출근하도록 한다는 내용의 약속까지 한 것으로 볼 수는 없다. 더 나아가 계약내용을 통해 과실에 대한 면책이 가능하므로, 甲과 乙 사이에 면책의 합의가 존재한다면 甲은 책임을 부담하지 않을 수 있다. 사안에서 명시적으로 면책을 한 사정이 당사자 사이에 존재하지 않으므로 구체적 정황을 기초로 묵시적 면책합의가 존재하는지를 살펴야 한다. 乙이 부담하는 비용에 비하여 乙의 손해가 크다는 점을 감안한다면 당사자 사이에 묵시적인 면책을 인정할 만한 특별한 사정이 존재하는 것으로 판단된다. 乙은 甲 때문에 자신이 늦게 출근하였다는 것이 감봉조치에 대한 원인이 되었다는 근거로 이에 대한 손해배상을 甲에게 청구할 수 없다.

2. 부작위를 목적으로 하는 채권과 채권의 상대성

> **사 례** 甲은 A건설회사로부터 주상복합 건물 1층에 업종이 제과점으로 지정된 상가를 분양받았고, 그 후 이를 乙이 양도받아 '독일빵집'을 운영하고 있었다. 한편 丙은 같은 건물 2층에 업종이 숙녀화 영업점으로 지정된 상가를 분양받았고 이를 丁에게 임대하였으나, 丁은 여기에 '부산빵집'을 운영하고 있다. 甲, 丙이 A회사와 체결한 분양계약에는 "수분양자는 분양 당시 지정된 업종의 영업을 원칙으로 하되 경합이 없는 범위에서 A회사가 승인한 업종에 한하여 개점할 수 있다"는 조항이 있었다. 이 경우 乙은 丁에 대하여 빵집영업을 중단할 것을 요구할 수 있는가?[1]
>
> 【변형】 乙이 丙으로부터 1000만원을 받고 빵집영업을 승낙한 경우에는 어떤가?

乙의 丁에 대한 영업금지청구권

乙이 丁에게 빵집영업의 중단을 요구하기 위해서는 甲과 A회사 및 丙과 A회사 사이에 맺은 분양계약에 기하여 가해진 업종제한이 乙과 丁에게 모두 효력을 갖고, 丁이 이러한 제한을 어기고 乙이 갖고 있는 영업권을 침해하였어야 한다.

분양자인 A회사는 수분양자인 甲과 丙 사이에서 맺은 분양계약의 내용인, 수분양자의 업종제한 약정을 통하여 독점적 지위로서의 특정한 업종에 대한 영업권을 보장해 줄 의무를 부담하였다. 따라서 수분양자가 경업금지

---

1) 대법원 2004. 9. 24. 선고, 2004다20081 판결 변형. 이에 관한 평석으로 진용석, "업종이 지정된 상가 내 점포를 분양받아 기존 업종을 영업하는 수분양자나 구분소유자가 다른 수분양자 등에게 한 동종업종에 대한 승낙의 법적 성질 및 그 효력 범위," 대법원판례해설 제51호, 2004, 49면 이하.

의 약정을 위배하는 경우에는 그 분양계약을 해제하는 등의 조치를 취함으로써 기존 점포 상인들의 영업권을 실질적으로 보호할 의무를 부담하게 된다.2) 그런데 수분양자 사이 또는 사안에서처럼 수분양자로부터 지위를 양수받은 자가 다른 구분소유자 또는 상인인 임차인에 대하여 업종제한위반을 이유로 하여 영업금지청구를 할 수 있는지가 문제된다. 왜냐하면 분양계약상의 업종제한은 제한된 업종으로만 영업을 하고 다른 업종으로 영업을 하지 않을 부작위를 목적으로 하는 채권이고, 이러한 채권은 상대성을 갖고 있으므로 원칙적으로 당사자 사이에서만 효력을 갖기 때문이다. 따라서 원칙적으로 업종제한은 분양계약의 당사자들 사이에서만 효력을 갖기 때문이다. 따라서 원칙적으로 업종제한은 분양계약의 당사자들 사이에서만 효력을 갖고 이러한 제한을 계약당사자가 아닌 제3자에게 주장하지 못하는 것이 일반적이다.

우리 판례는 분양한 후에 점포에 관한 수분양자의 지위를 양수한 자3)는 물론 그 점포를 임차한 자4)는 특별한 사정이 없는 한 상가의 점포 입점자들에 대한 관계에서 상호 묵시적으로 분양계약에서 약정한 업종제한 등의 의무를 수인하기로 동의하였다고 봄으로써 상호 간의 업종제한에 관한 약정을 준수할 의무가 있다고 보고 있다. 즉 분양계약상의 업종제한은 단순히 계약당사자들 사이에만 적용되는 상대적 제한이 아니라, 피분양자들 사이에 일정한 질서를 형성하는 단체적 질서를 의미하고, 이러한 단체에 편입되는 자는 당연히 이러한 질서를 준수할 것을 동의하고 들어온다는 것이다.5) 따라서 본 사안에서 임차인인 丁이 분양계약에 의하여 정하여진 업종제한약정을 위반할 경우 이로 인하여 영업상의 이익을 침해당할 가능성이 있는 양수인 乙은 침해배제를 위하여 동종업종의 영업금지를 청구할 수 있다.

【변형】 乙은 丙에 대한 승낙을 통하여 분양계약에 의하여 보장된 자신의

---

2) 대법원 1995. 9. 5 선고, 94다30867 판결; 대법원 2000. 10. 6. 선고, 2000다22515, 22522 판결.
3) 대법원 1997. 12. 26. 선고, 97다42540 판결; 대법원 2003. 7. 11. 선고, 2003다16030 판결.
4) 대법원 2002. 8. 27. 선고, 2001다37934 판결.
5) 진용석, 대법원판례해설 제51호, 58면.

제과점 영업독점권을 포기한 것으로 볼 수 있다. 이와 같은 승낙은 승낙의 상대방인 丙은 물론 그 승계인인 丁에 대하여도 미치므로 승계인 丁이 동종 영업을 하는 것도 승낙한 것으로 볼 수 있다.[6] 따라서 乙은 丁에게 대하여 제과점 영업금지를 청구할 수 없다.

---

6) 대법원 2004. 9. 24. 선고, 2004다20081 판결.

3. 채권과 물권의 차이

사 례 甲은 乙에게 3월 1일 자신이 쓰던 노트북을 50만원에 팔았다. 甲은 3월 2일에 그 노트북을 乙의 집으로 가지고 가서 돈을 받기로 하였다. 그런데 3월 1일 저녁에 도둑 A가 노트북을 훔쳐 달아나는 과정에서 노트북에 충격이 가해져 일부분이 고장났고 작동이 되지 않게 되었다. 이 사실을 안 A는 수리를 위하여 컴퓨터를 잘 아는 친구 B에게 노트북을 맡겼다.
(1) 甲 또는 乙 중에서 B에게 노트북의 반환을 청구하고, 동시에 A에게 고장난 부분에 대한 손해배상을 청구할 수 있는 자는 누구인가?
(2) 3월 2일 저녁 乙의 집에서 A가 노트북을 훔친 경우에는 누가 반환과 손해배상을 청구할 수 있는가?

B에 대한 소유물반환청구권(제213조 본문)과 A에 대한 손해배상청구권(제750조)

(1) 3월 1일에 훔친 경우

노트북의 반환과 손해배상의 청구를 하기 위해서는 청구하는 자가 소유자이어야 한다. 사례에서 乙은 3월 1일에 매매계약을 체결함으로써 재산권의 이전을 청구할 수 있는 권리(제568조 제1항, 제563조)만을 얻었다. 乙이 소유권을 이전받기 위해서는 소유권의 이전을 목적으로 하는 물권적 합의와 인도가 있어야 하므로(제188조 제1항), 본 사안에서는 甲이 계속하여 소유자이다. 따라서 소유자인 甲만이 점유자인 B에게 물건의 반환을 청구할 수 있다(제213조). 소유자인 甲은 또한 자신의 소유권을 침해했다는 이유로 노트북을 고장 내는 가해행위를 한 A에게 손해의 배상을 청구할 수 있다(제750조).

乙은 채권자로서 채권이 침해되었다는 이유로 손해배상을 청구할 수 있

는지가 문제될 수 있으나, 채무자가 아닌 제3자에 의한 채권침해를 이유로
한 손해배상책임이 인정되기 위해서는 가해자인 A가 채권이 존재한다는 사
실을 알고 있었어야 한다. 그러나 사안에서 도둑 A는 채권이 존재한다는 사
실을 몰랐다고 보이므로 제3자에 의한 채권침해를 이유로 한 손해배상책임
은 인정되지 않는다.

(2) 3월 2일 저녁에 훔친 경우

3월 2일에 乙이 甲으로부터 노트북을 인도받음으로써(제188조 제1항)
(甲으로부터) 노트북에 대한 소유권을 이전받은 경우에는 소유자로서의 권리
가 乙에게 있다. 따라서 乙은 B에게 노트북의 반환을 청구할 수 있다. 또한
乙은 노트북 반환과 고장난 부분에 대한 손해배상을 A에게 청구할 수 있다.

II. 채권의 정상적인 운명: 채권의 발생과 변제로 인한 소멸

4. 급부의 실현으로서의 변제

사 례

甲은 키우고 있던 희귀종 개가 죽자 큰 슬픔에 빠져 있다가 동일한 종의 개를 다시 키워야겠다고 생각하고 애견센터 운영자 乙에게 생후 2개월 정도 되는 강아지를 구해줄 것을 부탁하였다. 乙은 수소문 끝에 생후 3개월 된 희귀종 개를 구하여 甲의 집으로 갔다. 그런데 전화약속을 하였음에도 불구하고 甲이 집에 없어서 30분 정도 기다리다가 乙은 휴대폰으로 甲에게 전화를 걸었다. 이 순간 강아지가 지나가던 다른 개를 쫓아가다가 차에 치어서 죽고 말았다.

(1) 이 경우 변제를 인정할 수 있는가?

(2) 乙은 자신이 해야 할 일을 모두 하였으므로 甲에게 강아지 값을 요구할 수 있는가?

(1) 변제요건의 충족 여부

변제는 채무의 내용인 급부를 실현하는 채무자 내지 기타 제3자의 행위를 말한다. 본 사안에서 정해진 시간과 장소에 따라 甲의 집 앞으로 가서 乙이 이행에 필요한 행위를 완료한 것으로 변제의 효과가 발생하는지가 문제된다. 변제에 있어서 채무자가 급부의 실현을 위하여 모든 행위를 했다는 것으로는 충분하지 않다. 급부행위 자체에 초점이 있는 것이 아니라, 급부결과가 중요한 것이다. 따라서 채무자가 급부목적물의 이행을 위한 모든 행위를 다하였으나, 채권자가 이를 수취하지 않는 이상 채무는 변제로 소멸하지 않는다. 사안에서 급부의 결과가 발생하기 위해서는 甲이 강아지의 소유권을 취득하였어야 하나, 강아지를 아직 인도하지 않아서 甲이 강아지의 소유권을 취득하지 못하였으므로(제188조 제1항) 변제의 효과는 발생하지 않았다.

(2) 乙의 甲에 대한 매매대금지급청구권(제563조, 제568조 제1항)

乙이 甲에게 매매대금을 청구하기 위해서는 자신이 부담하고 있는 소유권이전의무를 이행하였거나, 이 의무가 소멸했어야 한다. 변제의 효과가 발생하지 않았으므로 乙의 소유권이전의무는 소멸하지 않았다. 앞에서 본 바와 같이 변제로 인정되기 위해서 급부결과의 발생을 요구하는 것은 채권자의 이익을 충분하게 보호하기 위함이다. 그러나 채무이행을 위해서 필요한 행위를 다한 채무자의 이익도 보호되어야 한다. 이를 위하여 우리 민법은 채무자의 행위만으로는 급부결과가 발생하지 않고 채권자의 협력행위가 요구되는 경우에 채무자의 변제제공이 있으면 채무자의 보호를 위해서 일정한 법률효과를 인정하고 있다. 즉, 변제제공이 있으면 채무불이행책임을 면하고(제461조) 채권자가 변제의 제공이 있음에도 불구하고 수령하지 않으면 지체책임(제400조)을 부담하도록 하고 있다.

변제제공의 방법으로는 현실제공과 구두제공의 두 가지가 있는데, 사안에서 乙이 甲의 집 앞으로 강아지를 가지고 간 것은 현실제공으로서 변제제공이 있다고 보아야 하고(제460조 본문), 甲이 수령을 하지 않음으로 인하여 채권자지체가 성립하였다(제400조). 채권자지체 중에 강아지가 죽음으로써 양 당사자의 책임 없는 사유로 급부의 이행이 불가능하게 되었으므로 乙은 자신의 소유권이전의무를 면하였고 甲에 대하여 반대급부인 매매대금의 지급은 청구할 수 있다(제538조 제1항 2문). 결과적으로 乙은 甲에게 매매대금의 지급을 청구할 수 있으나, 이는 변제를 하였기 때문이 아니라, 채권자지체 중에 급부의 이행이 양 당사자의 책임 없는 사유로 인하여 불능이 됨으로 인하여 자신의 급부의무는 면하는 대신 상대방에 대한 반대급부청구권을 행사할 수 있기 때문이다.

5. 변제의 법적 성질

> **사 례** 도색공 甲은 乙의 사무실을 칠해주기로 하는 계약을 맺었으나, 그 후 낭비벽이 심하다는 이유로 甲은 한정후견개시심판을 받았다. 甲은 사무실을 제대로 칠해준 후 보수 50만원을 받고 곧바로 주점에서 술로 밤을 보내면서 돈을 모두 쓰고 말았다. 다음 날 이 사실을 안 후견인 丙은 乙에게 가서 甲에게 보수를 지급한 것은 효력이 없고 다시 보수를 자신에게 지급하라고 요구한다. 정당한가?

丙의 乙에 대한 보수지급청구권(제664조)

피한정후견인 甲의 후견인 丙이 乙에게 보수를 다시 지급하라고 요구하기 위해서는 이미 甲에게 보수를 지급한 것이 효력이 없어야 한다. 즉 보수를 지급한 것이 변제로서의 효력을 갖지 않아야 보수를 다시 청구할 수 있다. 사안에서 보수의 지급으로 甲이 50만원의 소유권을 취득하여 채권의 만족을 얻었다는 결과에만 초점을 맞추면 변제로서의 효력은 이미 발생하였고 보수지급채권은 소멸하였다. 그러나 甲이 피한정후견인라는 이유로 변제행위를 취소할 수 있다면 이미 지급된 보수의 변제로서 갖는 효력이 부인될 수 있다. 이를 위해서는 변제에 대해서 법률행위에 관한 규정이 적용될 수 있어야 한다.

변제에서 채무자 또는 제3자의 이행행위로 채권이 만족을 얻는 것을 넘어서 변제자의 변제의사가 있어야 한다고 본다면 법률행위에 관한 규정이 직접 적용될 수 있을 것이다(계약설). 따라서 이 견해에 따른다면 취소권을 행사하여 변제의 효력을 부인할 수 있다. 그러나 우리 학설은 변제의 효과가 발생하기 위한 요건으로 변제의사는 요건이 아니라고 보고 있다.[1] 그러나

---

[1] 현재 대립하고 있는 사실행위설과 준법률행위설은 같은 내용의 설명을 다른 용어를 통하여 서술하고 있는 것으로 보인다(이에 대한 정당한 지적으로 정기웅, 459면 이하

변제와 구별되어야 할 급부의 실현을 목적으로 하는 이행행위는 사실행위 (예: 노무의 제공, 부작위채무의 이행 등)인 경우도 있지만 법률행위(예: 재단법인 설립행위와 같은 단독행위, 제3자와의 매매와 같은 계약 등)인 경우도 있다. 따라서 이행행위가 순수한 사실적 행위 또는 부작위에 의해서 이루어지는 경우에는 법률행위에 관한 규정이 적용될 수 없으므로 甲에게 행위능력이 없더라도 변제효과에는 영향이 없다. 그러나 이행행위 자체가 법률행위인 경우에는 당사자에게 행위능력이 요구되고 행위제한능력을 이유로 법률행위를 취소하면 이행행위의 효과가 소급적으로 소멸하면서 채권이 만족을 얻었던 결과도 소멸하므로 변제효과는 소급적으로 소멸하게 된다. 따라서 현재 우리 학설의 입장에서 변제는 법률행위가 아니지만, 변제의 효과를 가져오는 이행행위가 법률행위면 법률행위에 관한 규정을 통하여 변제의 효과가 간접적으로 영향을 받게 된다.[2]

甲이 사무실을 색칠한 이행행위는 사실행위이기 때문에 제한능력을 이유로 그 효력을 문제삼을 수 없다. 그러나 甲이 乙로부터 보수를 수령하여 보수금에 대한 소유권을 취득하기 위해서는 물권적 합의와 인도가 필요하다. 이행행위인 물권적 합의 자체는 법률행위이기 때문에 한정후견에 관한 규정이 적용될 수 있다. 학설 대립과 상관 없이 변제행위가 있었으나 丙의 취소권 행사로 물권적 합의가 소급적으로 무효가 되었으므로 丙은 乙에게 다시 보수로서 50만원을 청구할 수 있다(乙이 처음 지급한 보수를 甲에 대하여 부당이득으로 반환청구할 수 있는지는 다른 문제이다).

참조).

2) 이러한 입장으로 곽윤직, 244면 이하. 최근에는 변제는 변제를 목적으로 한 목적적 급부의 실현으로서 법률행위가 아니므로, 채권의 소멸을 의욕하는 효과의사가 아닌 변제를 목적으로 하는 사실상의 자연적 의사로 충분하다고 한다(김형배, 647면; 김상용, 414면).

6. 변제의 제공

> 사 례
>
> 甲은 乙 소유의 건물을 1억원에 구입하기로 하는 매매계약을 3월 4일에 체결하면서 계약금 1000만원을 그 자리에서 지급하고 3월 19일에 중도금 5000만원을 지급하였으며 나머지 대금은 3월 25일에 소유권이전을 받음과 동시에 지급하기로 하였다. 3월 20일 돈이 궁해진 甲은 乙에게 편지를 보내 아무런 근거도 없이 甲과 乙 사이에 체결된 계약은 통정의 허위표시로 무효라고 주장하였다. 편지를 받은 乙은 어이가 없었으나 다른 조치를 취하지는 않았다. 3월 25일 甲은 건물의 가격이 오른 것을 보고 생각이 달라져 잔금을 갖고 약속장소에 나갔으나 乙이 약속장소에 나가지 않아 甲은 乙을 만나지 못했다. 이에 甲은 乙에게 채무불이행을 이유로 한 손해배상을 청구하였다. 정당한가?

甲의 乙에 대한 손해배상청구권(제390조)

甲 자신은 잔금을 갖고 정해진 이행기에 이행을 하려고 하였으나, 乙이 이행지에 나타나지 않았으므로 乙에게 이행지체로 인한 손해배상을 청구하려고 한다. 그런데 乙이 변제의 제공을 한 사실이 인정된다면 乙은 채무불이행책임을 부담하지 않는다(제461조). 따라서 사안에서 乙의 변제의 제공이 있었는지가 문제된다.

(1) 현실제공

변제의 제공은 현실제공을 원칙으로 한다(제460조 본문). 현실의 제공은 채무자로서 하여야 할 행위를 완료하는 것이므로 사실상 제공을 하는 것만으로 충분하며 그 밖에 사전 또는 사후에 채권자에게 수령 또는 협력할 것을 최고할 필요는 없다. 다만 금전채무의 경우 현실제공이 인정되기 위해서는 채무자가 채권자의 주소지에서 채권자에게 수령할 것을 최고하면 되고 이를 채권자에게 제시할 필요는 없다.[1] 따라서 정해진 이행기일 및 이행장소에서 급부를 수령할 수 있는 상태에 있게 하면 되고 채권자가 나타나지 않은 경우에도 변제제공이 인정된다. 사안에서 乙은 이행장소에 나타나지 않았으므로 현실제공은 없었다.

(2) 구두제공

채권자가 미리 변제받기를 거절하거나 채무의 이행에 채권자의 행위를 요하는 경우에는 변제준비의 완료를 통지하고 그 수령을 최고하면 된다(구두제공, 제460조 단서). 사안의 경우 甲이 전혀 근거 없는 이유를 들어서 계약의 무효를 주장하는 것이 수령거절의 의사를 표시하는 것으로 볼 수 있는지가 문제된다. 수령의 거절은 반드시 명시적일 필요는 없고 묵시적으로도 가능하므로 결국 의사표시의 해석을 통하여 그 의미내용을 확정해야 한다. 일반적으로 채권자가 이유 없이 수령기일의 연기를 요구하거나, 계약해제의 의사표시를 하는 경우에는 변제수령을 거절하는 묵시적 의사표시가 있는 것으로 해석한다. 따라서 사안에서 근거도 없는 사유를 들어 계약이 무효라고 주장하는 甲의 행위에서 계약을 이행하여도 수령할 의사가 없다는 것으로 해석할 수 있다. 그러므로 구두제공에 의해서 변제의 제공이 가능하였다.

구두의 제공은 채권자의 협력 없이 급부의 주요부분을 실현할 수 없는 채무인 경우에 채무자 자신이 할 수 있는 급부의 부분을 실현하고 채권자의 협력이 있으면 이행행위를 완료할 수 있도록 준비한 상태에서 채무자가 채권자에게 변제준비의 완료를 통지하고 그 수령을 최고하는 것을 말한다. 그러나 사안에서 乙은 소유권 이전에 필요한 행위를 완료한 상태, 즉 서류를 준비한 상태에서 甲에게 통지를 하지 않았으므로 구두의 제공을 하지 않았다.[2]

---

[1] 곽윤직, 260면; 김대정 · 최창렬, 352면.
[2] 대법원 1980. 1. 29. 선고, 79다1910 판결: 부동산 매도인이 하여야 할 이행제공의 정도는 언제든지 현실의 제공을 할 수 있는 정도로 등기절차에 필요한 일체의 서류를 준비하여야 하는 것으로서, 그 중 인감증명서는 그 주소가 등기부상의 그것과 동일한 것이어야 하고, 만일 그들 사이에 다른 점이 있다면, 비록 그것이 매도인의 귀책사유에 기인한 것이 아니라고 하더라도 그 이행의 제공은 적법한 것이 될 수 없다.

(3) 명백한 수령거절로 변제제공이 면제되는 경우

우리 민법이 수령을 거절한 채권자에게 구두의 제공을 하도록 한 것은 수령거절 후에 마음이 바뀌어 수령을 하는 경우도 있을 수 있기 때문이다. 그러나 변제를 수령하지 않을 의사가 명백하여 채권자가 수령거절의 의사를 바꿀 가능성이 보이지 않는 경우에까지 구두의 변제제공을 하여야 한다는 취지는 아니라고 보아야 한다. 따라서 채권자의 수령거절이 완강하여 수령 거절의 의사를 바꾸지 않을 것이 분명한 경우에는 변제제공을 하지 않더라도 채무자에게 채무불이행책임이 발생하지 않는다.[3] 사안에서 甲은 계약체결 과정에 아무런 하자가 없었음에도 이 계약이 통정허위표시로서 무효라고 乙에게 주장하였다는 점에서 수령거절의 의사를 완강히 표시하였다고 볼 수 있으며, 乙의 관점에서 볼 때 수령거절의 의사를 바꿀 것이라고 기대하기 어려웠다고 보인다. 따라서 乙이 구두의 제공조차 하지 않았다고 하더라도 乙은 채무불이행책임을 부담하지 않는다.

---

3) 대법원 1976. 11. 9. 선고, 76다2218 판결; 대법원 2012. 10. 25. 선고, 2010다89050 판결; 대법원 2021. 5. 27. 선고, 2018다252014 판결.

7. 대물변제와 담보책임

사 례

甲은 乙에게 매매대금 200만원을 지급할 채무를 부담하고 있는데, 200만원 대신 시중에 판매중인 컴퓨터를 받도록 설득하여 乙의 동의를 얻어냈다. 乙이 甲으로부터 받은 컴퓨터를 사용하고 있던 중, 컴퓨터에 중대한 하자가 있어서 컴퓨터를 쓸 수 없음을 발견하였다. 乙은 컴퓨터를 돌려주고 다시 200만원을 甲에게 요구하였다. 정당한가?

乙의 甲에 대한 200만원의 매매대금지급청구권(제563조, 제568조 제1항)

乙이 판매대금 200만원을 대신하여 받은 컴퓨터를 돌려주고 다시 200만원을 청구하기 위해서는 컴퓨터를 이행한 것이 변제로서의 효력이 없어야 한다.

(1) 대물변제

채무자가 채무의 내용이 된 급부에 갈음하여 다른 내용의 급부를 이행하는 경우에는 채권자가 이를 승낙하는 경우에만 변제와 같은 효과가 있게 된다(제466조). 사안에서 乙은 200만원을 대신하여 컴퓨터로 이행하는 것을 승낙하였고 컴퓨터의 소유권이 이전됨으로써 대물변제의 효과로 채권이 소멸하였다.[1]

---

[1] 대물변제는 현실적으로 다른 급부를 해야 한다는 점에서 단순히 다른 급부를 하여야 할 신채무를 부담하는 경개와는 다르다(대법원 1965. 9. 7. 선고, 65다1389 판결: 대물변제가 채무소멸의 효력을 발생하려면 본래의 채무이행에 갈음하여 하는 다른 급여가 현실적이어야 하고 단지 다른 급여를 하기로 계약한 것만으로는 부족하므로, 다른 급여가 부동산의 소유권을 이전하는 것일 때에는 당사자 간의 의사표시 또는 인감증명서의 교부만으로는 부족하고 등기를 하여야 변제의 효력이 발생한다).

(2) 담보책임에 기한 계약해제

그런데 사안에서 이행한 컴퓨터에 중대한 하자가 있어서 乙은 계약을 해제하려는 의사를 가지고 있는 것으로 보이므로 乙이 하자담보책임에 기한 해제권을 가지는지가 문제된다.

대물변제를 하나의 유상계약으로 파악하고 있는 입장에 따르면, 대물변제로 기존의 급부를 대신해서 급부한 물건 또는 채권에 하자가 있는 경우에 제567조를 통하여 매도인의 하자담보책임에 관한 규정을 준용하여 채무자에게 책임을 물을 수 있다.[2] 이 견해는 대물변제는 본래의 급부를 대신하여 다른 급부를 이행받기로 하는 계약이며 본래 이행하기로 한 급부의 대가로 다른 급부를 이행받은 것이므로 유상성을 띤다고 보고 있다. 따라서 본 사안에서 제581조에 의하여 乙이 계약을 해제하면 기존에 가지고 있던 채권을 얻게 된다.[3] 이에 반하여 대물변제는 유상계약이 아니므로 담보책임을 물을 수 있는 것은 원채무가 유상계약인 경우에 한하여 물을 수 있다는 견해가 유력하게 주장되고 있다.[4] 대물변제는 본래의 채권관계의 테두리 안에서 행하여지는 변제에 관한 합의에 지나지 않기 때문에 원채무의 성격을 기초로 판단해야 한다는 것이다. 그런데 본 사안에서 甲이 乙에게 부담하고 있던 200만원의 금전채무는 매매계약이라는 유상계약에 기한 것이었으므로 이 견해에 따르더라도 매도인의 하자담보책임에 관한 제581조가 적용될 수 있다. 따라서 어느 견해를 따르더라도 乙은 원래의 대물변제 계약을 해제하여 200만원의 금전채무를 청구할 수 있다.

---

2) 곽윤직, 276면; 김증한·김학동, 377면.
3) 독일의 다수설(Brox/Walker, S. 127). 이에 반하여 대물변제계약을 해제한 때에는 원래의 급부채무가 부활하는 것이 아니라, 그 채무를 발생시킨 계약 자체가 해소된다는 견해가 있다(김증한·김학동, 377면).
4) 김형배, 732면; 이은영, 730면; 김대정·최창렬, 471면.

8. 변제를 위한 급부의 이행

> **사례**
>
> 甲은 이행기가 되었음에도 불구하고 1000만원을 乙에게 지급하지 못하고 있었다. 이에 甲은 乙에게 丙이 발행한 1200만원의 약속어음을 주면서 이 어음이 만기가 도래하였으니 그로부터 만족을 얻으라고 하였다.
>
> (1) 丙의 신용이 악화되어 乙이 은행에서 이 어음을 할인받은 액수가 700만원에 불과한 경우 甲에게 추가로 300만원을 청구할 수 있는가?
>
> (2) 丙이 1200만원을 전부 지급한 경우 甲은 乙에게 200만원을 달라고 요구할 수 있는가?
>
> (3) 甲이 이행지체에 빠진 상태에서 만기가 이행기의 2개월 후인 1000만원의 어음을 직접 乙에게 발행하였다. 이 경우 만기가 된 어음으로 1000만원을 지급받은 乙은 甲에게 2개월분의 지연이자를 요구할 수 있는가?

甲이 乙에게 채무이행을 위하여 丙에 대한 1200만원의 약속어음을 지급하였다. 이때 변제에 '갈음하여' 약속어음이 교부된 것이라면 채무는 소멸하기 때문에 어음으로부터 얼마를 받든 당사자 사이에는 남은 액수의 정산문제가 발생하지 않는다.[1] 반면에 변제를 '위하여' 약속어음이 교부된 것이라면 어음에 기하여 실제 1000만원을 모두 지급받을 때 비로소 채무가 소멸하므로 적게 받은 경우에는 남은 채무액을 청구할 수 있고 더 많이 받은 경우에는 그 금액을 돌려줄 필요가 있게 된다. 甲이 변제에 갈음하여 약속어음을 지급한 것인지, 변제를 위하여 약속어음을 지급한 것인지는 제반사정을 고려하여 당사자 의사표시의 해석에 의하여 확정하여야 한다.

(1) 甲의 약속어음 지급행위의 해석

사안에서 당사자 사이에 명시적으로 약속어음의 지급이 어떠한 의미를 갖

---

1) 다만 양 급부차이가 현저한 경우에 불공정한 법률행위(제104조)가 되어 대물변제가 무효로 될 수 있다(김증한·김학동, 378면).

는지에 관하여 합의를 보았다면 그에 따라야 하나, 이와 같은 내용의 합의가 없었으므로 의사표시의 해석이 필요하게 된다.[2] 이때 약속어음을 지급하는 甲의 의사 및 약속어음을 수령하는 乙의 의사뿐만 아니라 약속어음의 지급에 따른 거래상의 제반사정을 모두 고려해야 한다. 통상 기존의 급부와 차이가 나지 않는 급부가 이행되고 채권자가 승낙하는 경우에는 "변제에 갈음하여" 행해졌을 가능성이 많으며 대금채권을 대신하여 물건이 급부되고 그 판매대금으로 충당해야 하는 경우에는 "변제를 위하여" 급부가 행해진 것으로 해석된다. 甲이 乙에게 지급한 丙 개인이 발행한 약속어음은 부도의 위험성이 존재하고 이를 통하여 채무의 만족을 얻을 가능성이 금전과 같이 확실하지 않다.[3] 따라서 甲이 乙에게 丙이 발행한 약속어음을 지급한 것만으로 금전지급에 갈음한다는 의사 해석은 무리라고 본다. 따라서 1000만원의 대금채권을 만족받기 위해서 약속어음이 제공되었다면 "변제를 위하여" 급부가 행해진 것으로 보아야 한다.[4]

(2) 乙의 甲에 대한 300만원의 청구 가능성(설문 1)

사안에서 甲은 乙에 대한 채무인 1000만원의 변제를 '위하여' 乙에게 약속어음을 교부한 것이므로 乙에 대한 금전채무는 소멸하지 않고 여전히 존속한다. 따라서 약속어음을 할인받은 금액이 700만원에 불과하다면 乙은 甲

---

2) 대법원 1995. 9. 15. 선고, 95다13371 판결: 채무자가 채권자에게 채무변제와 관련하여 다른 채권을 양도하는 것은 특단의 사정이 없는 한 채무변제를 위한 담보 또는 변제의 방법으로 양도되는 것으로 추정할 것이지 채무변제에 갈음한 것으로 볼 것은 아니어서, 채권양도만 있으면 바로 원래의 채권이 소멸한다고 볼 수는 없다.

3) 반면 은행이 발행한 자기앞 수표에 대해서는 그 지급이 확실하여 '변제에 갈음한' 것으로 추정된다. 대법원 1964. 6. 23. 선고, 63다1162 판결: 채무자가 채권자에게 수표를 교부한 경우에 있어 그로써 기존채무의 변제에 갈음하기로 하는 특약이 없는 한 기존채무의 변제를 확보 또는 변제의 방법으로 교부된 것으로 보아야 할 것이다; 대법원 1961. 12. 21. 선고, 4294민상324 판결: 거래의 통념상 소위 일반은행의 자기앞 수표는 현금과 동일시하여 현금과 같이 거래되므로 원고가 취득한 본건 수표 적시 소외 노모의 상품대금의 지불이행을 확보하기 위하여 받은 것이 아니고 상품대금 지불 대신 거래되었다고 추정 못할 바 아니다.

4) 대법원 1967. 2. 21. 선고, 66다2355 판결: 장래 또는 기존채무의 변제를 위하여 약속어음을 발행한 경우에는 일응 위의 변제확보 또는 그 지급방법으로 발행한 것으로 추정할 것이다.

에 대하여 여전히 300만원에 대한 채권을 가지고 있으므로 甲에게 변제받지 못한 300만원을 추가로 청구할 수 있다.

(3) 甲의 乙에 대한 200만원의 청구 가능성(설문 2)

사안에서 甲이 변제를 위하여 어음을 乙에게 지급한 경우 어음의 지급으로 기존의 채무가 소멸하는 것이 아니라 甲은 어음의 처분을 통하여 채권의 만족을 얻을 수 있는 기회를 乙에게 제공한 것이다. 이러한 점에서 甲이 乙에게 어음을 교부함으로써 어음을 대신 추심하거나 매도할 수 있는 권리를 위임하는 일종의 위임계약이 당사자 사이에 체결되었다고 할 수 있다. 따라서 어음의 추심을 통하여 취득한 금액 중에서 채권의 변제에 사용하고 남은 금액이 있다면 이를 반환할 의무가 위임계약에 기하여 乙에게 있다고 보아야 한다(제684조 제1항). 따라서 甲은 乙에게 200만원을 청구할 수 있다.

(4) 乙의 甲에 대한 지연이자의 청구 가능성(설문 3)

하지만 사안에서 이행지체에 빠진 상태에서 甲으로부터 변제를 위하여 이행기를 도과한 지 2개월 후 甲의 변제가 이루어졌으므로 원칙적으로 자연이자를 지급할 의무가 인정된다. 어음을 乙이 발행받은 것을 통하여 기존채무의 지급을 유예할 의사가 있었다고 볼 수 있는 경우에는 甲이 지체책임을 부담하지 않을 수 있다.

채권자가 기존채무의 지급을 위하여 그 채무의 이행기가 도래하기 전에 미리 그 채무의 변제기보다 후의 일자가 만기로 된 어음을 교부받은 때에는 묵시적으로 기존채무의 지급을 유예하는 의사가 있다고 볼 수 있다. 이러한 경우 기존채무의 변제기는 어음에 기재된 만기일로 변경된다. 하지만 채무자가 기존채무의 이행기에 채무를 변제하지 아니하여 채무불이행 상태에 빠진 다음에 기존채무의 지급을 위하여 어음이 발행된 경우 특별한 사정이 없는 한 채무지급 유예의 의사가 있었다고 볼 수 없다.[5]

따라서 甲은 지체책임을 부담하므로 지연이자를 지급해야 한다.

---

5) 대법원 2000. 7. 28. 선고, 2000다16367 판결.

9. 제3자에 의한 변제

사 례 테이크 아웃 커피전문점에서 일하는 아르바이트생 甲을 사모하게 된 乙은 甲이 丙에게 100만원의 빚을 지고 있어서 힘든 공부를 하면서 아르바이트를 하고 있다는 사실을 알게 되었다. 乙은 甲에게는 아무 말도 하지 않았지만 자신의 호의를 받아들일 것이라고 생각하여, 丙에게 돈을 주고 甲의 빚 100만원을 갚았다. 이 사실을 모르고 있던 甲은 돈을 모아서 丙에게 100만원을 온라인으로 송금하였다. 이 경우 甲·乙·丙 사이의 법률관계는?

(1) 변제로 인한 채무의 소멸

본 사안에서는 甲이 丙에게 100만원의 채무를 부담하고 있었으므로 제3자인 乙의 변제가 효력이 있느냐가 문제된다. 즉 乙이 한 첫 번째의 변제가 효력이 있다면 甲은 채무가 없는 상태에서 변제를 한 것이 되나, 반대로 乙의 변제가 효력이 없다면 甲의 변제로 비로소 채무가 소멸한 것이 된다.

변제는 원칙적으로 제3자에 의해서도 가능하다(제469조 제1항 본문). 이때 제3자는 "자기의 이름으로" 변제를 하는 것이지만, 타인의 채무로서 변제한다는 의사를 표시해야 하며[1] 적극적으로 급부를 이행해야 한다(따라서 공탁, 대물변제는 되나 상계는 허용되지 않는다).[2] 본 사안에서 乙은 甲이 부담하는 채무의 변제로 100만원을 지급한다는 사실을 알리고 丙에게 지급하였으므로 변제의 효과가 발생한 것으로 볼 수 있다. 그러나 제3자에 의한 변제는 채무의 성질 또는 당사자의 의사표시에 의하여 제한될 수 있으며(제469조 제1항 단서) 이해관계 없는 제3자는 채무자의 의사에 반하여 변제하지 못한다(제469조 제2항).

---

1) 김대정·최창렬, 372면.
2) 학설대립과 부정설의 논거에 관하여 자세한 것은 김형석, "제3자의 변제·구상·부당이득," 서울대학교 법학 제46권 제1호, 2005, 344면 이하.

사안에서 급부의 내용이 금전이므로 성질상의 제한을 받지 않으며 제3자의 변제를 허용하지 않는다는 당사자의 의사표시도 없었다. 따라서 이해관계 없는 제3자의 채무로서 채무자의 의사에 반하여 변제가 이루어졌는지가 문제된다. 여기서 이해관계의 유무는 그 제3자가 변제를 함에 있어서 법률상 이해관계를 가지는지 여부에 의하여 결정된다.[3] 예를 들어 물상보증인이나 저당부동산의 제3취득자[4]는 변제하지 않으면 자기 권리를 상실할 염려가 있는 자로서 이해관계인에 해당한다. 반면 사안에서 乙은 甲 채무의 변제와 관련하여 아무런 법률상 이해관계를 갖고 있지 않다. 따라서 乙의 변제가 채무자인 甲의 의사에 반하였느냐에 따라 변제의 효과가 결정된다. 채무자의 반대의사는 채권자 또는 제3자에 대하여 미리 표시될 필요는 없으며 제3자가 이를 알고 있어야 하는 것도 아니다.[5] 채무자의 의사는 제반사정의 해석으로부터 도출하면 된다.

그러나 이해관계 없는 제3자의 변제라 할지라도 이는 원칙적으로 채무자에게 유리한 것이므로, 반증이 없는 한 채무자에게 유리하고 그 의사에 반하지 않는 것으로 추정된다.[6] 따라서 제3자의 변제가 채무자의 의사에 반한다는 것을 주장하는 자가 그 입증책임을 부담한다.[7] 본 사안에서 乙의 변제가 甲의 의사에 반한다는 것이 드러나 있지 않으므로, 乙의 변제가 甲의 의사에 반하지 않는 것으로 추정된다. 따라서 사안에서 乙의 변제는 유효한 제3자에 의한 변제로서 이로 인하여 甲의 채무가 소멸하였다.

(2) 乙의 甲에 대한 구상권

제3자의 변제로 인하여 채권이 소멸하였으므로 乙과 甲의 관계에서 乙이 甲의 부탁을 받고 변제했으면 위임에 기하여 비용상환청구권(제688조)으

---

3) 대법원 1991. 7. 2. 선고, 90다17774, 17781 판결. 이에 반하여 사실상 혹은 경제적인 이해관계도 포함된다고 하는 견해도 있다(김증한 · 김학동, 348면).
4) 대법원 1995. 3. 24. 선고, 94다44620 판결: 부동산의 매수인은 그 권리실현에 장애가 되는 그 부동산에 대한 담보권 등의 권리를 소멸시키기 위하여 매도인의 채무를 대신 변제할 법률상의 이해관계가 있는 제3자라고 볼 것이다.
5) 김형배, 667면.
6) 대법원 1961. 11. 9. 선고, 4293민상729 판결.
7) 대법원 1988. 10. 24. 선고, 87다카1644 판결.

로서, 부탁을 받지 않았다면 사무관리에 기한 비용상환청구권(제739조)으로서 구상권을 취득하게 된다. 본 사안에서 甲의 부탁이 없었으므로 위임계약도 문제될 것이 없고 사무관리의 성립만이 문제될 수 있겠으나, 乙은 호의로서 甲에 대한 증여의 의사를 갖고 변제를 하였으므로 구상권을 행사하지 않을 것이다.

(3) 甲의 丙에 대한 부당이득반환청구권(제741조)

乙의 변제로 채무가 소멸하였으나 甲은 채무가 소멸하였다는 사실을 모르고 채무를 변제하였으므로, 甲은 丙에 대해 부당이득을 이유로 100만원을 반환청구할 수 있다.

10. 채권의 준점유자와 영수증소지자에 대한 변제

> **사례** 甲은 乙로부터 돈을 빌린 후 영수증을 발급해 주었다. 그러나 乙은 영수증의 관리를 소홀히 하였고, 마침 乙의 집에 들린 미대생 친구 丙이 집안에 굴러다니던 영수증을 발견하였다. 이에 丙은 영수증을 이용하면 한 달 생활비는 벌겠다 싶어서 영수증을 정교하게 위조하여 甲에게 가서 자신은 乙로부터 채권추심을 위임받았다며 변제할 것을 요구하였다. 이에 甲은 영수증을 확인하고 丙에게 乙의 채권을 변제하였다.
> (1) 甲이 선의인지를 입증하고 있지 못한 상태에서 영수증이 위조된 것으로 밝혀진 경우에 甲의 변제는 유효한가?
> (2) 丙이 영수증을 乙로부터 훔친 경우에는 어떻게 되는가?

원칙적으로 채권자가 제3자에게 변제를 받을 수령권한을 부여하지 않은 이상 제3자에 대한 변제는 무효이다. 그러나 우리 민법은 제3자에게 수령권한 있는 것과 같은 외관을 신뢰하여 변제한 채무자를 보호하기 위해서 채권의 준점유자에 대한 변제(제470조)와 영수증소지자에 대한 변제(제471조)를 예외적으로 유효한 것으로 다루고 있다.

(1) 채권의 준점유자에 대한 변제(제470조) ― (설문 1)

영수증소지자에 대한 변제에서 영수증은 진정한 영수증만을 의미하므로 위조된 영수증은 채권의 준점유자의 요건을 갖춘 경우에만 변제로서 유효할 수 있다.[1] 채권의 준점유자란 채권을 사실상 행사하는 자(제210조 참조), 즉 거래의 관념상 진정한 채권자라고 믿게 할 만한 외관을 갖춘 자를 말하므로 위조된 영수증의 소지자도 진정한 채권자 또는 추심권한을 위임받은

---

1) 이러한 입장으로 지원림, 민법강의, 989면 이하; 곽윤직, 251면.

자로 믿게 할 외관을 형성한 자로서 채권의 준점유자가 될 수 있다.

사안에서 채권의 준점유자에 대한 변제를 이유로 甲의 丙에 대한 변제가 효력을 갖기 위해서는 (1) 丙이 진정한 채권자라고 믿을 만한 외관을 갖추어야 하며, 또한 (2) 丙에게 수령권한이 있다고 믿은 것에 대하여 甲이 선의·무과실이어야 한다. 이때 (3) 채권자인 乙의 귀책사유가 요구되는지에 대하여 판례2)와 일부 학설은 변제자의 입장에서 판단하여 채권자인 乙의 귀책사유를 요하지 않는다고 하고 있으나, 외관법리의 입장에서 귀책사유가 있어야 한다는 견해도 유력하게 주장되고 있다.3) 그러나 사안의 경우 乙의 영수증 관리에 대한 부주의, 즉 귀책사유가 인정되므로 본 사안에서는 어느 견해에 따르든 상관없이 동일한 결론에 이른다. (1), (2) 요건을 차례로 살펴보면 (1) 영수증이 거래당사자 사이의 변제수령의 증명이라는 면에서 이를 정교하게 위조하여 소지하고 있다면 채권을 추심할 수 있는 권한을 가진 자로서 믿게 할 만한 외관을 갖추었다고 할 것이다. (2) 다음으로 여기서 "선의"는 준점유자에게 변제수령의 권한이 없음을 알지 못하는 것을 넘어서 적극적으로 수령권한이 있다고 믿었음을 의미한다. 그러나 사안에서 甲이 丙에게 추심권한이 있다고 믿은 데 선의·무과실임을 입증하지 못하고 있다. 선의에 관한 입증책임은 변제의 유효를 주장하는 채무자에게 있으므로4) 甲이 선의라는 사실을 증명하지 못할 경우 甲의 변제는 효력을 갖지 못한다.

(2) 영수증소지자에 대한 변제(제471조) — (설문 2)

영수증을 소지한 자는 채권자로부터 수령권한을 부여받은 자라고 생각되는 것이 보통이므로, 소지자가 무권한자라 하더라도 변제자를 보호할 필요가 있어 제471조는 영수증소지자에 대하여 변제한 자를 보호하고 있다. 사안에서 丙은 乙로부터 영수증을 절취하여 甲에게 변제를 요구하였으므로 (1) 丙이 진정한 영수증을 소지하고 있음은 인정된다. 또한 (2) 변제자인 甲의 선의·무과실은 채권의 준점유자에 대한 변제에서와 달리 추정되고 변제의 효력을 부정하는 자가 입

---

2) 대법원 1963. 10. 10. 선고, 63다384 판결.

3) 김증한·김학동, 350면.

4) 대법원 2002. 8. 27. 선고, 2002다31858 판결. 채권자에게 입증책임이 있다는 견해로 김형배, 676면.

증책임을 부담한다. 따라서 채권자인 乙이, 甲이 악의 또는 선의인 데 과실이 있었다는 사실을 입증하지 못한다면 甲의 변제는 영수증소지자에 대한 변제로서 유효하다.

11. 변제의 충당

사 례 甲은 乙에게 원금 200만원과 이자 및 비용으로 각각 100만원을 지급할 채무를 부담하고 있다. 甲은 100만원을 지급하면서 일방적으로 원금의 변제로서 지급하겠다는 의사를 표시하였다. 이에 乙은 100만원의 수령을 거절하였다. 정당한가?

(1) 변제충당의 방법

乙의 수령거절이 정당하고 채권자지체가 되지 않기 위해서는 원금의 변제로서 100만원을 지급하겠다는 甲의 변제제공방식이 올바른 것이 아니어야 한다. 채무자인 甲은 모두 같은 종류의 채무인 400만원의 금전채무를 변제함에 있어 원금 및 이자와 비용의 총액에 미치지 못하는 100만원을 지급하였다. 이와 같이 채무자가 같은 종류의 급부를 채권자에 대하여 부담하고 있고 변제된 내용으로는 모든 채무를 충족하지 못하는 경우 어느 채무의 변제로 충당할 것인가 하는 변제충당의 문제가 발생한다. 충당의 순서는 당사자의 합의가 있으면 그 합의에 따라야 하며(합의충당), 합의가 없는 경우 변제자가 지정할 수 있으며 변제자가 지정하지 않은 경우에는 변제수령자가 지정할 수 있다(지정충당 – 제476조). 그리고 당사자의 지정도 없으면 법률규정에 의하여 충당순서가 정하여진다(법정충당 – 제477조).

사안에서 당사자 사이에 변제충당의 순서를 정하는 명시적 합의는 없었다. 그러나 변제자인 甲의 지정이 있었으므로 그 순서에 따라서 변제의 효과가 발생하게 된다(제476조 제1항). 이때 변제수령자의 동의를 요하지 않고, 수령자는 이에 대하여 이의를 제기하지 못한다. 따라서 乙이 수령을 거절한 것은 타당하지 않은 것으로 보일 수 있다.

(2) 지정충당의 제한

그러나 지정충당에 대하여 민법은 일정한 제한을 가하고 있다. 즉 채무자가 한 개 또는 수 개의 채무의 비용과 이자를 동시에 지급할 경우에는 비용·이자·원본의 순서로 변제에 충당하여야 한다(제479조 제1항). 이와 같은 제한이 가해진 것은 비용과 이자는 그 성질상 원본보다 먼저 지급되는 것이 순리이므로 일방당사자의 의사로 이 순서를 변경하는 것을 허용해서는 안 되기 때문이다. 따라서 사안에서 甲이 일방적으로 100만원을 잔금의 변제에 충당한다고 의사표시한 것은 효력이 없다.

다만 제479조가 임의규정이므로 지정권자가 다르게 지정한 것에 대하여 상대방이 지체없이 이의를 제기하지 않으면 그와 같은 지정에 대하여 묵시적인 합의가 있는 것으로 보게 된다.[1] 따라서 특별한 이의제기 없이 수령을 하는 경우에는 제479조의 규정을 배제할 의사가 있는 것으로 해석된다. 그러나 乙이 이의제기를 하는 방식으로 100만원의 수령을 거절하면 묵시적인 합의가 인정되지 않는다. 합의가 인정되지 않은 이상 지정충당에서 비용·이자·원본의 순서는 지켜져야 하므로 잔금을 우선 충당하겠다는 甲의 주장은 타당하지 않다. 따라서 乙이 이의 제기를 하는 방식으로 100만원의 수령을 거절한 것은 정당하다.

---

1) 대법원 1990. 11. 9. 선고, 90다카7262 판결.

12. 법정변제충당

> **사 례**
>
> 甲은 乙로부터 다음과 같이 합계 3억원을 차용하였다.
> 1) 2018년 8월 25일에 이행기를 2019년 1월 25일로 하여 1억원을 차용(제1 차용금)하면서 丙소유의 토지에 저당권을 설정하였다.
> 2) 2018년 12월 24일에 이행기를 2019년 1월 23일로 하여 1억원을 차용(제2 차용금)하면서 丁이 이를 연대보증하였다.
> 3) 2019년 1월 13일에 이행기를 2019년 1월 22일로 하여 1억원을 차용(제3 차용금)하였다.
> 각 차용금채무의 변제기가 모두 도래한 2019년 3월 27일 甲이 乙에게 1억원을 변제하였으나 변제될 채무를 별도로 지정하지 않았고, 乙 역시 변제에 충당할 채무를 지정하지 않았다면, 乙은 丁에게 연대보증채무의 이행을 청구할 수 있는가?

乙의 丁에 대한 연대보증채무의 이행청구권

乙이 丁에게 연대보증채무의 이행을 청구하기 위해서는 제2 차용금채무가 甲의 일부변제(1억원)에도 불구하고 소멸하지 않고 있어야 한다. 본 사안에서 유사한 내용의 여러 채무를 甲이 乙에게 부담하고 있으므로 변제충당의 문제가 발생하며, 당사자가 변제에 충당할 채무를 지정하지 않은 경우이므로 법정변제충당이 문제 된다. 법정변제충당의 순서는 제477조에 규정되어 있으며, 변제충당의 순서는 채무자의 변제제공 당시를 기준으로 정해야 한다.[1]

구체적으로 제477조에 따라 첫째, '채무 중 이행기가 도래한 것과 도래하지 아니한 것이 있으면 이행기가 도래한 채무의 변제에 충당한다'(제1호).

---

1) 대법원 2015. 11. 26. 선고, 2014다71712 판결.

제1 차용금채무는 丙 소유 토지에 대한 저당권, 즉 물상보증인이 제공한 물적 담보가 있고, 제2 차용금채무는 丁의 연대보증, 즉 인적 담보가 있고, 제3 차용금채무는 아무런 담보가 없다는 점에서 구별된다. 그러나 1억원의 일부변제 시점에 차용금채무 모두의 이행기가 도래하였으므로 제1호와 관련하여 차이점은 없다.

둘째, 채무 전부의 이행기가 도래하였거나 도래하지 않았다면 '채무자에게 변제이익이 많은 채무의 변제에 충당한다'(제2호). 조문은 채무자를 기준으로 변제이익을 판단하도록 규정하고 있으나 변제자를 기준으로 판단해야 한다. 변제이익은 무이자 채무보다 이자부 채무, 저이율 채무보다 고이율 채무, 무담보 채무보다 담보부 채무, 보증인으로서 부담하는 보증채무보다 변제자 자신의 채무, 연대채무보다 단순채무가 변제이익이 많다.[2] 변제자가 주채무자인 경우 보증인이 있는 채무와 보증인이 없는 채무는 변제이익에 차이가 없다.[3] 또한 변제자가 채무자인 경우 물상보증인이 제공한 물적 담보가 있는 채무와 담보가 없는 채무 사이에도 변제이익은 같은 것으로 본다.[4] 제1 차용금채무에는 물상보증인이 제공한 물적 담보가, 제2 차용금채무에는 인적 담보가 있으나. 제3 차용금채무에는 아무런 담보도 없다. 그러나 변제자가 주채무자인 경우 물상보증인이 제공한 물적 담보나 인적 담보는 채무자의 변제이익과 무관하므로 변제자 甲의 입장에서 변제이익에는 차이가 없다.

셋째, 변제자의 변제이익이 같다면, '이행기가 먼저 도래한 채무나 먼저 도래할 채무의 변제에 충당한다'(제3호). 따라서 이행기가 가장 먼저 도래한 제3 차용금채무에 우선 변제충당되어야 한다.

따라서 甲의 1억원 일부변제로 제3 차용금채무가 소멸하고, 제2 차용금채무는 존속하므로 乙의 丁에 대한 연대보증채무의 이행청구는 정당하다.

---

2) 송덕수, 450면.
3) 대법원 1999. 8. 24. 선고, 99다26481 판결; 김형배, 699면. 그에 반하여 보증인이 있는 채무가 변제이익이 크다는 견해로 김상용, 449면.
4) 대법원 2014. 4. 30. 선고, 2013다8250 판결.

13. 변제자대위

사례
> 甲은 A은행으로부터 10억원을 융자받으며 그 담보로 시가 5억원인 甲 소유의 토지 X에 저당권을 설정하고 乙이 甲의 부탁으로 연대보증인이 되었다. 그 후 甲은 변제기에 이 융자금을 변제하지 못하였고 乙이 甲을 위하여 6억원을 A은행에 변제하였다. A은행에서는 나머지 4억원을 회수하기 위해서 저당권을 실행하여 토지 X는 4억원에 경락되었다. A은행이 4억원을 전부 가져가려고 하자, 乙은 자신의 지분 2억4천만원을 달라고 요구한다. 乙의 주장은 정당한가?

乙의 구상권 및 변제자대위에 기한 청구

(1) 청구의 요건

乙은 甲으로부터 부탁받은 연대보증인으로서 甲의 채무를 변제하였는데, 이 경우 乙은 원칙적으로 甲에 대하여 구상권을 갖는다(제441조 제1항). 그런데 乙이 수탁보증인으로서 구상권을 행사하는 경우에, A은행이 저당권을 실행하여 얻게 되는 경매대금을 A은행과 동일한 지위에서 요구할 수는 없을 것이다. 乙이 A은행과 동일한 지위에서 경매대금을 요구하려면 乙도 A은행이 행사하는 저당권에 의해 담보되는 채권을 갖고 있어야 한다.

우리 민법은 제3자 또는 공동채무자가 채무자를 위하여 변제한 때에는 채권자가 갖고 있던 채권이 법률상 당연히 변제자에게 이전하여 그 채권을 대신하여 행사할 수 있는 변제자대위라는 제도를 인정하고 있다. 만약 변제자대위가 성립하면 대위자 乙은 채권자가 갖고 있던 담보에 관한 권리를 행사할 수 있고(제482조 제1항), 특히 일부만 변제한 경우에 대위자는 그 변제한 가액에 비례하여 채권자와 함께 그 권리를 행사할 수 있다(제483조 제1항). 따라서 일부대위가 성립하는 경우에 대위자가 채권자와 동일한 지위에서 권리를 행사할 수 있다면 乙의 주장이 정당하다고 할 수 있다.

우선 변제자대위가 성립하기 위해서는 (1) 변제 기타 출재로 채권자에게 만족을 줄 것, (2) 변제자가 채무자에 대하여 구상권을 가질 것, (3) 제3자가 변제할 정당한 이익이 있거나 채권자의 승낙이 있을 것이 요구된다. 乙은 연대보증인으로서 변제할 정당한 이익이 있는 자이므로 언제든지 甲의 의사와 관계없이 변제할 수 있고 乙이 사안에서와 같이 변제하면 당연히 채권자를 대위하게 된다(제481조 — 법정대위).

(2) 일부대위에 따른 제한

그런데 본 사안에서는 채무 전부에 대한 변제가 있지 않고 일부에 대하여만 있었기 때문에 채권자와의 관계에서 대위자가 어떻게 권리행사를 할 수 있는지가 문제된다. 우리 민법의 규정은 대위자는 혼자 권리를 행사할 수 없고 채권자와 함께 권리를 행사하여야 하지만, 변제한 가액에 비례하여 채권자와 함께 대등한 지위에서 권리를 행사하는 것으로 정하고 있다.[1] 따라서 명문의 규정을 엄격히 따른다면 대위자가 채권자와 동등한 지위에서 변제한 가액에 비례하여 권리행사를 할 수 있으므로 乙의 주장이 타당한 것처럼 보인다. 이러한 입장에 선다면 사안에서 乙이 자신의 지분인 2억4천만원을 요구하는 것은 정당하다.

그러나 변제자대위는 채권자가 누리고 있던 지위를 박탈하는 것이 아니라, 채권자가 누리던 권리를 동일하게 행사할 수 있도록 함으로써 구상권을 행사하는 것보다 더 강한 지위를 대위자에게 인정하려는 목적을 가지고 있을 뿐이다. 따라서 규정내용에 있어 일부대위가 성립하는 경우에 채권자는 일부대위변제자에 대하여 우선변제권을 가지고 있다고 해석하여야 한다.[2] 그러므로 저당권의 담보를 갖는 대위자는 다른 일반채권자에 대하여는 우선권을 갖고 있으나, 저당권을 실행한 채권자와의 관계에서는 열위에 있으므로 그 채권자가 우선적으로 변제를 받은 후 그 잔액으로부터 일부대위자가 변제를 받을 수 있을 뿐이다. 사안에서 채권자인 A은행에서 채권 잔액인 4억원에 대하여 乙에 비하여 우선하여 변제를 받을 수 있으므로 乙의 주장은 정당하지 않다.

---

1) 이렇게 보는 견해로 김형배, 709면; 이은영, 718면 이하.
2) 대법원 2004. 6. 25. 선고, 2001다2426 판결; 대법원 2009. 11. 26. 선고 2009다57545, 57552 판결; 김증한·김학동, 368면; 곽윤직, 265면.

14. 대위변제자 사이의 관계

사 례

A의 B은행에 대한 1억원의 대여금채무에 대하여 甲과 乙이 연대보증을 하였고, 丙이 6천만원 상당의 자신의 토지 X에 근저당권을 설정해 주었으며, 丁은 시가 4천만원 상당의 자신의 건물 Y에 근저당권을 설정해 주었다. 甲이 B은행에 A의 채무로 1억원 전액을 변제한 후 토지 X에 대한 근저당권이 실행되는 경우 甲이 변제자대위에 기하여 배당받을 수 있는 금액은?

【변형】 (1) 甲이 B은행에 A의 채무로 5천만원을 변제한 경우라면 어떠한가?
(2) 丁이 근저당권을 설정한 Y건물을 戊에게 양도한 후 甲이 1억원을 변제한 경우라면?

변제할 정당한 이익이 있는 자는 변제로 당연히 채권자를 대위하게 되며(제481조), 이 경우 대위자는 자신의 권리에 의하여 구상할 수 있는 범위에서 채권자의 채권 및 그 담보에 관한 권리를 행사할 수 있다(제482조 제1항). 따라서 연대보증인 甲이 A의 채무 전액을 변제하였다면 채권자 B의 채권 및 담보권을 행사할 수 있다. 다만, 동일한 채권에 수인의 대위자가 있을 수 있다면 변제자대위로 인한 혼란과 불공평을 막기 위하여 대위의 순서와 비율에 관한 원칙을 마련할 필요가 있다. 즉, 이 사건에서 다른 물상보증인인 丙이 담보로 제공한 토지 X에 대해 甲이 대위할 수 있는 범위를 정할 필요가 있다.

이 사건과 같이 물상보증인과 보증인이 여러 명 있는 경우 우선 인원수에 비례하여 채권자를 대위한다(제428조 제2항 제5호). 다만 물상보증인이 여러 명인 경우라면 보증인의 부담부분을 제한 잔액을 다시 각 담보물의 가액에 따라 안분하여 대위한다(제5호 단서). 이 사건은 보증인이 2명(甲과 乙), 물상보증인이 2명(丙과 丁) 존재하므로, 우선 인원수에 비례하여 안분한 금액

중 연대보증인이 부담하는 부분(5천만원)을 공제하여 잔액을 계산한 후, 그 잔액(5천만원)을 담보물의 가액에 비례하여(토지 X는 6천만원, 건물 Y는 4천만원이므로 3:2의 비율) 대위하므로 토지 X로부터 甲이 배당받을 수 있는 금액은 3천만원이 된다.

【변형】 (1) 甲이 A의 채무 전액을 변제하지 않고, 5천만원만을 일부변제한 경우라면 일부의 법정대위가 문제된다. 이와 관련하여 우리 법원은 상호간의 반복적 대위를 막고 대위관계를 공평하게 처리하기 위하여, 보증인과 물상보증인이 여러 명이 있는 경우 제482조 제2항에 의해 산정한 각자의 부담부분을 넘는 변제를 하지 않으면 다른 보증인이나 물상보증인에게 채권자의 권리를 대위할 수 없도록 하였다.[1] 또한 채권자는 대위변제자에 대하여 우선변제권을 가지므로,[2] 이 사건에서 채권자인 은행 B는 토지 X에 대한 경락대금 6천만원으로부터 잔존채무인 5천만원을 우선 배당받을 수 있고, 따라서 甲은 자신의 부담부분(2천5백만원)을 넘는 변제가액(2천5백만원)에 대하여 다른 보증인(乙) 및 물상보증인(丙, 丁)에게 채권자를 대위할 수 있다. 이 초과 변제가액에서 보증인의 부담부분을 공제한 부분을 각 담보물의 가액에 따라 안분하면 토지 X에서 배당받을 수 있는 금액은 1천만원이므로(=2500만원 × 2/3 × 3/5) 甲은 토지 X로부터 1천만원을 배당받을 수 있다.

【변형】 (2) 연대보증인 甲이 A의 채무 전액을 변제한 경우 물상보증인 丁으로부터의 제3취득자에 대하여 채권자를 대위할 수 있는지가 문제 된다. 이와 관련하여 제482조 제2항은 저당물의 제3취득자는 보증인에 대하여 채권자를 대위하지 못하지만(제2호),[3] 보증인은 저당물의 제3취득자에 대하여 채권자를 대위할 수 있도록(제1호) 규정하고 있다. 다만, 보증인은 미리 저당권의 등기에 그 대위를 부기하도록 하여 대위의 의사를 알 수 없는 상태에서 저당물을 취득한 제3취득자를 보호하고 있다.[4] 따라서 저당권의 등기에 그

---

1) 대법원 2010. 6. 10. 선고, 2007다61113, 61120 판결.
2) 대법원 2009. 11. 26. 선고, 2009다57545, 57552 판결.
3) 제3취득자는 담보권실행으로 발생할 수 있는 손실을 각오하고 취득한 자이기 때문이다. 이은영, 720면.
4) 김용덕, "변제자의 일부대위", 민사판례연구(X), 박영사(1988), 62면 이하.

대위를 부기하지 않았다면 甲은 제3취득자 戊에 대하여 채권자를 대위하지 못한다. 그런데 여기서 "미리"라고 함은 보증인이 변제한 후 제3취득자가 권리를 취득하기 전을 의미한다. 따라서 변제 전에 이미 저당물을 취득한 제3취득자는 부기등기가 필요하지 않고, 보증인은 제3취득자에 대하여 항상 채권자를 대위할 수 있는 것으로 해석된다.[5] 따라서 보증인 甲은 Y건물의 제3취득자 戊에 대하여 대위를 할 수 있다(이때 대위할 수 있는 금액의 계산은 앞의 기본사례에 대한 설명 참조).

---

[5] 김용덕(편집대표), 주석민법 채권총칙(제5판), 한국사법행정학회(2020), 304면.

III. 급부의 내용

15. 급부의 실현가능성

> 사 례
>
> 甲은 응접실에 걸려 있는 "황소"라는 그림을 乙에게 2018년 3월 30일 오후 6시에 200만원에 팔고 다음날 그림을 인도해주기로 하였다. 양 당사자가 알지 못하였지만, 그날 오후 4시에 번개로 화재가 발생하여 甲의 집은 물론 그림도 불타버려서 없는 상태였다. 이러한 사정을 알게 된 甲은 200만원을 요구하였으나, 乙은 이를 거절하였다. 누구의 주장이 정당한가?
>
> 【변형 1】 계약체결 전 甲이 제3자 丙에게 매도하여 丙이 그림의 소유자인 경우는?
> 【변형 2】 번개로 화재가 오후 8시에 발생한 경우는?
> 【변형 3】 화재가 오후 8시 甲의 과실로 발생한 경우는?

위 사안은 모두 채권의 목적인 '황소'라는 그림의 소유권이전이 불가능하게 된 경우이다. 이처럼 급부의 이행이 불가능하게 되면 불능이 존재하므로 더 이상 해당 급부를 청구할 수 없는 것은 어느 경우나 동일하지만 그 밖의 법률효과는 각 유형에 따라 다르다. 우리 민법 제535조는 계약체결 당시에 이미 불능인 경우 계약의 효력이 무효임을 전제로 하고 있으므로 우선 계약체결 당시에 이미 불능이 존재했는지(원시적 불능) 아니면 계약체결 후 불능이 발생하였는지(후발적 불능)에 따라 나누어야 한다. 다음으로 원시적 불능은 다시 객관적 불능과 주관적 불능으로 나뉜다. 객관적 불능은 아무도 그 급부를 이행할 수 없는 경우에 인정되며, 객관적 불능이 있으면 채권은 무효이고 제535조의 문제만 남는다. 주관적 불능은 채무자가 그 급부를 이행할 수 없는 경우에 인정되며, 타인의 권리의 매매에 관한 규정(제569조, 제570조)을 기초로 주관적 불능인 경우에는 계약이 유효함을 인정하고 있다. 다만 이에 대하여 채무불이행책임, 하자담보책임, 보증책임[1]을 인정할 것인지에 관하여 학설이 나뉘고 있다. 후발적 불능의 경우는 채무자에게 귀책사유가 있는 경우와 채무자에게 귀책사유가 없는 경우로 나누어서 보아야 한다. 채무자에게 귀책사유가 있는 경우에는 제390조가 문제되며, 채무자에게 귀책사유가 없는 경우에는 위험부담에 관한 제537조, 제538조가 문제된다.

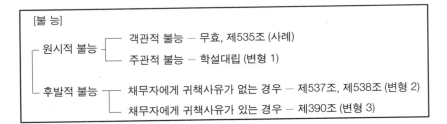

(1) 원시적 · 객관적 불능(사례)

계약체결 당시에 이미 그림의 소유권이전이라는 급부의 이행을 누구도 할 수 없기 때문에 원시적 · 객관적 불능이다. 이 경우 계약은 무효이므로 누구도 계약에 기하여 그림의 소유권이전 및 매매대금을 청구할 수 없다. 다만 甲이 불능을 알았거나 알 수 있었고 乙이 불능에 대하여 선의 · 무과실인 경우에는 乙에게 신뢰이익, 즉 계약의 유효를 믿음으로 인하여 받은 손해를 배상하여야 한다(제535조 제1항).

(2) 원시적 · 주관적 불능(변형 1)

계약체결 당시에 이미 甲이 그림을 丙에게 팔아서 丙의 소유에 속하는 그림이 되었으므로 甲은 이행할 수 없으나, 다른 사람은 이행할 수 있다는 측면에서 원시적 · 주관적 불능이 존재할 수 있다. 주관적 불능이 인정되기 위해서는 채무자가 급부목적물에 대한 처분권한이 없다는 사실만으로는 충

---

1) 김증한 · 김학동, 107면.

분하지 않다. 더 나아가서 채무자가 해당 물건의 처분권을 다시 취득할 수 없거나, 처분권 있는 자가 채권자에게 급부를 하도록 할 가능성이 채무자에게 없어야 한다. 따라서 甲은 자신이 그림을 다시 취득할 수 없고, 丙으로 하여금 그림의 소유권을 乙에게 이전하도록 할 가능성이 없음을 입증해야 한다. 이 경우에는 타인의 권리의 매매에 관한 규정(제569조, 제570조)이 적용되므로 매매계약은 유효하나, 甲은 담보책임을 부담하게 된다.

(3) 채무자에게 귀책사유 없는 후발적 불능(변형 2)

계약체결 후에 급부의 인도가 불가능하게 된 후발적 불능이고 채무자·채권자의 귀책사유가 없이 불능이 되었다. 이 경우 소유권이전이라는 급부의무의 이행은 불가능하게 되었기 때문에 당사자의 주장 없이도 급부의무는 당연히 소멸하게 된다. 급부의무가 소멸한 경우 매매계약과 같은 쌍무계약의 경우 반대급부의무의 존속은 위험부담에 관한 제537조 및 제538조에 의하여 결정된다. 본 사안에서는 양 당사자의 책임 없는 사유로 급부의무가 소멸하였으므로 제537조가 적용되어 매도인 甲도 반대급부인 매매대금의 지급을 청구할 수 없다.

(4) 채무자에게 귀책사유 있는 후발적 불능(변형 3)

계약체결 후에 급부의 인도가 불가능하게 된 후발적 불능이고 불능에 대하여 채무자 甲에게 귀책사유가 있다. 이 경우 소유권이전이라는 급부의무의 이행은 불가능하게 되었으므로 더 이상 급부를 이행하라고 청구할 수 없다(제1차적 급부의무의 소멸). 채무자에게 귀책사유가 있으므로 제1차적 급부의무를 대신하여 손해배상청구권(제390조)이 발생하게 된다(제2차적 급부의무). 이때 매수인 乙이 甲에게 손해배상을 청구하는 경우, 甲으로부터 제2차적 급부의무로서 손해배상을 받는 대신 乙 역시도 甲의 손해배상의무와 견련관계에 있는 자신의 매매대금 지급의무를 이행해야 한다. 또한 乙은 제2차적 급부인 손해배상을 청구하는 대신 계약해제권을 행사할 수도 있는데(제546조), 이때에는 계약상의 의무를 모두 면하게 되고 다만 불능으로 인하여 발생한 손해의 배상을 청구할 수 있다(제551조, 제390조).

16. 선량한 관리자의 주의의무위반으로 인한 손해배상책임

사 례   甲은 乙로부터 건물을 임차하여 경양식 음식점을 경영하고 있었다. 3월 15일 저녁 영업시간이 끝나고 甲은 평상시와 같이 화재발생 우려가 있는 전기 조명 스위치 등을 점검한 후 출입문을 잠그고 귀가하였으나, 실제로는 전기난로를 끄고 나오지 않아 화재가 발생하여 건물이 전부 타버렸다.[1]
(1) 乙은 甲에게 건물의 반환을 청구할 수 있는가?
(2) 乙은 甲에게 손해배상을 청구할 수 있는가?

I. 乙의 甲에 대한 임차물반환청구권(제654조, 제615조)

甲과 乙 사이에 체결된 건물을 목적으로 한 임대차계약(제618조)에 의하여 甲은 임대차계약기간이 만료되면 임대차목적물인 건물을 원상으로 회복하여 반환해야 한다(제654조, 제615조). 그러나 건물이 불타버림으로써 甲의 임차물 반환은 불가능하게 되었으므로(후발적 불능) 乙은 甲에게 건물의 반환을 청구하지 못한다.

II. 乙의 甲에 대한 손해배상청구권(제390조)

甲의 책임 있는 사유로 인하여 임차목적물의 반환이 불가능하게 된 때

---

1) 대법원 1994. 10. 14. 선고, 94다38182 판결 변형. 임차목적물 화재의 경우, 선관주의의무 위반을 직접 손해배상책임의 근거로 삼지 않고, 임차인의 목적물 반환의무 위반을 근거로, 선관주의의무 준수여부와 화재의 원인이 임대인의 지배·관리 영역에 있는지를 책임조각사유로 보는 판례로는 대법원 2017. 5. 18. 선고, 2012다86895, 86901 전원합의체 판결 참고.

에는 임차물반환의무를 대신하여 손해배상책임이 발생할 수 있다. 그러기 위해서는 제390조의 요건(채무자가 채무의 내용에 좇은 이행을 하지 않음으로써 손해가 발생하고, 채무자에게 이러한 불이행에 대한 귀책사유가 인정될 것)이 충족되어야 한다. 이미 살펴본 바에 의하면 甲 · 乙 사이에 임대차계약이 체결되어 있었고 건물이 불타버림으로써 甲의 임차물반환의무가 불가능하게 됨으로써 채무내용에 좇은 이행을 할 수 없는 상태가 되었다. 문제는 사안에서 채무자인 甲의 책임 있는 사유로 이행불능이 발생했느냐이다.

본 사안에서 건물의 반환의무는 특정물인도채무에 해당하므로 채무자인 甲은 선량한 관리자의 주의의무로 건물을 보존하여야 한다(제374조). 보존은 단지 보관행위에 그치지 않고 더 나아가서 자연적 또는 인위적인 멸실 · 훼손으로부터 목적물을 보호하여 그것의 경제적 가치를 유지하는 것을 의미한다.[2] 특정물의 선관주의의무는 (특정물을 채무자가 점유하고 있으므로) 특정물채권의 발생과 동시에 발생하는 것이 보통이나, 임대차에 있어서는 임차인은 계약이 만료되면 목적물의 반환의무를 부담하므로, 이 경우에는 목적물을 인도받은 때부터 선관주의의무를 부담한다. 그리고 선관주의의무는 실제로 인도할 때까지 부담한다.[3] 사안에서 甲은 건물의 인도를 받은 때로부터 건물을 다시 乙에게 인도할 때까지 선관주의의무를 부담하는데, 아직 반환을 하지 않은 상태에서 건물이 화재로 인하여 전부 타버려 멸실되었으므로 바로 선관주의의무 위반이 문제된다고 할 수 있다.

선관주의의무 위반에 대하여 손해배상책임이 발생하기 위해서는 채무자에게 귀책사유가 요구된다. 왜냐하면 채무자가 선관주의의무를 다하였음에도 불구하고 목적물이 멸실 · 훼손된 때에는, 그 불이익은 채권자에게 돌아가기 때문이다(급부위험과 관련한 채권자위험부담주의). 이 선관주의의무는 평균인에게 요구되는 주의의무인 일반적 · 객관적 표준을 기초로 판단한다.[4] 그런데 甲은 건물에서 나오기 전에 전열기를 끌 수 있었음에도 불구하

---

2) 송덕수, "특정물 채권," 고시계 1993/4, 36면.

3) 선관주의의무는 이행기까지 부담하며 이 시점을 기준으로 채무자에게 이행이 늦어지는데 대하여 귀책사유가 있는 경우에는 제392조 본문(이행지체), 채권자에게 지체의 사유가 존재하는 경우에는 제401조(수령지체)로 그 주의의무가 가중 또는 감경되며, 어느 경우에도 해당하지 않는 경우에는 계속하여 선관주의의무를 부담한다(예: 불가항력으로 이행기에 이행하지 못한 경우, 이행의 지연을 정당화시키는 사유가 있는 경우). 따라서 실제로 물건을 인도할 때까지 부담한다고 볼 수 있다.

고 전열기를 끄지 않고 그냥 나왔고, 전열기를 껐었다면 화재의 발생을 예방할 수 있었으므로 선량한 관리자의 주의의무를 위반한 과실이 인정된다.[5] 따라서 乙은 甲에 대하여 채무불이행에 기한 손해배상청구권(제390조)을 행사할 수 있다.

Ⅲ. 乙의 甲에 대한 불법행위로 인한 손해배상청구권(제750조)

사안에서 전열기에 의하여 발생한 화재사고에 대하여 甲의 과실이 인정되고 甲의 과실에 의한 위법행위로 乙에게 소유권의 침해라는 손해가 발생하였다는 점에서 제750조에 의한 불법행위의 성립요건은 갖추었다고 할 것이다.[6]

---

4) 추상적 과실을 말하며 이와 대비되는 주관적 · 구체적 과실을 기초로 하는 경우는 무상임치에서 무상수치인의 자기 재산과 동일한 주의(제695조)가 있다.

5) 제390조 단서에 따라 선관주의의무 위반에 대한 증명책임은 채무자가 진다(대법원 2001. 1. 19. 선고, 2000다57351 판결).

6) 그리고 채무불이행에 기한 손해배상청구권과 불법행위로 인한 손해배상청구권은 서로 발생요건, 입증책임부담, 배상범위 등에 차이가 있으므로 청구권 경합이 된다(대법원 1967. 12. 5. 선고, 67다2251 판결).

17. 흠 있는 특정물의 인도와 수령거절

> **사 례**
>
> 甲은 乙에게 중고자동차 X를 팔기로 하는 매매계약을 3월 10일에 체결하고 3월 20일에 인도하기로 하였다. 甲은 일기예보를 통하여 3월 15일에 우박이 내린다는 사실을 알고 있었으나, 상관없다고 생각하고 지하주차장에 자동차를 세우지 않았다. 야외에 있던 자동차는 3월 15일 심한 우박으로 인하여 차 표면에 손상을 입었다. 3월 20일 甲이 자동차를 인도하려고 하자, 乙은 자동차가 손상되었다는 이유로 자동차를 인도받지 않겠다고 주장한다.
> (1) 乙이 수령거절을 할 수 없는 법적 근거를 찾으시오.
> (2) 乙은 甲에게 자동차 보존을 제대로 하지 않은 귀책사유가 있으므로 수령거절은 정당하다고 주장한다. 이 주장의 타당성을 검토하시오.

(1) 특정물의 현상인도

甲과 乙 사이에는 중고자동차를 목적으로 하는 매매계약이 체결되었다(제563조). 이 매매계약관계를 기초로 甲은 목적물인도채무를 부담하는데(제568조 제1항), 중고자동차는 특정물이므로 이 의무는 특정물채무에 해당한다. 乙이 甲의 이행을 거절하기 위해서는 차 표면에 손상을 입은 자동차의 인도가 채무내용에 좇은 현실제공(제460조 본문)이 아니어야 한다. 그런데 특정물의 인도가 채무의 목적인 때에는 채무자는 이행기의 현상대로 그 물건을 인도하면 된다(제462조). 따라서 이행기까지 목적물이 훼손된 경우에는 인도할 때의 현상, 즉 훼손된 상태 그대로 인도하면 된다. 우박으로 인하여 자동차가 손상된 것은 이행기 전이므로 甲은 이행기에 자동차를 훼손된 상태로도 인도를 할 수 있다.

(2) 특정물의 현상인도와 선량한 관리자로서의 주의의무의 관계

본 사안에서 중고자동차는 특정물이므로 甲은 인도할 때까지 선량한 관리자의 주의의무로 자동차를 보존해야 하는데(제374조), 우박을 피하기 위해서 자동차를 지하주차장에 세울 수 있었음에도 불구하고 주의를 태만히 하여 야외에 자동차를 세워두었다가 자동차가 손상되었으므로 선관주의의무를 위반하였다. 이때 선량한 관리자의 주의의무위반과 특정물의 현상인도의 관계가 문제된다. 즉, 선관주의의무를 다했으나, 불가항력으로 목적물이 훼손된 경우 또는 선관주의의무를 위반하여 목적물에 하자가 있는 경우 이행기의 현상대로 인도하면 변제가 되는지가 문제된다.

이행설(법정책임설)은 민법 제462조는 채무자가 선관주의의무를 다한 경우에 훼손된 물건은 이행기의 현상대로 인도하면 충분하다는 뜻을 담고 있으므로 흠 있는 물건의 인도로 완전한 이행이 있는 것으로 해석한다.[1] 그에 반하여 변제제공설(채무불이행설)은 특정물에 동일성을 잃을 정도로 변화가 발생하지 않은 경우 물건의 현상인도는 유효한 변제의 제공이 되나, 물건의 훼손으로 인한 채무불이행책임 또는 담보책임은 별도로 성립한다고 해석한다.[2] 기본적으로 제462조는 1차적 급부의무인 목적물의 인도의무와 관련된 것이고, 특정물이 동일성을 잃을 정도로 변화되지 않는 한 이행기의 현상대로 이행하면 정당한 이행 또는 변제의 제공이 행해진 것으로 본다. 그에 반하여 제374조는 부수적 의무위반으로 인한 손해배상책임과 관련되어 있다. 따라서 엄밀히 말하면 어느 견해를 취하느냐와 상관없이 제374조의 선관주의의무와 제462조의 이행기의 현상인도는 관련성이 없고, 선량한 관리자의 주의의무위반과 상관없이 특정물이 동일성을 잃을 정도로 변화되지 않는 한 물건에 하자가 있다는 이유로 수령을 거절하는 것을 막는 데 제462조의 목적이 있다.[3] 그러므로 이행기의 현상대로 인도가 있는 경우 채무자에

---

1) 곽윤직, 98면.

2) 이은영, 100면; 김형배, 338면 이하.

3) 결국 다음과 같이 두 가지로 나누어서 정리할 수 있다. (1) 멸실·훼손이 채무자의 책임 있는 사유에 의하여 발생하지 않은 경우(선관주의의무 위반이 없음): 이행기의 현상 그대로 이행하면 변제가 인정된다(제462조). 이 경우 제374조의 의무위반이 없으므로 손해배상을 청구하지 못한다. (2) 멸실·훼손이 채무자의 책임 있는 사유에

게 귀책사유가 있느냐와 상관없이 채권자는 수령을 거절하지 못한다. 수령을 거절하면 채권자는 채권자지체에 빠지게 된다.[4] 특정물이 동일성을 잃을 정도로 변화되어 계약의 목적달성이 불가능한 경우라면 계약해제권에 근거하여 수령거절이 인정될 수도 있다. 본 사안은 중고자동차의 매매계약이므로 차 표면의 경미한 손상에도 불구하고 자동차가 운행할 수 있는 상태에 있는 한 계약의 목적을 달성할 수 있다고 보아야 하며, 따라서 乙은 수령을 거절하지 못한다(물론 선량한 관리자의 주의의무위반을 이유로 손해배상을 청구할 수는 있을 것이다).[5]

의하여 발생한 경우(선관주의의무 위반이 있음): 이행기의 현상 그대로 이행하면 변제의 제공이 인정되나(제462조), 이 경우 제374조의 선관주의의무 위반이 있으므로 손해배상청구는 가능하다(제390조).

4) 다만 수선을 조건으로 하여 수령을 거절할 수 있는지에 관하여, 수선을 요구할 수 없다는 견해(김증한·김학동, 30쪽: 다만 채무자가 훼손으로 인한 손해배상액의 지급 없이 단지 훼손된 목적물만을 인도하는 경우에 채권자는 수령을 거절할 수 있다고 한다)와 요구할 수 있다는 견해(이은영, 101면 이하)가 대립하고 있다.

5) 이에 반하여 최근에 주장된 유력설에 의하면 특정물의 인도에 의하여 채권자가 권리를 가지게 되는 권리부여형 인도의무(예: 동산매도인의 인도의무)에서는 급부목적물의 훼손으로 "채무내용에 좇은" 이행이 없으므로 재산권이전의무의 위반을 이유로 채권자는 수령을 거절할 수 있다. 그에 반하여 채무자가 특정물을 점유하여 사용·수익하다가 반환하는 수익종결형 인도의무(예: 임차인의 목적물반환의무)에서는 하자가 있는 물건도 이행기의 현상대로 인도하면 채권자는 수령을 거절할 수 없다고 한다. 지원림, 민법강의, 944면.

18. 종류채권의 구분

> **사 례**　甲은 떡집주인 乙에게 김포쌀 10가마를 가마당 5만원에 배달해주기로 하는 계약을 체결하였다. 2일 후 乙이 쌀가마의 배달을 요구하자 甲은 원인을 알 수 없는 화재로 창고가 불타서 새로이 쌀가마를 구입해야 하는데, 그 사이 쌀가격이 5% 올랐기 때문에 오른 가격으로 값을 지불해야 한다고 주장한다. 乙은 계약체결 당시의 가격으로 배달할 것을 요구한다. 누구의 주장이 정당한가?

　　甲은 乙과 김포쌀 10가마를 팔기로 하는 매매계약을 체결하였다(제563조, 제568조 제1항). 쌀가마가 타버린 것이 기존의 계약에 영향을 미치지 않은 경우에만 乙은 약정된 가격으로 이행을 청구할 수 있으며, 계약의 효력에 영향을 미치는 경우에는 새로운 계약을 체결해야 하므로 오른 가격이 협상의 대상이 될 수 있다. 이는 결국 甲과 乙 사이에 성립한 채권이 특정물채권, 종류채권 내지 제한종류채권이냐에 따라 결론이 달라지게 된다.

Ⅰ. 채권종류의 구분

(1) 특정물채권

　　인도되어야 할 물건이 계약체결시점에 이미 개별적으로 특정되어 있다면(예를 들면 특정한 일련번호의 쌀가마), 특정물채권이 성립한다. 이 경우에는 양 당사자의 책임 없는 사유로 목적물이 멸실되었다면, 급부의무와 반대급부의무는 소멸하게 된다(제537조 - 위험부담). 본 사안의 계약을 통해 발생한 채권이 특정물채권이라면, 양 당사자의 급부의무는 소멸하여 甲은 원래의 가격으로 乙에게 쌀가마를 인도하지 않아도 된다. 따라서 乙이 甲에게 쌀가마의 인도를 청구하기 위해서는 새로운 계약을 체결하고 오른 가격으로 쌀값을 지불해야 할 것이다.

(2) 제한종류채권

급부목적물이 특정되어 있지 않고 일정한 종류에 속하는 물건으로 지정되어 있지만(사례에서 김포쌀), 급부의 인도를 특별히 정한 재고 또는 저장장소(예: 창고)에서만 해야 하는 경우에는 제한종류채권이 인정된다. 이와 같은 경우에 급부의 목적물은 해당 재고 내지 저장장소에 있는 종류물로 한정된다. 따라서 양 당사자의 책임 없는 사유로 전체의 재고 내지 창고에 모든 물건이 멸실하는 경우에는 특정물채권에서와 마찬가지로 급부불능이 발생하여 급부의무와 반대급부의무는 모두 소멸하게 된다(제537조).

(3) 종류채권

급부목적물이 일정한 종류에 속하는 물건의 일정한 수량으로만 지정된 종류채권의 경우에는 위 두 경우와는 사정이 다르다. 종류채권에서는 채무자가 물건의 인도를 위하여 정한 물건이 특정되기 전이라면 물건이 멸실되더라도 급부불능은 인정되지 않는다(특정된 후에는 특정물채권과 동일함). 채무자는 급부목적물이 특정되기 전까지는 그 물건이 멸실되더라도 그 물건을 다시 구입하여 채권자에게 인도할 의무가 있기 때문이다(조달의무, Beschaffungspflicht). 따라서 사안에서 종류채권이 존재하였다면 급부의무는 소멸하지 않았으므로 甲은 쌀가마가 멸실되었다 하더라도 새 물건을 조달하여 기존 가격으로 인도해야 하며, 인도하지 않으면 채무불이행으로 인한 손해배상책임을 부담하게 된다.

II. 해 석

사안에서 어떠한 유형의 채무를 甲이 부담하였는지는, 구체적인 사정을 기초로 한 계약의 해석을 통하여 도출하여야 한다. 우선 특정물채권이 성립하지 않은 것은 분명하다. 甲은 쌀 생산자가 아닐 뿐만 아니라, 당사자들은 특정한 쌀가마를 지정하지 않았기 때문이다. 또한 김포쌀 10가마로만 정하였지 특정 창고에 있는 쌀가마로 정하지 않았기 때문에, 제한종류채권이 성립하였다고 보기도 어렵다. 따라서 종류채권이 성립하였다.

　문제가 되는 것은 조달의무를 어느 한도까지 甲이 부담하느냐이다. 계약에 의하여 부담하는 채무자의 조달의무의 내용은 명시적으로 계약에 의하여 규정되어 있지 않은 한 계약의 보충해석을 통하여 결정해야 한다. 통상 조달의무는 조달하지 못하게 되는 불가항력적인 사유(예: 전쟁, 내란, 동종물건의 생산 및 거래금지조치)가 존재하는 경우에는 소멸하는 반면, 통상의 어려움(예: 채무자의 자금능력, 경제적 여건의 악화 등)은 채무자가 극복하고 급부목적물을 조달해야 한다.[1] 시장가격의 상승은 통상의 어려움의 범위에 포함된다고 해석되므로 아직 甲은 조달의무를 부담한다고 해석해야 한다. 따라서 甲이 조달의무를 부담하는 한 급부의무는 계속 존속하므로 새로운 계약이 체결될 필요가 없다. 결국 乙은 기존 계약체결 당시의 가격으로 배달할 것을 요구할 수 있다.

---

1) 이은영, 107면.

19. 종류채권의 특정

사례 · 甲은 떡집주인 乙에게 김포쌀 10가마를 가마당 5만원에 팔기로 하는 계약을
체결하고, 甲의 연락이 있으면 바로 그날 甲의 쌀가게에서 乙이 김포쌀 10가마
를 가져가기로 약속하였다. 어느 날 甲이 乙에게 쌀을 가져가라고 하였으나, 乙
은 급한 일이 있어서 쌀가마를 찾아가지 못하였고 바로 다음 날 화재로 甲의 창
고와 쌀가마가 모두 불타버렸다. 그러나 乙에게 인도할 쌀가마를 甲이 특별히
분리해 놓은 상태는 아니었다. 乙은 계속하여 이행을 청구할 수 있는가?

乙의 甲에 대한 매매목적물 인도청구권(제563조, 제568조 제1항)

종류채권이란 일정한 종류에 속하는 물건의 일정량의 인도를 목적으로
하는 채권을 말한다. 사안에서 甲이 乙에게 김포쌀 10가마를 인도해야 할 채
무는 일정한 종류(김포쌀)에 속하는, 일정량(10가마)의 물건의 인도를 목적으
로 하는 것이므로 이는 종류채권에 해당된다. 종류채권에서 특정이 있기 전
에는 채무자에게 있는 종류물이 멸실되더라도 채무자는 급부의무를 면하지
못한다. 즉 종류채권의 채무자는 그 종류의 물건이 존재하는 한 종류물을 조
달하여 인도할 의무를 부담한다(조달의무). 종류물의 특정은 급부목적물을
구체적으로 확정하는 것을 말하는데, 특정이 있으면 종류채권이 특정물채권
으로 되고 채무자는 조달의무를 면하게 되므로 채무자가 부담하던 급부위험
이 채권자에게 이전된다. 따라서 본 사안에서는 쌀가마가 모두 불타버린 시
점에 특정이 되어 있었다면 乙은 甲에게 쌀가마를 더 이상 청구하지 못하나,
특정이 되어 있지 않았다면 계속해서 쌀가마를 청구할 수 있다. 그러므로 본
사안에서 문제되는 것은 甲이 乙에게 인도하기 위해서 창고에 쌀가마를 갖
다 놓은 것만으로 특정이 이루어지느냐이다.

종류채권의 특정은 계약으로 정한 것 외에는 제375조 제2항에 의하여
정하여진다. 그에 따르면 (1) 채무자가 이행에 필요한 행위를 완료하거나,

(2) 채권자의 동의를 얻어 이행할 물건을 지정해야 한다(제375조 제2항). 사안에서는 채권자 乙이 채무자 甲 혹은 제3자에게 지정권을 주었다거나, 甲과乙 사이에 계약에 의해 특정을 한 사정이 보이지 않으므로 채무자 甲이 이행에 필요한 행위를 완료함으로써 특정이 되었는지가 문제된다. 여기에서 이행에 필요한 행위는 "채무내용에 좇은 변제의 제공"(제460조)을 의미하는 것으로 해석하고 있다.[1] 그에 따르면 원칙적으로 현실제공을 하면 특정이 되나, 채권자의 행위를 요하는 경우에는 구두제공, 즉 변제준비의 완료를 통지하고 그 수령을 최고하는 것으로도 특정이 될 수 있다. 예를 들어 채권자의주소지가 이행지인 지참채무의 경우 채무자가 채권자의 주소지에서 현실제공을 하는 것이 필요하나, 채무자의 주소지가 이행지인 추심채무인 경우에는 채권자가 채무자의 주소지로 와서 급부를 찾아가는 협력행위가 필요하므로 구두제공으로도 특정이 이루어질 수 있다(이행장소에 따른 종류채권의 특정은 아래 도표를 통하여 참조). 다만 잊어서는 안될 것이, 특정은 이행할 물건을 구체적으로 확정짓는 것이므로 다른 물건으로부터 해당 급부목적물을 분리하여야 특정이 이루어진다는 사실이다.

[이행의 장소에 따른 종류채권의 특정]

	이행의 장소	채무자가 이행에 필요한 행위를 완료한 때
지참 채무	채권자의 주소지 (원칙: 제467조 제2항)	현실제공 제460조 본문 (1) 분리 + (2) 채권자 주소지에서의 현실제공
추심 채무	채무자의 주소지	구두의 제공 제460조 단서 (1) 분리하여 수령할 수 있는 상태 + (2) 수령의 최고
송부 채무	(1) 제3지 (2) 추심채무인데 채무자가 호의로 보내는 경우	(1) 분리 + 발송 + 도달 (2) 분리 + 발송만으로 특정

　甲과 乙은 甲의 연락이 있으면 바로 그 날 乙이 甲의 쌀가게에서 김포쌀10가마를 가져가기로 약정하였으므로 甲의 채무는 이행지가 채무자의 주소지인 추심채무에 해당된다. 추심채무에서는 채무자가 목적물을 분리하여 수

---

1) 김증한 · 김학동, 34면.

령할 수 있는 상태에 두고, 채권자에게 수령의 최고를 하여야 이행에 필요한 행위를 완료하게 된다. 사안에서 甲은 수령의 최고만을 하였고 목적물을 분리하는 행위는 없었다. 따라서 특정이 없었으므로 급부위험이 아직 채권자인 乙에게 이전하지 않아 甲은 여전히 물건의 급부의무를 부담하므로 乙은 甲에게 김포쌀 10가마의 인도를 청구할 수 있다.[2]

---

[2] 사안에서 乙은 甲의 요구가 있던 그 날 쌀가마를 찾아가지 않았으므로 채권자지체의 발생이 문제될 수 있으나, 애초부터 甲의 乙에 대한 변제의 제공이 없었다는 점에서 채권자지체의 요건을 갖추지 못하였다고 할 것이다.

20. 금전채권의 특징

사 례 甲은 乙에게서 빌린 100만원을 갚을 채무를 부담하고 있다.
(1) 이 경우 종류채권에 해당하는가?
(2) 甲이 돈이 없어서 100만원을 갚지 못하자 乙은 甲의 오토바이를 팔 것을 권유하여 甲은 오토바이를 팔았다. 甲은 그 돈을 봉투에 넣어 봉함한 후 乙에게 가고 있던 도중에 돈을 도둑에게 날치기당하였다. 이때 甲은 채무를 면하는가?
(3) 乙이 지연으로 인한 손해배상을 청구할 때, 甲이 자신에게 지불능력이 없다는 것을 이유로 자신에게 과실 없음을 항변할 수 있는가?

I. 종류채권인지의 여부(설문 1)

금전채권은 물건의 인도를 목적으로 하는 채권이 아니라, 비물질적인 재산가치의 이전을 목적으로 하는 가치조달채권(Wertverschaffungs-schuld)의 성격을 갖는다.[1] 따라서 금전채권은 종류채권이 아니지만 성질이 허용하는 한도에서는 종류채권의 규정을 유추적용할 수 있다.

II. 乙의 甲에 대한 100만원의 금전채권(설문 2)

甲은 乙과의 소비대차계약을 통하여 100만원을 빌렸고 이를 반환할 의무를 부담한다(제598조). 따라서 乙은 甲에 대하여 100만원의 금전채권을 가지고 있으며 이와 같은 일정액의 금전 인도를 목적으로 하는 금액채권은 원

---

1) 이에 관하여 자세한 것은 최수정, "민법상 금전의 개념과 금전채권의 특질," 비교사법 제10권 1호, 2003, 16면 참조.

칙적으로 통화제도가 존재하는 한 이행불능의 상태가 발생할 수 없다. 그러나 금전채권도 특정이 되면 급부위험이 채권자에게 이전될 수 있다(제375조 제2항의 유추적용).[2] 이를 위해서는 거래외관상 객관적으로 채권자에게 지급되기 위해서 분리된 금전재산이 있어야 한다. 사안에서 乙이 오토바이판매대금으로 갚을 것을 권유하였다고 하여 당사자의 의사 내지 지정권행사에 의하여 판매대금으로 특정이 이루어졌다고 보기는 어렵다. 그렇다면 '채무자가 이행에 필요한 행위를 완료한 것'으로 특정이 이루어지지 않았는지를 살펴보아야 한다. 금전채권은 특별히 다른 변제방식을 합의하지 않은 한(계좌이체 등) 현금의 지급을 통하여 이행된다. 또한 당사자 사이에 특별히 다르게 합의한 바가 없으면 금전채무는 채권자의 주소(또는 영업소)에서 이행해야 한다(제467조 제2항). 따라서 금전채무는 원칙적으로 지참채무이다. 이에 따라 甲이 乙의 집으로 가서 현실제공을 하지 않은 이상 특정이 되지 않는데, 사안에서 甲은 아직 乙의 집으로 향하고 있었으므로 특정이 되지 않았고 급부위험도 乙에게 이전하지 않았다. 따라서 乙은 계속하여 甲에게 100만원을 청구할 수 있다.

Ⅲ. 乙의 甲에 대한 손해배상청구권(제390조)(설문 3)

甲이 자신에게 지불능력이 없다는 측면에서 스스로에게 책임이 없다고 주장할 수 있는지가 문제된다. 금전채무와 관련하여 우리 민법은 일정한 특칙을 두고 있다. 즉 금전채무에 있어서 이행지체로 인한 손해배상에서 채권자는 손해를 입증할 필요가 없으며(제397조 제2항 전단), 법정이율에 의하여 손해가 정해진다(제397조 제1항 본문). 또한 채무자는 자신에게 과실 없음을 항변할 수 없으므로 채무자는 무과실책임을 부담한다(제397조 제2항 후단). 여기서 전쟁, 내란, 천재지변, 항거할 수 없는 폭력 등의 불가항력의 사유로

---

2) 김형배, 57면. 금전채권에서는 지급되어야 할 화폐가치가 의미를 갖고, 화폐가치를 구현하는 구체적인 물건은 중요하지 않다는 이유로 특정 문제가 발생하지 않는다는 견해로 김대정 · 최창렬, 84면; 지원림, 민법강의, 956면 이하. 특정이 아니라, 채권자지체의 성립에 의한 민법 제401조의 규정이 적용되어야 한다는 견해로 주석민법 채권총칙(1)/안법영, 208면 이하 참조.

항변할 수 있는가에 관하여 이를 부정하는 견해와 긍정하는 견해가 대립하고 있으나,[3] 본 사안과 같이 지불능력이 없다는 것은 불가항력의 사유에 해당하지 않기 때문에 어느 견해에 따르더라도 채무자는 책임을 면하지 못한다. 따라서 甲은 자신에게 과실 없음을 항변하지 못하므로 손해배상책임을 부담한다.

---

3) 이에 관한 문헌으로 자세한 것은 이은영, 123면 이하 참조.

21. 이자채권

> **사례** 카드빚을 갚기 위해서 돈이 급하게 필요하게 된 甲은 2016년 4월 1일 乙로부터 2000만원을 빌리고 이자는 월 2푼으로 하여 2017년 4월 1일에 돈을 갚기로 하였다. 그 후 甲은 착실한 생활을 하면서 10개월분의 이자를 지급하였으나, 그 후 힘든 생활을 참지 못하고 흥청망청하는 생활을 다시 시작하였다. 2017년 4월 1일이 되어서 甲은 원금도 갚지 않았다. 2017년 6월 1일 乙은 甲에게 무엇을 청구할 수 있는가?

　　甲과 乙은 원금은 2000만원이고 이자는 월 2푼 그리고 변제기는 1년으로 하는 금전소비대차계약(제598조)을 체결하였다. 사례에서 甲은 2개월치의 이자를 지급하지 못하였고 원금을 반환해야 하는 변제기가 되었음에도 불구하고 원금을 반환하지 못하였다.

　　이 경우 乙은 먼저 변제기가 도래한 원금 2000만원의 반환을 청구할 수 있다. 다음, 乙은 변제기까지의 이자 중 10개월치는 이미 지급이 되었으므로 그 이후 못 받은 나머지 2개월치의 이자를 받을 수 있다. 이자는 유동자본의 사용대가로서 법정과실(제101조 제2항)의 일종이다. 그에 따라 이자는 원본액과 사용기간에 비례하여 일정한 이율에 의해 산정된다. 이율은 당사자의 약정에 의하여 정해질 수 있고 약정이율의 정함이 없는 경우에는 법정이율에 따른다. 민사에 대해서는 연 5푼(제379조)이고 상사에 대해서는 연 6푼(상법 제54조)으로 규정되어 있다. 본 사안에서는 당사자 사이에 약정이율로 월 2푼으로 정하였기 때문에 그에 따라 지급하지 못한 2000만원에 대한 월 2푼의 이자 2개월치는 80만원이다. 셋째, 확정기한이 지났음에도 원금을 반환하지 않았음을 이유로 채무불이행으로 인한 손해배상을 청구할 수 있다(제390조). 이때 손해배상의 내용은 변제기 후의 지연이자인데, 변제기가 4월 1일이었기 때문에 다음 날인 4월 2일부터 지연배상을 청구할 수 있다. 이때 지연이자를 어떻게 산정할 것인지가 문제되는데 당사자 사이에 약정이 없으면 법정이율에 의하고, 약정이율이 있었던 경우에는 지연이자의 이율도 그에 따른다. 따라서 甲은 지연이자도 월 2푼의 비율로 지급해야 하는데 이미 2개월이 지났으므로 乙은 80만원을 지연이자로 청구할 수 있다. 넷째, 2개월 치의 이자를 지급하지 않았음을 이유로 지연이자를 청구할 수 있다. 변제기가 3월 1일이었던 이자는 3개월이 지났으므로 월 2푼의 비율로 2만 4천원을, 변제기가 4월 1일이었던 이자는 2개월이 지났으므로 1만 6천원을 지연이자로 청구할 수 있다.

22. 제한종류채권과 선택채권의 구별

사 례 A 지역에 새롭게 도로가 날 것이라는 정보를 듣게 된 甲은 乙, 丙 및 丁으로부터 출자를 받았다. 그리고 甲의 이름으로 A 지역 토지 1000평을 샀고 도로건설이 시작되면 이 중 가장 많은 돈을 투자한 乙에게 토지 중 400평을, 그리고 丙과 丁에게 각각 100평을 나누어주기로 하였다. 그 후 5월 1일 도로가 건설되면서 토지가격이 상승하자 乙은 甲에게 7월 1일까지 토지 중 400평을 정하여 소유권이전등기를 해줄 것을 甲에게 요구하였다. 그러나 甲이 이를 무시하자, 7월 15일에는 乙 자신이 임의로 400평을 지정하여 소유권이전등기청구권을 행사하였다. 乙의 권리행사는 정당한가?

(1) 선택권 내지 지정권의 이전

사안에서 乙에게 토지 400평을 청구할 수 있는 권리가 있다는 것은 의문의 여지가 없으나, 문제가 되는 것은 乙이 토지 1000평 중 임의로 400평을 지정할 수 있는 권리가 있느냐이다.

乙의 채권을 선택채권으로 판단하는 경우 다른 의사표시가 없다면 선택권은 채무자인 甲에게 있다(제380조). 그러나 채권의 기한이 도래한 후, 선택권을 가진 甲에게 乙이 상당한 기간을 정하여 선택을 최고하였음에도 불구하고 甲이 그 기간 내에 선택권을 행사하지 아니할 때는 선택권은 乙에게 이전된다(제381조 제2항). 따라서 乙이 甲에게 400평을 임의로 지정하여 소유권이전등기청구권을 행사하는 것은 정당하다고 볼 수 있다.

반면 乙의 채권을 종류채권으로 판단한다면, 원칙적으로 급부목적물을 지정할 수 있는 것은 채무자인 甲이라고 할 수 있다(제375조 제2항). 그러나 종류채권의 경우 원칙적으로 채무자가 지정권 행사를 게을리 하고 있어도 채권자가 채무의 이행을 청구하기 위해서 급부의 목적물을 지정할 필요가 없다. 왜냐하면 어느 급부목적물을 이행하더라도 채권자·채무자에게는 상관이 없기 때문이다(쌀 10가마를 생각해 볼 것!).[1] 그러나 본 사안에서와 같이 토지를 목적으로 하는 제한종류채권의 경우에는 어느 토지를 지정하느냐에 따라 당사자의 이해관계가 크게 달라질 수 있다. 따라서 제한종류채권의 경우에는 채무자가 지정권을 행사하지 않을 때 채권자 자신이 직접 지정권을 행사하려고 하는 경우가 발생할 수 있다. 학설은 선택채권의 이전에 관한 규정을 유추적용하자는 소수의 견해와 부정하는 다수의 견해가 대립한다.[2] 선택채권의 이전에 관한 규정의 유추를 인정하자고 하는 견해에 따른다면 종류채권과 선택채권의 구분은 중요한 문제가 되지 않지만, 유추를 부정하는 입장에서는 구분의 문제는 상당히 중요한 의미를 가지게 된다.

(2) 종류채권과 선택채권의 구별

종류채권은 일정한 종류에 속하는 물건의 일정량의 급부를 목적으로 하는 채권인 반면, 선택채권은 채권의 목적, 특히 급부 자체가 선택적으로 정해진 채권으로 각 급부 자체에 개성이 있다는 점에서 종류채권과 구분된다. 그러나 실제에서는 '종류채권'이라고 하는 것이 반드시 거래계에서 종류로서 취급되는 객관적 표준일 것을 필요로 하지 않으며(이 점에서 대체물, 부대체물의 구분과 구별된다), 당사자가 일정한 기준에 따른 범위를 정해도 되고, 종류채권의 급부목적물이 반드시 대체물일 필요가 없다는 면에서, 종류채권과 선택채권을 구별하는 것은 쉽지 않다. 그러나 제한종류채권의 경우에 당사자는 목적물의 일정 범위 자체에 중점을 두고 목적물의 개성을 중요시하지

---

1) 따라서 실무에서는 강제집행에 들어가서 집행관이 임의로 지정을 하여 강제집행을 하면 된다.

2) 판례는 "제한종류채권에 있어 급부목적물의 특정은 원칙적으로 종류채권의 급부목적물의 특정에 관한 민법 제375조 제2항이 적용되므로, 채무자가 이행에 필요한 행위를 완료하거나 채권자의 동의를 얻어 이행할 물건을 지정한 때에는 그 물건이 채권의 목적물이 되는 것이나, 당사자 사이에 지정권의 부여 및 지정의 방법에 관한 합의가 없고, 채무자가 이행에 필요한 행위를 하지 아니하거나 지정권자로 된 채무자가 이행할 물건을 지정하지 아니하는 경우에는 선택채권의 선택권이전에 관한 민법 제381조를 준용하여 채권의 기한이 도래한 후 채권자가 상당한 기간을 정하여 지정권이 있는 채무자에게 그 지정을 최고하여도 채무자가 이행할 물건을 지정하지 아니하면 지정권이 채권자에게 이전한다"고 판시한 바 있다(대법원 2003. 3. 28. 선고, 2000다24856 판결).

않는 반면, 선택채권은 개개의 물건이 지니는 개성을 중요시한다는 점에서 다르다.[3]

　사안에서 甲이 구입한 토지 1000평은 부대체물로써 원칙적으로 특정물이 될 것이다. 그러나 사안에서 甲과 乙의 합의내용은 1000평 중 이전할 부분을 확정짓지 않았다는 점에서, 땅 자체는 부대체물이라 할지라도, 400평의 이전채무는 1000평의 전체 토지 중 어느 위치에 있건 간에 400평을 乙에게 이전하면 되는 것을 내용으로 한다. 이러한 점에서 볼 때 당사자가 토지의 개성에 중점을 두었다고 보기는 어려우므로 乙의 甲에 대한 채권은 제한종류채권이라 해석할 수 있을 것이다. 그러나 이행단계에 들어가게 되면 토지를 확정할 필요가 있는데, 이때에는 이해관계 당사자인 채권자가 직접 이행될 급부목적물을 지정하는 것이 타당하다. 따라서 사안의 경우 제381조를 유추적용하여 乙은 1000평 중 400평을 임의로 지정하여 청구할 수 있다.

---

3) 김형배, 59면.

23. 불능으로 인한 선택채권의 특정

사 례 소상인 甲은 농부 乙에게 소 한 마리를 팔았는데, 乙은 소 A 또는 B를 선택할
수 있었다. 乙은 평소에 甲의 소들을 무상으로 맡아서 자신의 소와 함께 돌보고
있었다. 乙이 선택권을 행사하기 전에 乙의 경미한 부주의로 소 A가 죽게 되자,
乙은 소 B를 선택하였다. 이때 甲과 乙은 상대방에게 무엇을 청구할 수 있는
가?

【변형】 甲의 과실로 소 A가 죽은 경우는?

Ⅰ. 乙의 甲에 대한 매매목적물 인도청구권(제563조, 제568조 제1항)

사안에서 농부 乙은 자신의 선택에 의해 채권의 목적이 소 A 또는 소 B
의 급부 중 하나로 확정되는 선택채권을 갖고 있다. 선택채권의 경우 선택에
의해 급부가 하나로 특정되기 전까지는 채권의 목적이 확정되지 않으므로 이
행을 하거나 강제집행을 할 수 없다. 이와 같이 선택채권의 목적인 수 개의
급부가 하나로 확정되는 것을 선택채권의 특정이라 한다. 선택채권의 특정은
선택권의 행사나 급부불능에 의해 일어날 수 있는데, 선택권의 행사가 이루
어진 경우에는 특정의 소급효가 인정되나(제386조), 급부불능에 의한 경우에
는 특정의 소급효가 인정되지 않는다는 차이점이 있다. 사례에서는 채권의
목적물인 소 A가 죽었으므로 급부불능에 의한 특정(제385조)이 문제된다.

급부불능에 의한 특정은 선택채권의 급부 중에서 처음부터 불능한 것이
있거나, 후에 이행이 불능하게 된 것이 있는 경우에 생기게 된다. 그러나 선
택권 없는 당사자의 과실로 인해 급부불능이 된 때에는 선택채권의 특정은
발생하지 않고(제385조 제2항), 선택권자는 불능된 급부를 선택하여 채무자에
게 손해배상을 청구할 수 있다. 결국 급부불능에 의해 선택채권이 특정되는
것은 원시적 불능 또는 선택권 있는 당사자의 과실에 의하거나, 당사자 쌍방

의 과실에 의하지 않고서 급부가 후발적으로 불능이 된 경우에 한한다. 사례에서는 甲과 乙 사이에 乙의 선택에 따르기로 하는 약정이 되어 있었으므로 선택권은 乙에게 있다. 선택권이 있는 乙의 과실로 불능이 되었으므로 제385조 제1항에 의해 채권관계는 살아있는 소 B로 제한된다(제385조 제1항). 따라서 乙은 甲에게 매매계약에 기해서 소 B의 인도만을 청구할 수 있을 뿐이다.

Ⅱ. 甲의 乙에 대한 손해배상청구권(제390조)

甲은 乙에게 매매계약에 기하여 매매대금을 청구할 수 있다. 그리고 그 외에 임치계약(제693조)이 양 당사자 사이에 체결되어 있는데, 수치인인 乙이 무상으로 甲의 소를 맡고 있었으므로 이는 무상임치에 해당된다. 사안에서 수치인인 乙의 경과실에 의해 임치목적물인 소 A가 죽게 되었으므로 임치인인 甲이 수치인 乙에게 채무불이행으로 인한 손해배상을 청구할 수 있는지 문제된다. 그러나 무상수치인은 임치물을 '자기재산과 동일한 주의'로써 보관할 의무가 있으므로(제695조) 무상수치인은 자신의 구체적·주관적 능력에 따른 주의의무위반에 대하여만 책임을 부담한다.[1] 따라서 경미한 부주의로 임치물을 멸실시킨 경우 임치물 멸실에 대해 수치인의 손해배상책임은 인정되지 않는다. 사안에서는 乙에게 경과실만 있으므로 甲의 乙에 대한 손해배상청구권은 인정되지 않는다(제693조, 제695조, 제390조).[2]

【변형】 한편 소 A가 선택권이 없는 甲의 과실로 죽은 경우에는 선택채권의 특정이 생기지 않고, 乙은 계속해서 선택권을 갖고 있다(제385조 제2항). 따라서 乙은 소 B의 이행을 청구하여 급부의 만족을 얻거나, 죽은 소 A의 이행을 목적으로 하는 급부를 선택하고 채무불이행으로 인한 손해의 배상을 청구할 수 있다(제390조).

---

1) 학설에서는 '자기재산과 동일한 주의'와 중과실을 같은 의미로 이해하기도 하지만[민법주해(ⅩⅤ)/전효숙, 638면], '자기재산과 동일한 주의'는 중과실과 경과실 사이에 어디선가 위치가 부여되며 그 결정은 채무자가 어떤 사람이냐에 따라 정해진다(최흥섭, "'자기재산과 동일한 주의'에 대한 비판적 고찰", 민사법학 제23호, 2003, 25면).
2) 이와는 별도로 불법행위에 기한 손해배상청구권(제750조)이 발생할 여지가 있다.

제2장 급부장애법

Ⅰ. 급부장애와 채무불이행

24. 채무불이행으로 인한 손해배상책임의 요건

사 례 甲은 乙이 경영하고 있는 여관 2층 205호실에 투숙하고 있었다. 여관 2층 복도에서 발생한 화재로 인하여 연기가 나자, 이를 발견한 乙은 화재를 알리는 방법으로 비상벨을 울리지 아니하고 단지 1층에서 "불이야"라고 몇 번 소리를 질렀다. 이를 듣지 못한 甲은 한참 후에 연기 때문에 잠에서 깨어났다. 창문으로 탈출하기 위하여 창문 유리를 깨려 하였으나 여의치 못하여 이불을 뒤집어쓰고 방문을 열고 탈출하다가 복도에서 화염 및 가스 등으로 인해 전신화상을 입었다. 이때 甲은 乙에게 채무불이행을 이유로 손해배상을 청구할 수 있는가?[1]

甲의 乙에 대한 손해배상청구권(제390조)

甲이 乙에게 채무불이행을 이유로 한 손해배상을 청구하기 위해서는 (1) 채무내용에 좇은 이행이 없을 것, (2) 채무자에게 책임 있는 사유가 있을 것, (3) 채무불이행과 발생한 손해 사이에 인과관계가 있을 것 등의 요건이 충족되어야 한다.

---

1) 대법원 1994. 1. 28. 선고, 93다43590 판결 변형.

(1) 채무내용에 좇은 이행이 없을 것

채무자는 채무의 내용에 좇은 이행을 해야 하고 이러한 이행이 있을 때 채무가 소멸한다. 그런데 채무의 내용에 좇은 이행이 없을 때 급부장애가 발생하고 이에 대하여 채무자의 귀책사유가 있는 경우, 즉 고의 · 과실로 채무자가 부담하는 의무를 위반한 경우에 채무불이행이 있게 된다.

사안에서 숙박업을 경영하는 乙은 투숙객 甲에게 숙박을 할 수 있는 객실의 제공 및 사용권을 주고 甲으로부터 그 대가를 받는 일종의 일시사용을 위한 임대차계약을 체결하였다(제618조). 乙은 甲에게 객실을 제공함으로써 급부의무를 이행하였으나, 그 밖에 다양한 부수적인 의무를 부담한다. 사안과 같이 객실 및 관련시설은 오로지 숙박업자의 지배 아래 놓여 있는 것이므로 숙박업자는 고객에게 위험이 없는 안전하고 편안한 객실 및 관련시설을 제공함으로써 고객의 안전을 배려하여야 할 보호의무를 부담한다. 이러한 의무는 숙박계약의 특수성을 고려하여 신의칙상 인정되는 부수적인 의무로서의 성격을 갖는다.[2] 사안에서 화재가 발생하였을 때 고객의 안전을 위하여 비상벨을 설치하였으나, 乙이 그 비상벨을 울리지 아니하고 단지 1층에서 "불이야"라고 몇 번 소리를 지른 것만으로는 보호의무를 다하였다고 보기 어렵다.

(2) 채무자에게 책임 있는 사유가 있을 것

다음으로 채무자의 책임 있는 사유로 인하여 채무불이행이 발생하였어야 한다. 여기서 채무자의 책임 있는 사유란 채무자의 고의 · 과실과 법정대리인 및 이행보조자의 고의 · 과실을 포괄하는 개념이다. 고의는 위법한 결과의 발생에 대한 인식 내지 의욕을 의미하고 과실은 거래상 일반적으로 요구되는 정도의 주의를 게을리 하고 그 결과를 회피하지 못한 것이다. 따라서 과실은 주의의무위반 및 결과에 대한 인식가능성 내지 회피가능성을 전제로 한다. 사안에서 乙이 주의를 다하였다면 소리를 지르는 것만으로 모든 투숙객에게 화재사실을 알릴 수 없다는 것을 알 수 있었고, 제대로 비상벨을 눌

---

[2] 대법원 1994. 1. 28. 선고, 93다43590 판결.

렀다면 甲이 화재사실을 미리 알고 대피할 수 있었으므로 乙에게는 과실이
인정된다.

(3) 채무불이행과 발생한 손해 사이에 인과관계가 있을 것

사안에서는 숙박업자 乙이 보호의무를 위반하여 고객의 신체를 침해하
여 투숙객에게 손해를 입혔으므로 乙은 불완전이행으로 인한 채무불이행책
임을 부담하게 된다. 불완전이행으로 인한 채무불이행의 모든 요건이 충족
되었으므로 甲은 乙에 대하여 손해의 배상을 청구할 수 있다.

25. 이행보조자의 범위

사례 가구점 주인 甲은 乙에게 장롱을 팔기로 하는 매매계약을 체결하고 乙이 살고 있는 집까지 장롱을 배달해주기로 했다. 이때 甲이 운송회사 A를 통하여 장롱을 운반하다가, A회사 직원 丙이 과실로 乙의 도자기를 깼다. 이에 乙은 甲에게 채무불이행을 이유로 손해의 배상을 청구하였다. 이에 대하여 甲은 운송회사 A가 종속관계에 있는 피용자가 아니라는 점, 과실 있는 丙은 이행을 위하여 甲이 직접 사용한 자가 아니라는 점을 들어 자신에게 책임이 없다고 항변한다. 누구의 주장이 타당한가?

乙의 甲에 대한 손해배상청구권(제390조, 제391조)

乙이 甲에 대하여 丙이 도자기를 깼다는 이유로 손해배상을 청구하기 위해서는 제390조의 요건이 충족되어야 한다.

(1) 채무내용에 좇은 이행이 없을 것

甲과 乙 사이에는 장롱을 목적으로 하는 매매계약(제563조)이 성립하여 甲은 乙에게 장롱의 소유권을 이전할 의무 및 장롱을 옮기면서 乙의 물건을 훼손하지 말아야 할 부수적 의무를 부담한다. 그러나 장롱을 옮기는 과정에서 도자기를 깼으므로 甲은 부수적 의무를 위반한 것이 되어 채무내용에 좇은 이행이 없는 상태가 되었다.

(2) 채무자에게 책임 있는 사유가 있을 것

그런데 사안에서 문제가 되는 것은 도자기를 깬 자가 甲 자신이 아니라, 자신을 위해서 장롱을 운반하던 A회사의 직원 丙이라는 점이다. 채무자는 자기의 행위에 대하여 책임을 부담하는 것 외에 예외적으로 타인의 행위에 대하여도 책임을 부담하는 경우가 있다. 즉 채무자의 법정대리인이 채무자를 위하여 이행하거나 채무자가 타인을 사용하여 이행하는 경우에는 법정대리인 또는 피용자의 고의 · 과실에 대하여 채무자는 책임을 부담한다(제391조).

제391조가 적용되기 위해서는 우선 丙이 이행보조자이어야 한다. 학설에 따라서는 법문의 "피용자"라는 표현에 집착하여 이행보조자에게 종속성 또는 간섭가능성이 있을 것을 요건으로 하고 있다.[1] 이에 따르면 丙은 A회사와 고용관계에 있으므로 A회사와의 관계에서는 종속성이 있을지 몰라도 甲과의 사이에서는 종속관계에 있지 않기 때문에 丙은 甲의 이행보조자가 아니게 된다. 그러나 이행보조자 책임은 채무자가 자신의 활동영역을 넓힌 만큼 그에 따른 위험도 채무자에게 귀속시키는 취지의 제도이기 때문에 종속성은 이행보조자의 요건이 될 수 없다고 보아야 한다.[2] 따라서 종속성이 없는 A회사도 甲이 채무의 이행을 위해서 사용한 자에 해당하면 이행보조자가 될 수 있다.

또한 본 사례에서와 같이 이행보조자인 A회사가 다시 채무의 이행을 위하여 제3자인 丙을 사용하는 경우, 丙은 甲과의 관계에서는 간접보조자 또는 복보조자가 된다. 이와 같은 간접보조자에 대하여도 채무자가 책임을 부담하느냐에 관하여, 간접보조자의 사용에 적어도 묵시적으로 채무자가 동의하였다면 제391조에 의하여 채무자에게 책임을 인정할 수 있다.[3] 운송회사를 통해 물건을 배달하는 경우에 통상 운송회사의 직원이 배달하는 것이 보통이므로 본 사안에서도 간접보조자를 사용하는 데에 甲의 동의가 있었다고 볼 수 있다. 따라서 丙은 甲의 이행보조자로 인정된다. 사안에서 丙이 甲의 채무를 이행하는 과정에서 과실로 도자기를 깼으므로, 甲에게는 책임 있는 사유가 인정되고, 甲은 乙에게 손해배상책임을 부담한다.

---

1) 곽윤직, 84면; 김대정 · 최창렬, 566면 이하.
2) 대법원 2002. 7. 12. 선고, 2001다44338 판결; 김형배, 161면.
3) 민법주해(IX)/양창수, 407면.

26. 이행보조자책임과 사용자책임

사 례 전자업체 A에 신입사원으로 채용되어서 근무한 지 6개월이 되는 甲은 乙의 집에 있는 A업체 오디오를 고치러 가게 되었다. 이때 상사인 丙은 甲에게 고장이 심하면 이를 직접 고치려고 하지 말고 오디오를 회사에 가져 오라고 지시했다. 甲이 오디오를 뜯어보니까 고장이 심해서 회사로 가져가야 할 것으로 생각했지만, 상사인 丙에게 잘 보이기 위해서 직접 고치려고 하다가 불꽃이 튀면서 오디오는 완전히 고장났다. 이에 乙은 A에게 손해배상을 청구하였다. 그러나 A회사는 상사인 丙이 제대로 지시를 하였고, 甲이 오히려 상사의 지시를 어겼을 뿐만 아니라, 아직 6개월밖에 근무하지 않아서 기계를 수리할 것을 기대할 수 없으므로 귀책사유도 존재하지 않는다는 이유로 책임이 없다고 항변한다. 누구의 주장이 타당한가?

Ⅰ. 乙의 A에 대한 채무불이행으로 인한 손해배상청구권(제390조, 제391조)

乙이 A에 대하여 오디오가 완전히 고장난 손해에 대한 배상을 청구하기 위해서는 제390조의 요건이 충족되어야 한다. A와 乙 사이에는 오디오의 수리를 목적으로 하는 도급계약(제664조)이 성립하여 A는 오디오를 수리할 의무를 부담하고 있으나, 오디오를 수리하는 과정에서 오디오가 완전히 고장나게 되었으므로 채무내용에 좇은 이행이 없었다. 사안에서 문제가 되는 것은 과연 A에게 책임 있는 사유가 있느냐이다.

(1) A 자신의 행위로 인한 책임

A가 오디오를 고장나게 하는 의무위반행위를 직접하지 않았으므로 자신의 행위에 대한 책임이 발생하기 위해서는 채무를 대신 이행하도록 한 丙

을 선임 내지 감독하는 데 있어서 책임 있는 사유가 있어야 한다. 그러나 직원 丙은 甲이 신입사원이라는 점을 감안하여 정확한 지시를 내렸으므로 오디오가 고장난 것에 대한 A의 직접적인 귀책사유는 부인된다.

(2) 甲의 행위의 귀속(제391조)

A가 甲의 행위에 대하여 책임을 부담하기 위해서는 제391조의 요건이 충족되어야 한다. 이행보조자에 대한 책임이 성립하기 위해서는 (1) 법정대리인 내지 이행보조자의 행위일 것, (2) 이행보조자가 이행을 위해서 사용될 것, (3) 이행보조자에게 고의 · 과실이 있을 것 등의 요건이 충족되어야 한다.

이행보조자는 채무자가 채무의 이행을 위해서 사용하는 자를 말한다. 따라서 이행보조자가 되기 위해서는 채무자가 이행을 위해서 제3자를 사용하였을 것만이 요구되며 채무자와 이행보조자 사이에 채권관계가 존재할 필요도 없고, 고용관계와 같은 사회적 종속관계에 있을 필요도 없다.[1] 사안에서 甲은 A업체의 사원으로서 업체를 위해서 수리업무 등을 담당하는 이행보조자이다. 甲은 상사인 丙의 지시로 수리를 위해서 가게 되었으므로 甲은 이행을 위해서 사용되었고, 甲이 지시사항을 어기고 어려운 수리를 감행하였더라도 甲은 A업체의 업무를 수행하고 있었다고 볼 수 있다.[2]

그런데 문제가 되는 것은 과연 이행보조자인 甲에게 고의 · 과실이 있었느냐이다. 왜냐하면 甲은 아직 신입사원에 불과하기 때문에 어려운 수리를 할 수 없고, 따라서 자신의 능력으로는 최선의 주의의무를 다하였음에도 불구하고 오디오가 고장났기 때문이다. 그러나 여기서 고의 · 과실의 척도는 이행보조자인 신입사원을 기준으로 하는 것이 아니라, 채무자를 기준으로 하여야 한다. 따라서 통상 전자업체가 수리에 필요한 주의의무를 다하였는지를 기준으로 판단해야 하므로 주의의무위반으로 인한 과실이 인정된다고 할 수 있다. 모든 요건이 충족되었으므로 乙은 A에 대하여 제390조, 제391조에 기한 손해배상청구권을 행사할 수 있다.

---

1) 김증한 · 김학동, 85면.
2) 민법주해(IX)/양창수, 426면.

Ⅱ. 乙의 A에 대한 불법행위로 인한 손해배상청구권(제756조)

甲은 종속성이 있는 A의 피용자이고 수리라는 사무와 관련하여 乙의 라디오를 망가뜨리는 손해를 발생케 하였다. 그러나 선임 및 사무감독에 상당한 주의를 다하였다면 면책이 될 수 있는데, 甲의 직장상사 丙이 어려운 수리면 그냥 회사로 가져오라고 지시하는 등 상당한 주의의무를 다하였다고 보여진다(그러나 실무에서는 이러한 면책이 인정되지 않고 있다). 따라서 면책사유가 충족되어 사용자책임에 기해서는 乙이 A에게 손해배상책임을 묻지 못한다.

27. 이행보조자책임에 있어서 이행관련성

사 례   앞의 사례 26에서 甲은 수리를 하다가 乙이 집을 비우자, 잠시 쉬면서 담배를 피우다가 주의를 게을리하여 담뱃재를 흘려 의자시트에 구멍을 냈다. 그리고 甲은 수리를 끝내고 집으로 돌아가면서 乙의 집에 있던 MP3 플레이어를 훔쳤다. 乙은 A에게 의자 및 MP3 플레이어의 배상을 청구할 수 있는가?

Ⅰ. 乙의 A에 한 채무불이행을 이유로 한 손해배상청구권(제390조, 제391조)

사안에서 A가 위의 행위들을 직접 하였다면, A는 수리하는 과정에서 채권자의 소유권을 침해해서는 안 된다는 부수의무위반을 이유로 손해배상책임을 부담해야 할 것이다. 그러나 이행보조자 甲이 한 행위에 대하여 채무자가 모두 책임을 부담해야 하는지가 문제된다.

이행보조자가 채무자를 위하여 이행하는 과정에서 고의·과실로 인하여 야기한 손해에 대해서만 채무자가 책임을 부담하므로 이행보조자의 위반행위는 이행관련성을 가져야 한다. 이때 채무자는 이행보조자가 주된 급부의무를 위반한 경우뿐만 아니라, 그 밖의 부수적 의무를 위반한 경우까지 책임을 부담하는 것으로 해석하고 있다. 다만, 채무자가 법정대리인이나 이행보조자에 대해 책임을 부담하는 것은 채무의 이행과 실질적으로 관련된 고의·과실에 의한 손해야기행위에 국한된다. 따라서 이행보조자가 이행의 기회를 이용하여 행한 일탈행위에 대하여까지 책임을 부담하는 것은 아니다.[1]

사안에서 담배를 피우는 것은 이행행위를 하다가 잠시 쉬면서 한 행위이므로 아직 이행행위 속에 포함되어 있다. 따라서 담뱃재로 인하여 의자시

---

1) 김형배, 164면.

트에 구멍을 낸 것은 수리의 이행과 관련되어 있다. 그러나 MP3 플레이어를 훔친 고의의 행위는 이행의 기회를 이용하여 한 불법행위에 불과하므로 이행관련성이 없다고 해석된다.2) 따라서 乙은 A에게 의자의 배상만 청구할 수 있다.3)

II. 乙의 A에 대한 불법행위로 인한 손해배상청구권(제756조)

甲은 종속성이 있는 A의 피용자이고 수리라는 사무집행 도중에 의자시트에 구멍을 내고 MP3 플레이어를 훔쳤으므로 사무집행 관련성이 인정된다. 따라서 乙은 A에 대하여 사용자책임을 물어 손해배상을 청구할 수 있다.

---

2) 이은영, 257면 이하; 김중한·김학동, 87면.
3) 乙은 이와는 별도로 甲에게 MP3 플레이어에 대한 소유물반환청구권(제214조) 내지 손해배상청구권(제750조) 등을 행사할 수 있을 것이다.

II. 이행지체

28. 확정기한부 채무와 채권자의 협력행위

사 례 甲은 친구 乙에게 자신의 집에 걸려 있는 유명한 그림 한 점을 선물하겠다고 하자, 乙은 이 약속을 서면으로 작성할 것을 요구하였다. 이에 甲은 서면을 작성해주었고 그림은 3월 20일에 인도하기로 약속하였다. 甲이 이행기가 경과했음에도 불구하고 그림을 인도하지 않자, 乙은 4월 10일 변호사 A를 통하여 甲에게 그림의 인도를 요구하는 한편 변호사 비용도 청구하였다. 정당한가?

乙의 甲에 대한 손해배상청구권(제390조)

> ※ 제390조에 기한 지연배상청구권의 요건
> (1) 채무내용에 좋은 이행이 없을 것
>   1) 이행이 가능할 것
>   2) 이행기가 도래하였을 것
> (2) 채무자에게 책임 있는 사유
> (3) 손해의 발생 및 인과관계

甲과 乙 사이에는 그림 한 점을 목적으로 하는 증여계약이 체결되었으므로(제554조, 제555조) 乙은 그림의 인도를 요구할 수 있다. 문제는 그 사이에 발생한 변호사 비용을 손해배상으로 청구할 수 있느냐이다. 이행기에 이행이 가능함에도 불구하고 채무자가 책임 있는 사유에 기하여 이행을 하지 않는 것을 이행지체라고 한다. 본 사안에서는 그림을 3월 20일에 인도하기

로 약속하였으나, 이행기가 도래하였는데도 불구하고 甲이 그림을 인도하지
않았으므로 乙은 이행지체를 이유로 甲에게 손해배상을 청구하였다.

그림의 인도는 가능하였기 때문에 본 사안에서는 3월 20일이 지남으로
써 甲에게 이행지체책임이 발생하는지가 문제된다. 이행기는 채무자가 채무
를 이행해야 하는 시기를 말하며 당사자의 의사 또는 법률규정에 의하여 정
해진다. 본 사안에서는 당사자의 의사에 의하여 3월 20일이라는 특정한 시
기로 이행기가 정해졌기 때문에 확정기한부채무(제152조 제1항)가 발생하였
다. 확정기한부채무의 경우 기한(장래에 발생할 것이 확실한 사실에 의존케 하는
부관)이 도래한 때로부터 채무자는 지체의 책임을 진다(제387조 제1항 전문).
다만 예외적으로 (1) 기한이 도래한 후, 증서의 소지인이 증서를 제시하여
이행을 청구한 때(지시채권, 제517조; 무기명채권, 제524조, 제517조; 면책증권, 제
526조, 제517조), (2) 추심채무 등에서와 같이 채권자의 협력이 필요한 경우에
는 채권자가 협력을 제공한 때, (3) 쌍무계약인 경우에는 동시이행의 항변권
(제536조)을 가지므로 상대방으로부터 이행의 제공을 받았으면서도 자기의
채무를 이행하지 않은 때에 비로소 지체책임이 발생한다.

본 사안의 경우 당사자 사이에 이행지를 특별히 정하지 않았으므로 이
행지는 제467조에 의하여 결정된다. 그에 따르면 특정물의 인도는 채권성립
시 그 물건이 있던 장소가 이행지이고, 종류물은 채권자의 주소 또는 영업소
에서 인도해야 한다. 본 사안의 그림은 특정물에 해당하므로 계약체결시 그
림이 걸려있던 甲의 집이 이행지가 된다. 따라서 확정기한이 3월 20일로 되
어 있으나, 추심채무이기 때문에 기한이 도래한 때부터 채무자는 지체책임
을 지는 것이 아니라(제387조 제1항 전문), 채권자가 채무자인 甲의 집으로 와
서 청구를 해야 비로소 지체책임이 발생하게 된다. 따라서 아직 지체책임이
발생하지 않았으므로 甲은 손해배상책임을 부담하지 않는다.

29. 확정기한부 채무와 쌍무계약

> **사례** 甲은 乙에게 토지 X를 파는 매매계약을 체결하면서 계약금을 지급받고 4월 1일 잔금 2억원을 지급받으면서 소유권이전에 필요한 서류를 乙에게 주기로 약속하였다. 乙은 A은행의 대출로 잔금을 지급하려고 하였으나, 대출을 받지 못하여 4월 1일 甲과 만나지 않았다. 甲은 乙이 나타나지 않자, 4월 6일 乙에게 잔금의 지급을 요구하면서 지연으로 인한 손해의 배상을 청구하였다. 그 사이 기대하지 않았던 채무자가 3억원을 변제하여 돈이 생긴 乙은 청구를 받은 바로 그 날 甲에게 2억원을 지급하였으나, 지연으로 인한 손해배상은 할 수 없다고 주장한다. 정당한가?

甲의 乙에 대한 손해배상청구권(제390조)

　　甲이 乙에 대하여 이행지체로 인한 손해의 배상을 청구하기 위해서는 이행기가 도래하였음에도 불구하고 乙의 책임 있는 사유로 인하여 이행이 되지 않았어야 한다. 사안에서 이행기는 4월 1일로 확정기한이 있는 채무였으나, 양 당사자 사이에 체결되어 있는 매매계약은 쌍무계약이므로 당사자 사이에 동시이행의 항변권이 존재한다(제536조). 동시이행의 항변권이 존재하면 채무의 이행기가 도래하였더라도 상대방이 급부를 제공할 때까지 이행지체에 빠지지 않는다. 채무자가 동시이행의 항변권을 가지고 있다면, 비록 이행거절의 의사를 구체적으로 밝히지 않더라도 동시이행의 항변권의 존재 자체로 이행지체책임이 발생하지 않는다.[1] 이와 같이 동시이행의 항변권이 존재하는 채권관계에서 이행기가 도과하더라도 지체책임이 발생하지 않는 것은 동시이행의 항변권이라는 정당화사유가 존재하여 당사자에게 이행을 하지 않는 데 대하여 책임 있는 사유가 있다고 보기 어렵기 때문이다.[2]

---

1) 대법원 1998. 3. 13. 선고, 97다54604・546111 판결.

동시이행의 항변권이 존재하는 경우에는 상대방이 채무를 이행하거나
이행의 제공이 있는 경우에 비로소 이행지체에 빠지게 된다. 쌍무계약에서
이행기가 도과하였음에도 불구하고 서로 이행을 하지 않은 경우에는 기한이
없는 채무가 된다.[3] 약정 또는 법률규정에 의하여 기한을 정할 수 없는 경우
를 기한이 없는 채무라고 한다. 기한이 없는 채무는 채무가 발생함과 동시에
이행기에 있고 채권자의 최고를 받은 때에 지체책임이 있다(제387조 제2항).
그런데 지체책임은 최고가 도달한 다음 날로부터 생긴다는 것이 판례의 입
장이다.[4] 사안에서 乙은 이행의 최고를 받은 바로 그 날 이행을 하였으므로
지체책임이 발생하지 않아 지연으로 인한 손해배상을 해줄 수 없다는 乙의
주장이 타당하다.

---

2) 양창수, "동시이행의 항변권," 고시계 1990/7, 101면. 이에 반하여 동시이행의 항변
　권을 위법성 조각사유로 보는 견해도 있다(곽윤직, 78면).
3) 대법원 1980. 8. 26. 선고 80다1037 판결.
4) 대법원 1972. 8. 22. 선고, 72다1066 판결; 대법원 1988. 11. 8. 선고, 88다3253 판결;
　대법원 2014. 4. 10. 선고, 2012다29557 판결.

30. 불확정기한부 채무와 이행지체

사 례 오피스텔 건축업자 甲은 분양이 잘 되지 않자 친구 乙에게 부탁하여 건물이 완공되는 대로 乙에게 점포를 임대하기로 하는 임대차계약을 체결하였고 乙은 甲에게 계약금 및 중도금을 지급하였다. 그런데 당사자 사이에서는 甲이 점포를 다른 사람에게 분양 또는 임대하는 경우에 계약금 및 중도금을 반환하기로 약정하였다. 그러나 甲은 친척인 丙으로부터 점포를 사용하고 싶다는 부탁을 받아서 4월 1일 乙에게 임대한 점포를 丙에게 2년간 무상으로 점포를 사용하도록 하였다. 5월 1일 乙은 甲에게 계약금 및 중도금의 반환을 청구하면서 반환 지연으로 인한 이자를 지급하라고 요구한다. 정당한가?

乙의 甲에 대한 손해배상청구권(제390조)

乙이 甲에게 지연배상을 청구하기 위해서는 계약금 및 중도금의 반환채무의 이행기가 도래했음에도 불구하고 甲이 책임 있는 사유로 이행을 하지 않았어야 한다. 사안에서 당사자 사이의 합의로 이행기가 점포를 다른 사람에게 분양 또는 임대하는 때로 정해져 있었다. 이와 같이 장래 반드시 도래하지만 언제 도래하는지가 불확실한 사실을 기초로 한 기한을 불확정기한이라 한다. 불확정기한의 경우 기한이 도래하였음을 안 때로부터 지체의 책임을 진다(제387조 제1항 후문).[1] 기한이 도래하는 것은 기한의 내용이 되는 불확실한 사실이 발생한 때는 물론 그 사실이 발생하지 않기로 확정된 때이다.[2] 따라서 이미 지급한 계약금과 중도금을 점포가 타인에게 분양 또는 임

---

1) 예외: 1. 반환시기의 약정이 없는 소비대차: 반환채무에 관하여 대주는 상당한 기간을 정하여 반환의 최고를 하여야 한다(제603조 제2항). 2. 불법행위에 의한 손해배상 의무는 성립과 동시에 지체가 된다(대법원 1971. 6. 8. 선고, 70다2401 판결).

2) 대법원 2002. 3. 29. 선고, 2001다41766 판결; 대법원 1989. 6. 27. 선고, 88다카 10579 판결.

대되는 때에 반환하기로 한 경우, 점포를 다른 사람에게 사용하도록 함으로써 다른 사람에게 분양 또는 임대하는 것은 불가능하게 되었다고 보아야 하므로 이행기가 도래하였다고 볼 수 있다.

반환채무자인 甲이 이행기의 도래사실을 알지 못하고 있다면 지체의 책임을 지우기 위해서 이행의 최고가 있어야 하나, 본 사안에서는 甲이 丙에게 점포를 사용하도록 함으로써 이행기가 도래하였기 때문에 甲은 이행기의 도래사실을 알고 있었다고 보여진다. 또한 본 채무는 금전채무이므로 채무자는 자신에게 과실 없음을 항변할 수 없다(제397조 제2항 후단). 따라서 甲에게 이행지체에 대한 귀책사유가 존재하느냐의 여부와 상관없이 책임이 발생한다. 모든 요건이 충족되었으므로 지연배상을 요구하는 乙의 주장은 정당하다.

31. 불확정기한부 채무와 이행의 최고

> **사 례** 토지개발업자 甲은 개발되고 있는 토지 중 100필을 乙에게 팔기로 하는 매매계약을 체결하고 계약금 및 중도금으로 5천만원을 받았다. 그리고 잔금은 분양시점에 지급하고 乙이 분양당첨 받는 토지의 위치에 따라 구체적으로 잔금을 정하기로 하였다. 5월 1일 乙이 아주 좋은 위치의 토지로 당첨되자 甲은 5월 3일 乙에게 당첨사실을 알리는 서면을 보내면서 1억원을 다음 날까지 지급하라고 요구하였다. 그러나 감정인에게 알아본 결과 잔금으로 5천만원이 적당하다는 사실을 알게 되었기 때문에 乙은 5일이 지나서도 잔금을 지급하지 않았다. 이 경우 乙은 지체책임을 부담하는가?

甲의 乙에 대한 손해배상청구권(제390조)

甲이 乙에 대하여 이행지체로 인한 손해배상을 청구하기 위해서는 이행기가 도래하였음에도 불구하고 乙의 책임 있는 사유로 인하여 이행이 되지 않았어야 한다. 사안에서 분양시점이 이행기이므로 불확정기한부채무이다. 불확정기한부채무의 경우 기한이 도래하였음을 안 때로부터 지체의 책임을 지나(제387조 제1항 후문), 지체의 책임을 지우기 위해서 이행의 최고가 있으면, 채무자가 기한의 도래를 알지 못하더라도 그 최고시부터 지체가 된다. 사안에서 분양사실을 알리는 것이 이행의 최고로서의 효력을 발생하였는지가 문제된다.

이행의 최고는 채권자가 채무자에 대하여 채무의 이행을 하라는 의사의 통지이다. 이행의 최고는 명백하고 확정적이어야 한다. 왜냐하면 이를 통하여 채무자가 이행을 하지 않으면 일정한 법적인 책임을 부담한다는 것이 드러나야 하기 때문이다(최고의 경고기능). 본 사안에서 잔금으로 5월 4일까지 1억원을 지급하라고 요구한 것은 최고로서의 명확성을 모두 갖추었다고 보아야 한다. 다만 사안에서 5월 3일 서면으로 이행을 최고하였다면 1억원을 지급하는 데 있어서 상당한 유예기간이 제시되지 않았기 때문에 최고로서의 효력이 없다라고 볼 수도 있다. 물론 지체책임발생 시기에 관하여 상당한 유예기간이 경과하여야 한다는 견해[1]와 안 날 또는 최고가 있은 날 바로 다음 날 책임이 발생한다는 견해[2]가 대립하고 있다. 이행지체의 성립요건으로서의 최고는 해제권발생요건으로서의 최고와 달리 상당한 기간을 둘 필요가 없다는 견해가 더 타당하지만, 상당한 유예기간이 필요하다는 견해에 따르더라도 상당한 유예기간의 설정이 없는 최고도 효력을 가지며 다만 지체책임이 발생하는 것은 상당한 유예기간이 지나서 발생할 뿐이라고 해석한다. 따라서 어느 견해를 취하든 상관없이 최고로서의 효력은 있으나, 지체책임이 발생하는 시점이 다르게 된다.

본 사안에서는 상당한 유예기간이 이미 지났으므로 어느 견해를 취하든 결론에서는 큰 차이가 없다. 다만 사안에서 문제가 될 수 있는 것은 甲이 잔금으로서의 적정금액인 5천만원을 훨씬 넘는 1억원을 청구하였다는 것이다. 물론 이행청구에서는 채무의 동일성을 인식할 수 있을 정도로 채무가 표시되면 되기 때문에 수량 또는 금액에 약간의 차이가 있어도 상관이 없다. 그러나 채무내용보다 과다한 급부를 요구하는 최고는 최고로서 인정되지 않는다.[3] 따라서 본 사안에서와 같이 적정금액의 2배인 과다한 잔금을 요구한 甲의 최고는 이행최고로서의 효력이 없기 때문에 매수인이 이행을 거부하더라도 이행지체에는 매수인의 귀책사유가 있다고 보기는 어렵다.

---

1) 김형배, 178면.
2) 김증한 · 김학동, 96면.
3) 대법원 1992. 7. 28. 선고, 91다34660 판결: 부동산 매매계약을 이행하는 과정에서 잔금의 일부로 충당하기로 한 금액이 매도인과 매수인 사이에서 확정되지도 않은 상태에서 매수인이 과다한 액수의 잔금지급을 요구하는 매도인의 최고를 거부하였다 하더라도 이는 매수인의 귀책사유로 인한 이행지체라고 볼 수 없다(같은 입장으로 대법원 1992. 7. 24. 선고, 91다38723, 91다38730).

32. 이행지체 중의 책임가중

> **사 례**
>
> 甲은 乙에게 중고자동차 A를 300만원에 팔기로 하는 매매계약을 체결하였다. 이때 甲이 언제 乙에게 자동차를 인도할지 딱히 정하지는 않았다. 상당한 시간이 지난 후에도 甲이 약속한 대로 중고자동차를 그의 집으로 갖고 와서 인도를 하지 않자, 乙은 변호사 丙을 통하여 300만원을 지급하겠으니 2일 이내로 이행할 것을 서면으로 요구하였다. 이 서면이 甲에게 도달한 지 4일 후 잠겨져 있는 차고에 도둑이 들어와서 중고차 A를 훔쳐 달아났다. 乙은 3일 전에 丁과 중고차 A를 350만원에 팔기로 하는 매매계약을 체결하였으므로 甲이 제때 이행하였더라면 얻을 수 있었던 판매이익 50만원을 배상해달라고 甲에게 요구하였다. 정당한가?

I. 乙의 甲에 대한 손해배상청구권(제390조)

甲과 乙 사이에는 매매계약이 체결되었고 이를 기초로 하여 채무자인 甲이 乙에게 자동차의 소유권을 이전할 의무를 부담하고 있었으나(제563조, 제568조 제1항), 자동차가 도난당함으로써 자동차의 소유권이전이 불가능하게 되었다(후발적 이행불능).[1] 이를 이유로 乙이 손해의 배상을 청구하기 위해서는 이행이 불가능하게 된 데에 甲에게 책임 있는 사유가 있어야 한다. 중고자동차는 특정물이므로 甲은 자동차를 인도할 때까지 선량한 관리자의 주의로 자동차를 보관해야 한다(제374조). 그런데 자동차를 잠겨져 있는 차고에 세워두었다면, 특별한 다른 사정이 없는 한 자동차 도난에 대하여 甲에게 과실이 있다고 보기 어렵다. 그러므로 제390조에 기한 손해배상청구권은 인정되지 않는다.

---

[1] 사안에서 이행지체가 될 수 있는 사유가 존재하지만, 이행지체 후 이행불능은 곧바로 이행불능으로 취급하면 되기 때문에 이행지체는 여기서 검토할 필요가 없다.

Ⅱ. 乙의 甲에 대한 손해배상청구권(제392조 본문)

```
※ 제392조에 기한 손해배상청구권의 요건
(1) 채권자에게 손해가 발생하였을 것
(2) 이행지체 중에 손해가 발생하였을 것
    1) 채무의 내용에 좇은 이행이 없을 것
       a) 이행이 가능할 것
       b) 이행기가 도래하였을 것
    2) 이행지체에 채무자에게 책임 있는 사유가 있을 것
(3) 이행지체와 상당인과관계 있는 손해일 것
```

채무자에게 이행불능에 대한 귀책사유가 없으나, 만약 이행지체 중에 불능이 발생하였다면 제392조를 근거로 하여 손해배상책임을 물을 수 있다. 즉 채무자는 자신의 책임 있는 사유로 인한 채무불이행에 대하여만 책임을 지는 것이 원칙이지만, 이행지체 중에는 채무자가 자신에게 책임이 없는 사유로 인하여 손해가 발생한 것에까지 책임을 부담해야 한다. 이행을 채무자가 이행기에 제대로 하였다면 이와 같이 불능이 발생하지 않았을 것이기 때문에 이행지체 중의 채무자의 책임을 가중하는 것은 정당하다.

(1) 도둑이 자동차를 훔쳐감으로써 乙에게 자동차의 소유권을 취득할 수 없게 된 손해가 발생하였고, (2) 이행기에 관하여 정함이 없는, 기한이 없는 채무는 채권자의 최고가 도달한 다음 날로부터 지체책임이 발생하는데, 甲이 변호사를 통하여 이행할 것을 최고함으로써 이행기가 도래하였다고 볼 수 있다(쌍무계약). (3) 채무자 甲에게 이행을 하지 못할 정당화사유가 보이지 않으며 이행을 지체하는 중에 자동차를 도난당하여 손해가 발생하였다. 마지막으로 채무자가 이행기에 이행하여도 손해를 면할 수 없는 경우에는 손해배상책임을 부담하지 않으나(제392조 단서), 이행을 하였으면 도둑이 차를 훔쳐가지 못하였으므로 손해와 이행지체는 상당인과관계에 있다. 모든 요건이 충족되었으므로 乙은 甲에게 손해의 배상을 청구할 수 있다(다만 乙이 판매이익 50만원의 배상까지 요구할 수 있는지에 관하여는 사례 58 참조).

33. 이행지체로 인한 전보배상에서의 이행의 최고

사 례 여행을 떠나게 된 甲은 시험준비를 위해서 급히 필요하다고 하는 친구 乙에게 무상으로 자동차를 빌려주면서 甲의 요구가 있으면 언제든지 자동차를 다시 돌려주기로 乙과 약속하였다. 5월 1일 甲이 자동차가 필요하다고 하면서 5월 4일 까지 자동차를 반환하지 않으면 그와 동일한 종류의 자동차를 사고 그 비용을 乙에게 손해배상으로 청구하겠다고 하였다. 5월 4일 乙이 자동차를 돌려주지 않자 甲은 자동차를 구입하고 구입비용에 해당하는 500만원을 乙에게 손해배상으로 청구하였다. 정당한가?

甲의 乙에 대한 손해배상청구권(제395조)

甲이 乙에게 이행지체로 인하여 지연배상을 넘어서 급부이행을 대신한 손해배상, 즉 전보배상을 청구하기 위해서는 제395조의 요건이 충족되어야 한다. 그에 따르면 원칙적으로 상당한 기간을 정하여 이행을 최고하여도 그 기간 내에 이행을 하지 아니하면 전보배상을 청구할 수 있다. 다만 (1) 지체 후의 이행이 채권자에게 이익이 없는 때(정기행위, 제545조 참조)와 (2) 채무자가 이행을 거절한 때(제544조 단서 유추해석)에는 유예기간을 설정한 최고를 할 필요 없이 즉시 전보배상을 청구할 수 있다.

본 사안에서는 예외적인 사정이 존재하지 않으므로 유예기간을 설정한 최고가 필요하였다. 유예기간은 개개의 구체적인 사정에 따라(계약의 종류, 채무내용, 거래관행 등) 판단해야 한다.[1] 이행의 최고를 받고 자동차를 반환하는 데에 3일의 기간은 충분하다고 보여지므로 상당한 기간의 유예기간이 설정되었던 것으로 보인다. 또한 이행의 최고도 있었고 유예기간 동안 이행이

---

1) 대법원 1980. 1. 25. 선고, 79다1859 판결: 부동산매매계약에서 이행지체에 빠진 잔대금의 최고시에 2일의 유예기간을 둔 것은 상당하다고 보았다.

없었으므로 모든 요건이 충족된 것으로 보인다.

다만 본 사안에서 이미 이행지체가 성립한 이후에 전보배상을 위한 이행의 최고를 별도로 하여야 하는가, 아니면 이행지체가 성립하지 않아도 바로 전보배상을 위한 이행의 최고를 할 수 있는지가 문제된다. 사용대차계약상의 목적물반환채무와 같은 기한이 없는 채무에 대하여 이행지체가 성립하기 위해서는 채권자의 이행의 최고가 있어야 하는데, 본 사안에서는 바로 전보배상을 위한 이행의 최고만 있었다. 이에 대하여 전보배상을 위한 이행의 최고를 이미 이행지체 전에 할 수 있다는 입장에서 전보배상을 청구하기 위해서 이행지체가 성립할 필요가 없다는 견해가 있다.[2] 그러나 법문의 표현으로 보면 이행지체라는 급부장애가 이미 성립하고 있어야 하고 그 다음에 전보배상을 위한 이행의 최고가 있어야 한다. 따라서 지체책임을 지우기 위한 이행의 최고와 전보배상의 요건으로서의 이행의 최고는 그 성질이 다르다.[3] 전보배상요건으로서의 최고는 이행이 없으면 지체책임을 지우겠다는 것이 아니라, 이행이 없으면 이행에 갈음하여 손해배상을 청구하겠다는 의미로 해석된다. 이 견해에 따르면 전보배상요건으로서의 최고는 이행지체가 이미 성립한 경우에만 인정되나, 지체책임을 지우기 위한 이행의 최고와 전보배상의 요건으로서의 이행의 최고는 같이 연결되어 행사될 수 있다. 본 사안에서는 이행지체를 위한 최고가 전보배상을 위한 최고와 같이 행하여졌다고 보여지므로 甲이 전보배상을 청구한 것은 정당하다.

---

2) 이은영, 223면.
3) 같은 견해로 명순구, "이행지체로 인한 계약해제의 요건으로서의 '최고'," 고시연구 1997/11, 99면 이하.

34. 이행거절과 전보배상

> **사 례** 甲은 乙로부터 X 토지를 3억원에 구입하는 것을 목적으로 하는 매매계약을 체결하고 계약금 및 중도금을 지급하였다. 그런데 X 토지가 토지거래허가구역의 토지였는데, 허가를 받는 것이 여의치 않자 甲은 乙에게 Y 토지를 파는 매매계약을 다시 체결할 것을 제안하였고 乙은 이를 승낙하였다. 그런데 甲이 Y 토지 소유권을 넘겨줄 것을 계속하여 요구하였으나, 乙은 이에 대한 아무런 응답도 하지 않고 계약이 체결된 후 3년이 넘도록 토지의 소유권을 이전하지 않고 있었다. 그러자 甲은 Y 토지의 시가에 해당하는 금액을 손해배상으로 청구하였다. 이에 대하여 乙은 손해배상을 요구하기 전에 먼저 이행청구를 대신하여 손해배상을 청구하겠다는 의도를 자신에게 알려주었어야 한다면서 손해배상을 거절한다. 누구의 주장이 정당한가?

甲의 乙에 대한 손해배상청구권(제395조)

甲이 乙에게 이행지체로 인한 전보배상을 청구하기 위해서는 원칙적으로 상당한 기간을 정하여 이행을 최고하여야 하나, (1) 지체 후의 이행이 채권자에게 이익이 없는 때(정기행위, 제545조 참조)와 (2) 채무자가 이행을 거절한 때(제544조 단서 유추해석)에는 유예기간을 설정한 최고를 할 필요 없이 즉시 전보배상을 청구할 수 있다. 따라서 본 사안에서는 이와 같은 예외적인 사정이 존재하였는지가 문제된다.

사안에서 문제가 되는 것은 3년 동안 계속된 소유권이전 청구에도 불구하고 토지소유권을 이전하지 않은 행위를 이행거절로 볼 수 있느냐이다. 이와 같은 이행거절의 의사는 명시적으로 표시되어야 하는 것은 아니고 채무자의 행태로부터 추단될 수 있으면 충분하므로,[1] 의사표시의 해석의 문제가

---

1) 대법원 1982. 4. 27. 선고, 81다968 판결: 매수인이 이행기일이 도과된 후에 이르러 매도인에 대하여 계약상 의무 없는 과다한 채무의 이행을 구하고 있는 경우에는 매

발생한다. 그런데 매수인인 甲이 3년 넘게 계속하여 소유권의 이전을 요구하였음에도 불구하고 아무런 응답이 없는 것으로 보아서는 소유권이전의무의 이행을 거절하는 의사를 표명하였다고 해석할 수 있다.2) 따라서 甲이 이행의 최고를 하지 않고 전보배상을 청구한 것은 정당하다.

도인으로서는 매수인이 자기채무 이행의 의사가 없음을 표시한 것으로 보고 이행의 최고 없이 계약을 해제할 수 있다.

2) 대법원 1995. 4. 28. 선고, 94다16083 판결 참조.

35. 이행지체로 인한 계약의 해제

> **사 례** 등산용품을 취급하는 도매상 甲은 등산화를 생산하는 회사 A에게 등산화 100 개를 주문하였고 A는 즉시 이행을 하기로 약속하였다. 2주가 지나도 이행을 하 지 않자, 甲은 4월 1일에 서면으로 금전의 수령과 함께 이행의 최고를 하였고 4 월 5일까지 이행을 하지 않으면 더 이상 물건을 받지 않겠다고 하였다. A는 이 편지를 4월 3일에 받았고 최선을 다해서 등산화를 생산하였으나, 4월 7일이 되 어서야 운송회사를 통하여 물건을 보낼 수 있었다. 4월 9일에 물건이 도착하자 甲은 수령을 거절하고 계약을 해제하겠다고 주장한다. A는 甲에게 물건의 수령 을 요구하고 매매대금의 지급을 청구한다. 누구의 주장이 정당한가?

A의 甲에 대한 매매대금지급청구권(제563조, 제568조 제1항)

A가 甲에게 제563조, 제568조 제1항에 기하여 매매대금의 지급을 청구 하기 위해서는 甲의 해제의 의사표시가 효력이 없었어야 한다. 제544조에 기한 해제가 성립하기 위해서는 (1) 채무의 이행이 없을 것, (2) 채권자의 최 고가 있을 것, (3) 상당한 유예기간을 부여할 것, (4) 유예기간 내에 이행하지 아니할 것 등의 요건이 충족되어야 한다.

사안에서 즉시 이행하기로 하였다는 점에서 확정기한이 있는 것으로 보 더라도 쌍무계약인 한 채권자가 이행의 제공을 한 상태에서 최고를 해야 이 행지체라는 급부장애가 발생한다. 따라서 4월 3일 최고가 도달한 다음 날부 터 이행기가 도래하였다고 볼 수 있다. 다음으로 채권자의 최고가 있어야 하 는데, 해제의 요건으로서의 최고는 이행지체가 이미 성립한 경우에만 인정 되나, 이행의 최고와 해제의 요건으로서의 이행의 최고는 같이 연결되어 행 사될 수 있다. 따라서 본 사안에서는 유효한 최고가 있었다고 볼 수 있다.

본 사안에서 문제가 되는 것은 상당한 유예기간이 부여되었느냐이다. 유예기간으로 채무자가 아직 시작하지도 않은 급부의 이행을 완성할 수 있는 기간을 부여할 필요는 없지만, 채무자가 이미 시작한 이행을 완성할 수 있도록 채무자에게 마지막 기회를 부여하여야 한다.[1] 유예기간은 급부의 양과 정도, 이미 지나간 기간, 채권자의 급부필요성의 정도 등에 따라 구체적으로 판단해야 한다. 사안에서는 A가 최선을 다하여 등산화 100개를 생산하고 이를 운송회사를 통하여 보낼 수 있는 기간이 모두 포함되어 있어야 한다는 측면에서 유예기간이 너무 짧았다. 그러나 이는 유예기간이 무효이고 다시 유예기간을 설정해야 한다는 것을 의미하지는 않는다. 유예기간이 너무 짧게 설정된 경우 유효한 최고가 있는 것으로 보고 다만 유예기간은 적정한 기간으로 정해진다.[2] 본 사안에서는 A가 최선을 다하여 이행을 한 것으로 보아서는 유예기간 안에 이행이 있었던 것으로 보이므로 甲이 해제한 것은 정당하지 않다. 따라서 A가 甲에게 물건을 수령하고 매매대금을 지급하라고 요구하는 것은 정당하다.

---

1) BGH NJW 1985, 2640.
2) 대법원 1979. 9. 25. 선고, 79다1135, 1136 판결; 대법원 1994. 11. 25. 선고, 94다35930 판결.

Ⅲ. 이행불능

36. 물리적 불능과 관념적 불능

> **사 례** 낭비벽이 심한 甲은 돈이 쪼들리자 자신의 토지 X를 乙에게 팔기로 계약하였으나, 乙에게 등기 이전을 하기 전 甲은 다시 丙에게 토지 X 전체에 대한 30년 기한의 지상권을 설정해 주었고 丁에게 저당권(담보액은 토지 X 공시지가의 80%)을 설정해 주었다. 이후 甲과 함께 등기를 하러간 乙은 등기부를 보고 이 사실을 알게 되었다. 화가 난 乙은 토지 X를 살 수 없으며 즉시 계약을 해제하겠다고 하고, 甲은 등기이전을 받고 매매대금을 지급하라고 요구한다. 누구의 주장이 정당한가?

이행불능으로 인한 계약해제(제546조)

　　乙이 계약을 해제하여 토지소유권의 이전을 받지 않아도 되는 상황이 되기 위해서는 토지에 대한 지상권 및 저당권 설정이 계약의 효력에 영향을 줄 수 있는 사유이어야 한다. 乙이 주장하는 법정계약해제사유 중에서 고려될 수 있는 것은 이행불능으로 인한 계약해제이다(제546조). 제546조의 불능은 후발적 이행불능으로서 법률행위 당시에는 급부의 실현이 가능하였으나, 법률행위 이후 채무자의 귀책사유로 이행기에 급부가 실현불가능하게 되는 것을 말한다. 사안에서 X 토지의 소유권이 여전히 甲에게 있고, 토지 역시 그대로 현존하고 있어서 乙에게 소유권을 이전하는 것은 물리적으로 가능하므로 물리적 불능은 존재하지 않는다. 그러나 통설[1]과 판례[2]는 급부의 실현이 단순히 절대적·물리적으로 불가능한 경우뿐만 아니라 사회생활에 있어서의 경험법칙 또는 거래상의 관념에 비추어 볼 때 채권자가 채무자의 이행의 실현을 기대할 수 없는 경우에도 불능으로 보고 있다(관념적·사실적 불능). 채무자가 소유권이전의무를 부담하는 경우 관념적 불능은 일반적으로 채무자가 제3자에게 소유권 그 자체를 양도하거나 또는 제3자에 의하여 소유권 그 자체가 적법하게 취득된 경우에 인정된다. 문제는 본 사안에서와 같이 소유권이전의무를 부담하고 있는 채무자가 제3자에게 소유권을 양도한 것이 아니라, 저당권설정 및 지상권설정과 같은 처분행위를 한 경우에도 관념적 불능을 인정할 수 있느냐이다.

사안에서 토지 X를 목적으로 하는 매매계약을 체결할 당시에는 토지 위에 설정된 제한물권이 없었고 이를 기초로 하여 계약당사자들은 계약을 체결하고 매매대금도 정하였다. 그러나 계약체결 후 매도인 甲은 토지 X에 대한 30년 기한의 지상권과 공시지가의 80%에 해당하는 채권을 담보하기 위하여 저당권을 설정하였다. 이로 인하여 토지 X에 대한 사용가치와 담보가치에 상당한 제한이 발생하므로 乙은 토지소유자가 되더라도 사용·수익권이 거의 없는 상태의 소유권을 취득하게 된다. 따라서 일반거래실정과 거래관념에 비추어 보면 매수인인 乙이 토지의 사용가치 및 담보가치를 누릴 수 있는 상태로 이행하기가 극히 곤란한 사정이 인정되므로 甲의 乙에 대한 토지 X의 소유권이전은 불능에 빠졌다 할 것이다.[3] 토지 X의 소유권이전이 불가능하게 된 것에 甲의 고의의 귀책사유가 인정되므로 乙은 제546조에 기하여 계약을 해제할 수 있다.

---

1) 김증한·김학동, 101면; 민법주해(Ⅸ)/양창수, 242면; 김대정, 492면.
2) 대법원 2016. 5. 12. 선고 2016다200729 판결: 채무의 이행불능이란 단순히 절대적·물리적으로 불능인 경우가 아니라, 사회생활의 경험법칙 또는 거래상의 관념에 비추어 채권자가 채무자의 이행 실현을 기대할 수 없는 경우를 말한다. 이와 같이 사회통념상 이행불능이라고 보기 위해서는 이행의 실현을 기대할 수 없는 객관적 사정이 충분히 인정되어야 하고, 특히 계약은 어디까지나 그 내용대로 지켜져야 하는 것이 원칙이므로, 채권자가 군이 채무의 본래 내용대로의 이행을 구하고 있는 경우에는 쉽사리 그 채무의 이행이 불능으로 되었다고 보아서는 아니 된다.
3) 유사한 사안에 대하여 불능을 인정한 판결로 대법원 1974. 5. 28. 선고, 73다1133 판결. 반면에 용익물권 내지 제한물권이 설정되어 있더라도 항상 불능이 있다고 보기는 어려울 것이다. 오히려 이 경우에는 담보책임 내지 불완전이행으로 인한 손해배상을 청구하여 구제받게 된다. 본 사안에서와 같이 불능이 인정되는 것은 사용·수익권이 극도로 제한되었던 특수한 사정이 존재하였기 때문이라고 풀이된다.

37. 일부불능과 전부불능

사 례　중고서점 주인 甲은 문인 乙에게 해방 직후에 출판된 이광수 작품전집을 30만 원에 팔겠다고 제안하였다. 이에 乙은 며칠 생각한 후 그 값에 이광수 작품전집을 사겠다고 甲에게 전화를 하였다. 그러나 전화가 온 직후에 태풍으로 누전이 발생하여 중고서점에 화재가 일어나는 바람에 작품전집 중 4권이 타버렸다. 乙은 계약을 없었던 것으로 하고 싶다고 한다. 이 경우 甲은 전집의 나머지를 수령하고 매매대금을 지급하라고 乙에게 요구할 수 있는가?

　　당사자 사이에 계약이 체결된 것에 관하여는 다툼이 없다. 분쟁의 대상이 되고 있는 것은 계약체결 후 작품전집의 일부가 멸실되었을 때 소유권이전의무와 매매대금지급의무의 존재여부이다. 즉, 후발적인 일부불능이 일어났을 때 급부의무와 그 반대급부의무의 운명에 관한 문제이다. 우리 민법이 이에 관한 명문의 규정을 두고 있지 않은 상황에서 잔존급부의무로 급부의무가 한정되는지, 한정되었을 때 전부불능이 되지는 않는지 등의 문제가 발생한다.

Ⅰ. 乙의 甲에 대한, 작품전집의 소유권이전청구권(제563조, 제568조 제1항)

(1) 불능이 된 급부의무의 존재여부

1) 제574조의 적용가능성

　　일부멸실로 인한 매도인의 담보책임에 관한 제574조는 제137조 및 제535조에 앞서서 적용되므로 그 적용여부를 먼저 검토해야 한다. 제574조가 적용되면 일부멸실된 급부에 대한 청구권이 남아 있으나, 담보책임으로 인한 청구권으로 변형된다. 본 사안에서와 같이 계약이 성립한 후 일부멸실이 된 후발적 일부멸실에 관하여 제574조가 적용될 수 있는지 학설이 대립하고 있다. 계약 당시부터 급부의 일부가 멸실되어 있던 경우는 물론 계약체결 후 일부멸실된 경우에도 제574조가 적용된다는 견해가 있다.[1] 이 견해에 따르면 후발적 일부멸실의 경우에도 대금감액청구권이 발생하나, 성질상 청구권이 아니라 위험부담의 원칙에 따른 대금감액의 당연효를 갖는다고 한다. 그에 반하여 제574조상의 일부멸실이란 목적물의 일부가 "계약 당시"에 물리적으로 존재하지 않는 경우를 말하므로 원시적인 일부멸실만을 제574조의 적용을 받는다고 보는 견해가 있다.[2] 명문의 규정으로 "계약당시"라는 표현을 쓰고 있는데, 이는 결국 계약체결시를 말하므로 원시적 일부불능의 경우만 포함되는 것으로 보는 것이 타당하다. 따라서 본 사안에서는 제574조가 적용될 수 없다.

2) 제537조 유추적용

후발적인 일부멸실의 경우 명문의 규정이 없으나, 학설은 불가능한 범위에서 채무를 면하고 반대급부도 그에 대응하여 소멸한다고 보고 있다.[3] 즉 일부멸실의 경우 위험부담에 관한 제537조를 유추적용해야 할 것이다. 따라서 양 당사자에게 귀책사유 없이 일부멸실된 경우 급부의무는 원칙적으로 불능된 부분에서는 소멸한다.

(2) 나머지 급부의 존재여부

급부의 일부가 불능이 되어 일부의 급부의무가 소멸하였을 때 나머지 급부의무는 계속하여 존재하는지가 문제된다. 일부불능인 부분이 없더라도 법률행위를 하였을 것이라고 인정될 때 나머지 부분은 유효하다고 보는 제137조 적용설이 있다.[4] 또한 일부불능인 경우 이행으로 채권의 목적을 달성할 수 있는가의 여부에 따라 채권의 목적을 달성할 수 없으면 전부불능으로 보고, 달성할 수 있을 때에는 전부가능으로 다루어야 한다는 견해가 주장되

---

1) 이은영, 채권각론, 327면.
2) 김형배, 채권각론 [계약법], 335면.
3) 곽윤직, 채권각론, 70면.
4) 민법주해(IX)/양창수, 248면.

고 있다.5) 판례는 일부불능의 경우 계약의 목적과 내용에 따라 판단하고 있다.6) 즉 일부불능으로 인하여 계약상 정해지거나 전제된 채권자의 급부사용 목적이 충족될 수 없는 경우에 전부불능으로 취급하여 계약 전부의 해제를 할 수 있다고 보고 있다. 이는 결국 일부무효에서와 마찬가지로 일부불능으로 인하여 잔존하는 급부에 대하여 계약이 체결되었을 것이냐는 표지를 기초로 하게 된다. 문인이 역사적 가치가 있는 전집을 살 때에는 전집 전부를 구입할 것을 원하기 때문에 그와 같은 목적으로 계약을 체결하였다고 볼 수 있다. 따라서 본 사안에서는 어느 견해에 의하든 간에 일부멸실로 인하여 전부불능이 되었다고 보아야 한다(※ 제574조 적용설에 기하더라도 제572조 제2항에 기하여 "잔존한 부분만이면 매수인이 이를 매수하지 아니하였을 때" 선의의 매수인은 계약전부를 해제할 수 있기 때문에 동일한 결과에 이르게 된다).

II. 甲의 乙에 대한 매매대금지급청구권(제563조, 제568조 제1항)

양 당사자의 귀책사유 없이 급부의무가 전부불능이 되었으므로 제537조에 기하여 반대급부의무도 소멸하였다. 사안에서 乙은 역사성을 갖는 전집을 전부 갖춘 상태에서 소유하고 싶어하지 일부만을 소장하고 싶지는 않을 것이다. 따라서 일부불능이 된 경우 전부불능으로 보는 것이 타당하다. 그에 따라 급부의무는 물론 반대급부의무도 모두 소멸하였다고 보는 것이 타당하므로 甲은 乙에게 아무런 청구도 할 수 없다.

---

5) 선택채권에 관하여 곽윤직, 채권총론, 53면 및 채권각론, 70면.
6) 대법원 1996. 2. 9. 선고, 94다57817 판결.

38. 일시적 불능과 종국적 불능

사 례 甲은 상가건물을 짓기 위해서 건축회사 A와 건설계약을 체결하였다. 이때 양 당사자 모두 건축허가가 빠른 시일 내로 날 것으로 생각하고 계약을 체결하였 다. 그러나 인근주민의 민원이 들어와서 행정기관의 건축허가는 늦어졌고 언제 건축허가가 날지 알 수 없는 상태에 처하게 되었다. 이에 A는 건설장비를 그냥 놀릴 수 없고 임금도 지불해야 하는 등의 사정을 내세워서 더 이상 甲과의 계약 에 구속당하지 않겠다고 하였다. 그런데 3일 후 갑자기 건축허가가 나온 경우 甲은 A에게 계약의 이행을 청구할 수 있는가?

甲의 A에 대한 계약이행청구권(제664조)

甲이 A에 대하여 도급계약의 이행을 청구하기 위해서는 아직 계약이 유 효해야 한다. 그런데 계약을 체결할 당시에 이미 계약의 이행이 불가능한 경 우에는 원시적 불능을 이유로 하여 계약이 무효일 수 있다(제535조 제1항 본 문 참조). 원칙적으로 불능이 성립하기 위해서는 급부의 이행이 종국적으로 불가능해야 한다. 그러나 사안에서는 허가를 받는 경우에는 건축을 할 수 있 으므로 계약이행이 일시적으로 불가능한 일시적 불능에 해당한다.

그러나 일시적 불능도 예외적인 사정이 존재하면 종국적 불능과 같이 취급될 수 있다. 즉 계약의 목적을 달성하는 것이 불가능하게 될 위험성이 있고 이로 인하여 계속 계약에 구속당하라고 하는 것이 계약 상대방에게 기 대불가능한 경우에는 일시적 불능이 종국적 불능으로 판단된다.[1] 종국적 불능 으로 판단된 이상 후에 급부의 이행이 가능하게 되었더라도 상관이 없다. 본 사안에서는 행정기관의 건축허가결정이 나지 않았기 때문에 계약의 목적을 달성하는 것이 위험하게 되었을 뿐만 아니라, A에게 계약의 이행을 기다리

---

1) 지원림, 민법강의, 1081면.

라고 요구하는 것도 기대불가능하였다. 따라서 불능을 긍정해야 할 것이며 계약의 목적이 계약체결시부터 불가능하였기 때문에 계약은 무효로 볼 수도 있을 것이다.

그러나 사안에서 계약당사자들은 건축허가가 없다는 장애사실을 알고 계약을 체결하였고 곧 건축허가가 있을 것이라는 사정을 감안하고 있었다. 따라서 계약당사자들은 건축허가를 정지조건으로 하는 계약을 체결하였다고 보여진다(제147조 제1항). 사안에서 건축허가가 나지 않음으로써 조건의 성취가 법률적으로 불가능하게 되었는데, 급부의 실현이 법률에 의하여 불가능한 법률적 불능도 불능과 동일하게 취급된다.[2] 조건의 성취가 법률적으로 불가능하게 되었으므로 계약은 무효가 되었다. 따라서 甲은 A에게 계약의 이행을 청구할 수 없다.

---

2) 대법원 2017. 10. 12. 선고, 2016다9643 판결: 법령에 따라 토지분할에 행정관청의 분할허가를 받아야 하는 토지 중 일부를 특정하여 매매계약이 체결되었으나, 그 부분의 면적이 법령상 분할허가가 제한되는 토지분할 제한면적에 해당하여 분할이 불가능하다면, 매도인이 그 부분을 분할하여 소유권이전등기절차를 이행할 수 없으므로, 이러한 경우에는 구 조례 제22조 제2항 각 호의 사유에 해당한다는 등의 특별한 사정이 없는 한 매도인의 소유권이전등기의무는 이행이 불가능하다고 보아야 한다.

39. 상대적 정기행위와 절대적 정기행위

사 례   甲이 P 법학회의 회장으로 당선되자 甲의 오랜 친구인 乙 변호사는 甲의 당선을 축하하는 의미에서 P 법학회 행사장에 화환을 보내려고 A 화원에 전화를 걸었다. A 화원은 학회행사 시작 전인 오후 1시에 행사장에 화환을 배달하기로 하였다. 그러나 A 화원은 행사장에 나타나지 않았고 乙은 급히 조달한 꽃바구니를 행사장에 갖다 놓았으나, 눈에 띄지 않아서 빛이 바래고 말았다. 학회행사가 끝나려고 할 때 A 화원에서 화환을 갖고 도착하였다. 제때에 출발하였으나, 다른 차의 사고로 길이 막혀 A의 과실 없이 늦게 도착하였다는 것이다. 乙은 화가 치밀어 오르는 것을 참고 학회장을 그냥 빠져나왔고 A는 화환을 행사장에 그냥 놓고 갔다. 다음 날 A 화원에서 30만원을 내라는 계산서가 날라 온 경우 乙은 화환 값을 지불해야 하는가?

A 화원의 乙에 대한 매매대금지급청구권(제563조, 제568조 제1항)

(1) A 화원의 이행지체로 인한 계약해제

    A 화원이 乙에 대하여 매매대금을 청구하기 위해서는 화환을 늦게 배달한 것이 계약의 효력에 영향이 없었어야 한다. 乙과 A는 화환을 오후 1시까지 배달하기로 하는 내용의 매매계약을 체결하였으므로 본 계약은 송부채무의 성격을 갖는 확정기한부 매매계약이라 볼 수 있다. 사안에서 A는 약속한 시간인 오후 1시를 넘겨 화환을 배달하였으므로 이행지체를 이유로 하여 계약을 해제하면 매매대금을 지불하지 않아도 된다. 이행지체에 의하여 계약을 해제하기 위해서는 (1) 이행기의 도래가 있어야 하며, (2) 이행이 가능해야 하고, (3) 채무자의 귀책사유가 있어야 한다.[1] 다만 (4) 화환의 시의적인

---

1) 이행지체의 경우 귀책사유가 명문으로 규정되어 있지 않기 때문에 해제를 하기 위한 요건으로 귀책사유가 요구되는가에 대하여 학설이 심하게 대립하고 있으나, 본 사안

특성상 약속한 시간까지 도달하지 못할 경우 사실상 계약의 목적달성이 어려워진다는 면에서 정기행위이고 이러한 측면에서 최고 없이 계약을 해제할 수 있다. 그러나 제545조의 정기행위에 따른 해제는 최고가 필요 없다는 점에서만 다를 뿐 채무자의 귀책사유가 요구된다는 측면에서는 제544조의 이행지체와 다르지 않다. 사안에서 오후 1시가 경과하도록 A의 이행이 이루어지지 않았다는 점에서 볼 때 이행기의 도래가 있었다는 점은 명백하다. 그러나 A의 배달이 지체된 이유가 A의 귀책사유로 돌릴 수 없는 예상 밖의 교통정체로 인한 것이었다는 점에서 A의 고의·과실을 인정할 수 없다. 따라서 A 화원의 이행지체 책임은 부인되며 乙은 이행지체를 이유로 손해배상(제395조)을 청구하거나 해제권(제545조)을 행사할 수 없다.

(2) 위험부담으로 인한 급부의무의 소멸(제537조)

정기행위는 더 나아가서 이행기에 이행을 하지 않으면 이행지체의 문제 뿐만 아니라, 불능으로 인한 법률효과를 발생시킬 수 있다(본 사안에서 양 당사자의 귀책사유 없는 불능으로서 위험부담의 문제가 발생한다 — 제537조). 이와 같은 절대적 정기행위가 인정되기 위해서는 급부의 이행이 이행기 이후에 이루어지면 채권자에게 전적으로 의미가 없어지는 사정이 존재해야 한다.[2]

사안의 경우 A와 乙이 체결한 계약은 단순히 화환 자체의 배달만을 급부의 내용으로 하는 것이 아니라, 축하화환을 행사 시작 전인 오후 1시까지 배달하는 것을 그 내용으로 한다. 화환의 용도를 생각해 볼 때 화환이 행사 시작 전인 오후 1시까지 배달되지 않는다면, 이후에 화환을 배달하였다 하더라도 乙에게 의미가 전혀 없으며 추완 역시 불가능하다.[3] 따라서 A 화원이 학회 시작 전인 오후 1시까지 이행하지 않았다면 채무의 이행은 의미가 없어지는 계약으로서 절대적 정기행위라고 할 수 있으며 이로 인하여 급부가 불

은 다수설의 입장에서 서술하였다.

2) 예컨대, 예약한 항공기를 탑승하기 위한 택시 승차 또는 기념행사를 위한 꽃 배달 등이 그러하다.

3) 이행기 이후에도 추완이 가능하나 일정한 시기 또는 기간의 준수가 계약의 중요한 내용이 된 경우에는 상대적 정기행위라고 한다. 이때에는 최고 없이 계약을 해제할 수 있을 뿐이다(제545조).

능이 되었다.

乙과 A 사이의 계약은 쌍무계약이며 양 당사자 모두 책임 없는 사유로 이행할 수 없게 되어 급부의무는 물론 반대급부의무 모두 소멸하였으므로 A 는 乙에게 금 30만원의 이행을 청구할 수 없다.

40. 후발적 이행불능

> **사 례** 1000만원인 고려청자를 가지고 있는 甲이 고려청자를 팔려고 하지 않자, 乙은 시가 1200만원인 조선시대의 그림과 교환하자고 제의하고 甲은 이에 승낙을 하였다. 乙이 다음날 교환을 위해서 그림을 가지고 甲의 집으로 향하던 중 乙의 과실로 그림이 가치가 없어 질 정도의 손상을 입었다. 이때 甲은 乙에게 무엇을 청구하는 것이 좋은가?

　　甲과 乙은 甲의 고려청자와 乙의 조선시대 그림의 소유권을 상호이전하는 것을 목적으로 하는 교환계약을 체결하였다(제596조). 그런데 乙의 과실로 인하여 乙이 인도해야 할 그림이 가치가 없어질 정도로 손상을 입었는데, (1) 乙의 과실, 즉 채무자의 선관주의의무 위반(제374조)으로 인하여 특정물인 그림이 손상을 입었고, (2) 그림의 가치가 소멸할 정도로 손상되었다면 물리적 불능 또는 최소한 관념적 불능이 인정될 수 있다. 따라서 계약체결 후 채무자의 귀책사유가 있는 후발적 이행불능의 경우 당사자의 의무내용은 어떻게 변하고 그로 인하여 甲이 어떠한 권리구제수단을 구하는 것이 자신에게 가장 유리한지가 문제된다.

(1) 이행불능으로 인한 손해배상청구권(제390조)만을 청구하는 경우

　　급부의무가 불능이 되었으므로 급부의무를 청구할 수 없다는 점에는 의문의 여지가 없다. 그런데 甲이 계약을 해제하지 않고 전보배상만을 청구하는 경우에는 손해배상의무는 급부의무를 대신하여 청구하는 것으로 2차적인 급부의무의 내용을 갖는다. 즉 급부이행을 대신하여 전보배상을 청구하게 되는 것이다. 따라서 이행불능으로 인한 손해배상청구권의 내용에는 급부이행을 하지 않은 그 자체에 대한 손해와 이행불능으로 인하여 채권자가 입은 손해가 모두 포함되어 있다(소위 큰 손해배상 = 급부이익 + 불능으로 인한 손해). 이 경우 손해배상청구를 통하여 채권자가 계속하여 급부의 이행을 청구하는 것이기 때문에 쌍무계약의 경우 채권자는 자신의 급부를 이행하여야 한다. 그러므로 사안의 경우 甲은 1200만원을 손해배상으로 청구할 수 있으나, 그러기 위해서는 자신의 고려청자의 소유권을 이전해야 한다.

(2) 이행불능으로 인한 계약해제와 손해배상청구권을 행사하는 경우

사안에서 乙의 책임 있는 사유로 이행이 불능하게 된 때에 甲은 이행불능을 이유로 계약을 해제할 수 있다(제546조). 甲이 위 교환계약을 해제할 경우 甲은 금 1000만원인 고려청자에 대한 이행의무가 소멸하기 때문에 이 이행의무를 대신한 손해배상을 청구할 수 없다. 다만 甲은 계약을 해제하였더라도 이행불능으로 인한 손해의 배상은 청구할 수 있다(제551조). 따라서 사안의 경우 불능으로 인하여 계약을 해제함으로써 계약상의 의무가 소멸하여 발생한 손해(1200만원의 그림을 얻지 못하였지만, 1000만원 상당의 고려청자를 제공하지 않아도 되므로 발생하는 재산적 차익)인 200만원을 손해배상으로 청구할 수 있다(소위 작은 손해배상 = 불능으로 인한 손해). 이 경우 계약상의 의무는 소멸하였으므로 甲이 200만원의 손해배상을 청구하기 위해서 자신의 고려청자의 소유권을 이전할 필요가 없다.

따라서 실제로 어떠한 권리구제수단을 행사하던 간에 재산적 상태에서는 차이가 없다. 다만 사안에서 甲이 오래된 예술품의 교환에만 관심이 있지 돈에는 관심이 없는 것으로 보아서는 계약을 해제하고 손해배상만을 청구하는 것이 甲의 이익에 가장 합당한 것으로 보인다.

41. 후발적 이행불능과 대상청구권

> **사 례** 심각한 병을 갖게 된 甲은 요양생활을 하기 위해서 농촌에 들어와서 살게 되었다. 점차 건강이 회복되어 甲은 농사짓는 지역을 점차 확장하게 되었다. 20년이 지난 후 자신의 소유로 알고 있던 농지가 乙의 소유임을 알게 된 甲은 乙에게 점유시효취득을 이유로 한 소유권이전을 청구하였다. 그 후 신도시 계획이 발표되고 그 농지가 수용되어 수용보상금 3억원이 나오기로 되어 있다면, 甲이 취할 수 있는 조치는 무엇인가?

(1) 甲의 乙에 대한 소유권의 이전청구권(제245조)

甲은 소유의 의사로 20년간 평온, 공연하게 乙의 농지를 점유함으로써 乙에게 토지소유권을 취득할 수 있는 권리를 갖게 되었다. 그러나 그 농지가 수용됨으로 인하여 소유권이전등기의무는 이행불능이 되어 甲은 乙에게 소유권의 이전을 청구하지 못한다. 또한 乙에게 불능이 되는 데에 귀책사유도 없으므로 甲은 이행불능으로 인한 손해배상(제390조)도 청구하지 못한다.

(2) 甲의 乙에 대한 대상청구권

문제는 甲이 농지가 수용됨으로 인하여 나오게 되는 수용보상금 3억원을 청구할 수 있느냐이다. 사안에서 농지를 수용하였기 때문에 수용보상금 3억원이 나온 것이므로 농지의 소유권을 취득할 지위에 있던 甲에게 수용보상금을 갖도록 하는 것이 타당하다고 생각될 수 있다. 이러한 취지에서 우리 민법은 명문의 규정을 두고 있지 않지만, 판례와 학설은 채무자가 채권자에게 이행하였어야 할 목적물에 대신하여 취득한 이익을 원래부터 그 목적물을 취득할 권리를 가졌던 채권자에게 귀속시키고자 하는 목적으로 대상청구권을 인정하고 있다. 즉 이행불능을 발생케 한 동일한 원인에 의하여 채무자가 급부를 대신하는 이익(목적물 또는 청구권)을 취득하는 경우에 채권자는 급부의 이행을 대신해서 채무자에게 대상물의 이행을 청구할 수 있다. 대상청구권이 성립하기 위해서는 (1) 후발적인 급부불능이 있었어야 하고, (2) 대상을 취득하였어야 하며, (3) 급부와 대상 사이의 보상관계가 존재하여야 하고, (4) 쌍무계약인 경우 반대급부의 변제제공이 있어야 한다. 사안에서 甲이 가지고 있던 권리가 쌍무계약에 기하여 발생한 것은 아니므로 (4)의 요건은 충족될 필요가 없으므로 앞의 3개 요건의 충족여부를 검토하여야 한다.

이미 살펴본 바와 같이 농지의 소유권이전청구권은 청구권을 행사한 후에 농지수용으로 불능이 되었다.[1] 대상은 급부가 불능이 됨으로 인하여 채무자가 얻게 된 이익으로서 배상물 또는 배상청구권(예: 손해배상, 수용보상금, 매매대금 등)을 말한다. 따라서 사안에서 甲은 乙이 이미 수용보상금을 받은 경우에는 수용보상금의 반환을 청구할 수 있고 아직 수용보상금을 받지 않은 경우에는 수용보상금청구권의 양도를 요구할 수 있다.[2] 마지막으로 채무자는 급부를 불능케 하는 사정의 결과로 급부의 목적에 갈음하는 대상을 취득하여야 하는데,[3] 농지수용으로 인하여 불능이 되었고 그 결과 수용보상금이 나오게 되었으므로 급부와 대상 사이의 보상관계도 존재한다. 모든 요건이 충족되었으므로 甲은 乙에게 수용보상금의 반환 또는 수용보상금청구권의 양도를 요구할 수 있다.

---

1) 판례는 이행불능 전에 등기명의자에 대하여 점유로 인한 부동산 소유권 취득기간이 만료되었음을 이유로 그 권리를 주장하였거나 그 취득기간 만료를 원인으로 한 등기청구권을 행사할 것을 대상청구권 행사의 요건으로 보고 있다(대법원 1996. 12. 10. 선고, 94다43825 판결).
2) 그러나 수용보상금청구권 자체가 바로 등기청구권자인 甲에게 귀속되는 것은 아니다(대법원 1996. 10. 29. 선고, 95다56910 판결).
3) 대법원 2003. 11. 14. 선고, 2003다35482 판결.

42. 대상청구권과 초과이득

사 례

甲은 乙에게 매장에 진열되어 있던 S사의 노트북 A를 시가인 100만원에 팔기로 하는 매매계약을 체결하였다. 乙은 현금이 20만원밖에 없어서 우선 이를 지급하고 나머지는 노트북을 인도받을 때에 지급하기로 하였다. 乙이 떠난 직후 丙이 지금 노트북이 꼭 필요하니, 120만원에 달라고 甲에게 요구하였다. 20만원이 탐이 난 甲은 乙과 매매계약을 체결한 사실을 숨기고 120만원을 받고 노트북을 팔았다. 乙이 노트북을 가지러 오자, 甲은 丙에게 판 사실을 얘기하면서 20만원을 돌려주었다. 이때 乙은 매매대금과 판매수익의 차익금인 20만원을 甲에게 청구할 수 있는가?

(1) 乙의 甲에 대한 손해배상청구권(제390조)

甲은 乙과 매매계약을 체결하였음에도 불구하고 제3자인 丙에게 노트북을 매도하고 소유권을 이전하였다. 이로 인하여 이행이 불능이 되었는데, 乙이 매매대금과 판매수익의 차익금인 20만원을 손해배상으로 청구할 수 있는지가 문제된다.

먼저 乙이 지급한 20만원을 해약금으로 본다면, 20만원의 반환은 물론 추가로 20만원을 甲에게 지급하라고 요구할 수 있다. 그러나 乙에게 그 당시 돈이 없어 일부를 이행한 사실을 기초로 본다면 단지 일부이행을 하였고 나머지 대금지급은 추후에 노트북의 인도와 동시에 하기로 한 것이므로 20만원을 해약금으로 지급된 것으로 보기는 어렵다.

다음으로 노트북의 소유권을 丙에게 이전하였지만 물리적으로 A 노트북이 존재한다는 측면에서 물리적 불능이라고 보기는 어렵지만, 채무자인 甲이 더 이상 급부를 할 수 없다는 측면에서는 후발적·주관적 불능이 발생하였다. 또한 甲은 고의로 이행을 불능하게 하였으므로 甲은 노트북에 대한 이행불능으로 인한 손해배상책임의 요건은 충족하였다. 그러나 乙이 甲에게 손해배상으로 청구할 수 있는 것은 발생한 손해의 한도내이므로 소유권이전을 목적으로 하는 급부의무가 불능이 되었다면 乙은 목적물의 시가에 해당하는 금액만을 손해배상으로 청구할 수 있다. 따라서 시가 100만원의 소유권을 취득하지 못하였으므로 100만원의 손해가 발생하였으나, 乙이 이를 청구하기 위해서는 매매대금 100만원을 지급하여야 한다. 따라서 손해배상청구권으로는 甲이 취득한 초과이득 20만원을 청구할 수 없다.

(2) 乙의 甲에 대한 대상청구권

甲이 노트북을 대신하여 대상인 120만원을 취득하였으므로 대상청구권을 행사하여 20만원을 청구할 수 있는지가 문제된다. 문제가 되는 것은 불능을 야기한 동일한 원인으로 乙이 대상인 120만원을 취득하였는가이다. 엄격히 본다면 급부의무가 불능이 된 사정은 노트북의 소유권이전이라는 물권적 합의와 인도에 있고 120만원을 취득한 원인은 인도에 있는 것이 아니라, 매매계약(제563조)에 있다. 그러나 경제적 연관관계만 있으면 급부와 대상 사이의 보상관계를 인정할 수 있는데, 인도와 매매계약은 경제적으로 보았을 때 경제적 통일체를 이루고 있기 때문이다.[1] 또한 쌍무계약이므로 반대급부의 변제제공을 하고 대상청구권을 행사하여야 하는데, 甲은 상계하여 남은 부분인 20만원을 청구하려고 하는 것이다(제492조 제1항 본문).

그런데 채무자가 취득한 초과이득을 대상청구권을 행사하여 요구할 수 있느냐에 관하여 학설이 대립하고 있다. 즉 대상물로 취득한 대금이 기대되었던 통상의 가격보다 큰 때에도 대금 전부를 대상물로 청구할 수 있다는 견해[2]와 손해배상법 및 부당이득법의 원칙상 손해 내지 손실 이상의 이득을 취할 수 없기 때문에 대상청구권을 통하여서도 손해 내지 손실 이상의 이득을 취득하지 못한다는 견해가 대립하고 있다.[3] 대상청구권을 인정한 제도적 취지를 생각하였을 때 원래 취득할 수 있었던 급부를 대신하여 발생한 대상을 청구하는 것이 대상청구권이라고 한다면 대상 전부를 청구할 수 있도록 하는 것이 타당할 것이다. 손해배상법의 원리와 부당이득법상의 원리에 따

---

1) 윤철홍, 고시연구 1991/10, 90면.
2) 김증한 · 김학동, 170면.
3) 민법주해(X)/양창수, 293면 이하.

르면 발생한 손해 내지 손실을 넘어서 발생한 이익이 있더라도 청구할 수 없
는 것은 사실이나, 이 원리를 급부의 이행을 대신하여 청구하는 대상청구권
에까지 적용하는 것은 무리가 있다고 생각한다. 따라서 乙은 甲에게 20만원
의 초과이득을 청구할 수 있다.

Ⅳ. 불완전이행

43. 주된 급부의무의 불완전한 이행

> **사례** 甲은 4월 1일 변호사 乙에게 매매대금 400만원을 지급하지 않는 채무자를 상대로 소송을 제기할 것을 요구하였다. 이를 위해서 甲은 乙에게 필요한 서류를 모두 넘겨주었다. 서류를 검토하던 乙은 6월 1일에 청구권이 소멸시효에 걸린다는 사실을 발견하였다. 일이 바쁜 乙은 이 사실을 잊고 7월이 되어서야 소를 제기하였고 채무자는 소멸시효를 원용하여 甲이 패소하기에 이르렀다. 甲은 乙에게 400만원의 손해배상을 청구하였다. 정당한가?

(1) 甲의 乙에 대한 제390조의 손해배상청구권

甲과 乙 사이에는 소송에 관한 모든 행위를 처리해 줄 것을 목적으로 하는 위임계약이 체결되었는데(제680조) 사안에서 甲이 乙에게 손해의 배상을 청구할 수 있기 위해서는 乙이 계약상의 의무를 위반하였어야 한다.

변호사는 위임인을 위하여 선량한 관리자의 주의로써 사무를 처리해야 하는데(제681조), 변호사가 이행해야 하는 급부의 내용은 개별적인 의무의 합계가 아니라, 전체적인 통일체로서 바라보아야 한다. 실제로 변호사가 무엇을 해야 하는가는 계약체결시에 결정되는 것이 아니라, 변호사의 전문적 판단에 따라 결정되는 것이다. 그러므로 적절한 시기에 소를 제기해야 한다는 의무를 독립된 의무로 보아서 그 의무가 이행되지 않은 경우에 바로 이행지체 또는 이행불능이 성립되었다고 할 수 없다. 그러나 주의 깊은 소송수행에는 소송준비도 포함되는데, 소멸시효기간의 검토는 특히 청구권 실현을 위해서 없어서는 안될 준비과정에 속한다.

따라서 사안에서 乙이 소를 늦게 제기한 것은 선관주의의무를 위반하여 이행을 불완전하게 한 것으로 보아야 한다. 乙이 소멸시효기간이 만료되어 가고 있음을 인식하였으므로, 6월 1일이 되기 전에 소를 제기하였어야 한다. 따라서 乙이 과실로 소를 제기하지 않았으므로 乙은 불완전이행으로 인한 손해배상으로 甲에게 400만원을 지급해야 한다.

(2) 제750조의 불법행위로 인한 손해배상청구권

변호사인 乙은 자신의 위법한 과실행위로 乙에게 손해를 가하였다는 점에서 제750조 요건의 충족도 검토할 필요가 있다. 채무불이행책임과 불법행위책임은 요건과 효과를 달리하는 별개의 것이므로 하나의 행위가 채무불이행책임의 요건을 충족하면서 동시에 불법행위의 요건을 충족하는 것이 가능하기 때문이다.[1] 이 경우, 양자는 청구원인을 달리하는 별개의 소송물이므로,[2] 법원은 각각의 성립요건과 법률효과를 별도로 판단하여야 한다. 다만, 계약 위반이 있었다고 하여 바로 불법행위가 성립하는 것은 아니다.[3] 우리 판례는 변호사의 해당 행위가 전문적·합목적적 재량이 있는 것이 아니고 직무의 공공성과 윤리성, 사회적 책임 등을 참작할 때 위법하다고 평가할 수 있다면 불법행위가 성립할 수 있다고 본다.[4] 따라서 선관주의의무 위반이 문제 된 이 사안에서 다른 참작할 만한 사정이 없다면 불법행위책임은 성립하기 어려워 보인다.[5]

---

1) 대법원 1983. 3. 22. 선고, 82다카1533 전원합의체 판결.
2) 대법원 2008. 9. 11. 선고, 2005다9760, 9777 판결; 대법원 2011. 8. 25. 선고, 2011다 29703 판결.
3) 대법원 2021. 6. 24. 선고, 2016다210474 판결.
4) 대법원 2022. 11. 17. 선고, 2018다300364 판결.
5) 참고로 독일에서는 순수한 재산상의 손해에 대하여 일반 불법행위를 인정하지 않으므로 불완전이행제도의 필요성이 높다고 할 수 있다.

44. 부수적 주의의무의 위반

사 례 甲은 집이 완성되기 직전에 乙에게 집 문을 10만원에 색칠해 줄 것을 부탁하였다. 일을 마친 乙은 손을 닦기 위해서 수돗물을 틀었으나, 잠그는 것을 잊었다. 그로 인하여 물이 흘러 넘쳐서 바닥이 쓸모 없게 되어 甲은 바닥을 다시 할 수밖에 없었다. 그러나 甲은 3년이 지나서야 乙에게 손해배상을 청구하였고 乙은 소송에서 소멸시효를 원용하였다. 소멸시효의 원용이 乙에게 도움이 되는가?

乙의 행위는 위법하게 甲의 소유권을 침해하였으므로 불법행위책임의 요건을 모두 갖추었다고 볼 수 있다. 그러나 불법행위로 인한 손해배상청구권의 소멸시효기간은 손해를 안 날로부터 3년이므로(제766조 제1항) 甲은 손해를 안 날로부터 3년 후에 소송을 제기하였으므로 불법행위로 인한 손해배상을 청구하면 乙이 소멸시효를 원용하는 것은 도움이 된다. 그러나 일반채권인 채무불이행으로 인한 손해배상청구권은 10년의 소멸시효기간을 가지므로(제162조 제1항) 乙이 소멸시효를 원용하는 것은 도움이 되지 않을 것이다.

甲의 乙에 대한 제390조의 손해배상청구권

甲과 乙 사이에 체결된 계약은 甲의 집 문을 색칠하는 것을 내용으로 하는 도급계약인데(제664조), 사안에서 乙이 집 문의 색칠을 모두 마쳤으므로 주된 급부의무의 이행은 있었다. 그러나 乙이 수돗물을 실수로 계속 틀어 놓음으로써 甲의 바닥을 못쓰게 만들어 계약상의 의무를 위반하였다면 甲은 乙에게 채무불이행을 이유로 손해배상을 청구할 수 있다.

주된 급부의무와 관계없이 채권자·채무자가 서로 상대방의 생명·신체나 소유권 기타의 재산적 이익(내지 완전성 이익)을 침해하지 않도록 배려해야 할 주의의무를 보호의무라고 한다. 이러한 주의의무는 통상 불법행위법에 규정되어 있음에도 불구하고 계약관계에 있는 경우에는 보다 긴밀한 결합관계가 존재하므로 채무불이행책임으로 해결해야 한다는 견해[1]와 채무불이행에서 말하는 "채무"는 본래의 급부와 관련된 것에 한정해야 하므로 보호의무를 채무의 내용에 포함시키는 것은 적절하지 않고 따라서 불법행위책임으로 해결하면 충분하다는 견해[2]가 대립하고 있다. 주의할 것은 상대방의 생명·신체·소유권을 보호해야 하는 주의의무가 채권관계의 종류에 따라 급부의무, 부수의무 또는 보호의무가 될 수 있다는 점이다. 예를 들면 보디가드는 채권자의 생명을 보호해야 하는 급부의무를 부담하고 있다. 택시운전사는 승객과 운송계약을 통하여 일정한 장소까지 운송해 주어야 하는 급부의무를 부담하지만, 안전하게 운송해야 하는 부수의무도 부담하고 있다. 따라서 택시운전사의 과실로 사고가 발생하여 승객이 부상을 입었다면, 채무불이행으로 인한 손해배상책임이 문제된다. 그러나 승객이 차비가 없다는 이유로 운전사와 언쟁을 하다가 운전사가 승객을 구타하여 승객이 부상을 입었다면, 운송계약상의 급부의무와 관련이 없는 보호의무가 위반된 것이다. 이 경우 보호의무위반 이전에 별도의 불법행위가 구성될 수 있을 것이다.

사안에서 집을 색칠하는 수급인은 색칠하는 동안에 도급인의 생명·신체·소유권을 보호해야 할 보호의무를 부담하고 있으나, 이는 급부의무와 관계가 없는 독립된 보호의무가 아니라, 급부의무를 제대로 실행하는 과정에서 요구되는 부수적 주의의무의 성격을 갖고 있다. 이와 같은 부수적 주의의무는 이행행위가 완료된 후에도 존재하므로 본 사안에서는 어느 견해를 따르든 간에 채무불이행으로 인한 손해배상을 물을 수 있다. 따라서 乙이 소멸시효를 원용하는 것은 도움이 되지 않는다.

---

1) 곽윤직, 96면 이하; 김형배, 41면 이하.
2) 김증한·김학동, 25면; 이은영, 196면.

45. 하자 있는 목적물의 인도와 확대손해

사 례 양계장을 운영하고 있는 甲은 수입업자 乙의 설득에 의하여 질병에 더 강하다는 X종을 새롭게 구입하였다. 구입할 당시 乙이 판매한 닭들은 겉보기에는 모두 건강해 보였으나 닭 중 일부는 조류독감에 걸려 있었다. 이후 조류독감이 퍼지면서 甲이 사육하고 있던 닭들이 모두 죽고 말았다. 乙이 간단한 검사절차만 시행하였다면 전염병에 걸린 사실을 쉽게 알 수 있었음에도 불구하고 乙이 이와 같은 검사절차를 이행하지 않은 것이 드러난 경우에 甲은 乙에게 손해배상으로 무엇을 청구할 수 있는가?

甲은 乙이 조류독감이 걸린 닭을 인도함으로써 물건의 하자로 인한 손해를 입었을 뿐만 아니라, 조류독감이 옮아서 다른 건강한 닭까지 모두 죽는, 물건의 하자로 인한 결과손해 내지 확대손해까지 입고 말았다. 이 경우 甲은 하자담보책임, 불완전이행책임 그리고 불법행위책임 등에 기하여 어떠한 요건하에서 어떠한 책임을 물을 수 있는지가 문제된다.

(1) X종 닭들의 하자에 대한 손해배상청구권(제581조 제1항, 제580조 제1항, 제575조 제1항)

甲·乙 사이 체결된 매매계약은 X종 닭에 대한 종류물의 인도를 목적으로 하는 종류물매매에 해당한다. 乙은 甲과의 계약대로 X종의 닭을 인도하였으나 乙이 인도한 닭 중 일부는 조류독감에 걸린 닭으로 하자가 존재하는 물건을 인도하였으므로 제581조상의 손해배상책임이 문제된다. 甲이 구입할 당시 닭들이 모두 건강해 보였다는 점에서 甲이 구입한 일부 닭 중 조류독감에 걸린 닭이 있다는 사실을 몰랐으며 알지 못한 데 대하여 과실이 없다. 따라서 甲은 乙에 대하여 하자담보책임에 기한 손해배상책임을 물을 수 있다. 이때 매수인이 청구할 수 있는 손해배상의 범위는 하자담보책임이 무과실책임이라는 측면에서 이행이익을 넘지 않는 신뢰이익에 한정되므로 하자 자체에 대한 손해에 대해서만 손해배상을 청구할 수 있고 확대손해까지는 묻지 못한다. 따라서 甲은 담보책임에 기하여는 조류독감에 걸린 닭을 인도함으로 인하여 발생한 손해에 대해서만 乙에게 배상을 청구할 수 있다.

(2) 확대손해에 대한 甲의 손해배상청구(제390조)

乙이 병든 닭을 이행하여 발생한 손해 이외에 병든 닭으로부터 조류독감이 다른 닭들에게도 전염되어 폐사한 확대손해가 발생한 것에 대하여 손해배상책임을 묻기 위해서는 불완전이행을 이유로 한 손해배상책임이 성립하여야 한다. 이와 같이 매매목적물의 하자로 인하여 확대손해가 발생하였다는 이유로 매도인에게 그 확대손해에 대한 배상책임을 지우기 위해서는 채무의 내용으로 된 하자 없는 목적물을 인도하지 못한 의무위반사실 외에 그러한 의무위반에 대하여 매도인에게 귀책사유가 인정될 수 있어야 한다.[1] 사안에서 乙은 수입업자로서 이행하기 전에 전염병에 걸렸는지를 검사하고 인도할 의무가 있다고 할 것이며 간단한 검사절차만 시행하였다면 전염병에 걸린 사실을 쉽게 알 수 있었음에도 불구하고 乙이 이와 같은 검사절차를 이행하지 않아서 전염병에 걸린 닭을 인도하게 되었으므로 乙에게 의무위반에 대한 과실이 인정된다. 따라서 불완전이행으로 인한 손해배상책임의 요건은 충족되었다.

다만 확대손해는 간접손해에 해당하기 때문에 발생한 손해가 乙의 책임으로 귀속될 수 있는지는 검토해야 한다. 전염성이 강한 조류독감에 걸린 닭을 이행한 경우 다른 닭이 폐사하리라는 것은 통상적으로 발생하는 것이므로 이는 하자 있는 물건을 인도한 것과 상당인과관계에 있는 통상손해에 해당한다. 따라서 甲은 乙에게 닭이 폐사한 확대손해에 대하여는 불완전이행을 이유로 한 채무불이행책임을 물어서 손해의 배상을 청구할 수 있다.

---

1) 대법원 1997. 5. 7. 선고, 96다39455 판결; 대법원 2003. 7. 22. 선고, 2002다35676 판결.

(3) 제750조에 기한 甲의 손해배상청구

사례에서 X종의 닭이 건강해 보였다 하더라도 닭 수입업자라면 조류독감이 있는지 여부를 판단해야 하는 의무를 진다고 할 것이므로 乙이 이를 게을리 하였다면 乙의 과실로 甲의 소유권이 침해되었다고 할 수 있다. 따라서 甲은 乙에게 불법행위에 기한 손해배상을 청구할 수 있다.

46. 불완전이행으로 인한 계약의 해제

> **사 례** 甲은 乙에게 세트로 제작되어 인테리어에 적합한 책장 2개를 주문하고 4월 20일까지 배달하도록 하였다. 乙은 이 기한을 지키지 않고 5월 10일이 되어서야 비로소 책장 1개를 배달하였다. 이때 乙은 이미 이행기가 지났음에도 불구하고 5월에 가격의 인상이 있었음을 이유로 더 높은 가격을 청구하였다. 甲은 이에 대하여 항의를 하는 동시에 합의된 매매대금만을 지급하였다. 甲은 그 뒤에 여러 번 남은 책장 1개를 배달할 것을 요구하였다. 乙은 그 때마다 최대한 빨리 배달하겠다고 약속하였으나, 생산설비를 가동할 자금이 없어 공장을 놀리고 있었다. 이에 따라 乙은 먼저 매매대금을 지급할 것을 甲에게 요구하였다. 더 이상 참지 못한 甲은 지금까지의 모든 사정을 적시하면서 매매계약의 해제를 주장하였다. 乙은 甲에게 해제할 권리가 없다고 한다. 누구의 주장이 정당한가?

(1) 이행지체를 이유로 한 해제권(제544조)

사안에서 채무자인 乙은 책장 2개를 만들어 배달하기로 하는 매매계약(제563조)을 체결하였음에도 불구하고 1개는 이행기가 도과한 후에 배달하였고 나머지 1개에 대해서는 이행하지 못한 상태로 매매대금의 선지급만을 요구하고 있는 실정이다. 따라서 甲은 乙이 책장 1개의 이행을 계속하여 미루고 있으므로 乙에게 상당한 기간을 정하여 이행을 최고하고 그 기간 내에 이행하지 않을 경우 이행지체를 이유로 계약을 해제할 수 있다. 그러나 사안에서 甲은 乙에 대하여 상당한 기간을 정하여 이행을 최고하지 않았다. 그리고 채무자인 乙이 미리 이행하지 않겠다는 의사를 표시한 적도 없으므로(제544조 단서) 제544조에 의한 해제의 요건을 갖추지 못하였다 할 것이다.

(2) 불완전이행으로 인한 해제권

우리 민법은 이행지체와 이행불능의 경우 해제권 발생의 근거규정을 두고 있으나(제544조, 제546조), 불완전이행으로 인한 계약의 해제를 인정하는 명문의 규정은 민법에 없다. 학설은 불완전이행이 제390조에 포섭되는 채무불이행으로 이해되는 한, 불완전이행의 내용에 따라 제544조 내지 제546조가 유추적용 된다고 한다. 즉 완전한 이행이 가능하면 채권자는 상당한 기간을 정하여 추완을 최고하고 채무자가 그 기간 내에 추완하지 않으면 해제권이 발생하고, 완전한 이행이 불가능하면 채권자는 최고를 하지 않고 바로 해제할 수 있다고 한다.[1] 이에 반하여 원칙적으로 불완전이행의 경우 해제권이 발생하지 않지만, 그 불이행의 영향력이 계약의 목적달성을 위협할 정도에 이른다고 판단되는 경우에 한해서 예외적으로 해제권을 인정해야 한다고 보는 견해도 있다.[2] 판례는 부수된 의무의 불이행에 불과한 경우 해제를 할 수 없다고 보았으나,[3] 일부의 이행만으로는 계약의 목적을 달성할 수 없는 경우에는 계약전체를 해제할 수 있다고 보았다.[4] 사안에서 乙이 급부이행을 지체하고 있다고 하여 불완전이행으로 인한 해제를 바로 인정할 수는 없다. 그러나 乙의 이행지체의 사실뿐만 아니라, 이행지체 후에도 인상분을 요구하는 태도나 자금이 없어 공장이 사실상 정지해 있다는 사정을 감안할 때, 甲은 乙이 정해진 계약 내용대로 이행할 것이라는 기대를 갖는 것이 사실상 불가능하며, 책장 1개의 이행만으로는 계약의 목적을 달성할 수 없기 때문에 甲에게 계약해제권을 인정하여야 한다.

---

1) 곽윤직, 101면.
2) 이은영, 243면.
3) 대법원 1996. 7. 9. 선고, 96다14364 판결.
4) 대법원 1994. 4. 12. 선고, 93다45480, 45497 판결. 독일의 판례 역시 중대한 계약위반이 있어서 채권자에게 계약에 구속될 것을 더 이상 기대불가능한 경우 해제권을 인정(BGH NJW 1982, 1145, 1146)하고 있으며, 이때 상당한 기간을 정한 최고는 필요가 없고 (BGH NJW 1978, 260, 261), 채권자는 계약해제를 하게 된 원인을 설시해야 한다(BGH LM Nr. 4 zu § 326 [J])고 판시한 바 있다. 이는 채무자가 해제를 위한 정당한 사유가 있는지를 검토할 수 있는 기회를 부여하고 그에 합당한 처신을 할 수 있도록 하기 위한 것이다.

V. 채권자지체

47. 채권자지체의 요건으로서 변제의 제공

> **사 례** 甲은 乙에게 어린이날에 맞추어 떡을 주문하였다. 5월 5일 乙이 떡을 배달하기 위해서 甲의 집으로 갔으나, 아무도 없었다. 이때 떡은 이미 쉬어 있었으나 이에 대해서는 乙도 모르고 있었다. 다음 날 乙은 떡의 보관과 다시 배달하게 됨으로 인하여 발생한 비용을 甲에게 청구한다. 정당한가?

乙의 甲에 대한 비용상환청구권(제403조)

이행을 다시 함으로써 발생한 증가된 비용을 제403조를 기초로 청구하기 위해서는 甲의 채권자지체가 성립하고 있어야 한다(제400조). 채권자지체가 성립하려면 (1) 乙이 채무를 이행함에 있어 甲의 수령 또는 협력을 필요로 해야 하고, (2) 甲과 乙 사이에 체결된 계약의 내용에 좇은 이행의 제공이 있어야 하며, (3) 채권자인 甲이 수령을 거절하거나 수령할 수 없는 상태에 있어야 한다.[1] 사안에서 乙의 채무는 그 성격상 甲이 떡을 수령하지 않으면 乙은 채무이행을 완료할 수 없으나, 甲이 집에 없어 乙은 떡을 다시 가져와야 했으므로 (1), (3)의 요건은 갖추었다 할 것이다.

문제는 乙이 채무의 내용에 좇은 이행의 제공을 하였는가이다. 乙이 부담하는 채무는 이행장소가 채권자의 주소지인 지참채무이므로 변제의 제공

---

[1] 수령지체 또는 수령불능에 대한 채권자의 귀책사유가 필요한지는 학설이 대립하고 있다.

이 인정되기 위해서는 乙은 현실제공을 할 필요가 있었는데(제460조 본문), 떡을 배달하기 위해서 채권자인 甲의 집으로 갔으므로 현실제공은 있었다. 문제는 변제의 제공을 할 당시 떡이 쉬어 있었다는 점이다. 사안에서 甲이 乙에게 주문할 때 구체적으로 급부목적물을 특정하였다는 사정이 보이지 않으므로, 乙이 주문한 떡은 종류물이다. 따라서 당사자가 품질을 특별히 정하지 않은 이상 중등품질로 이행을 해야 한다(제375조 제1항). 그러나 乙이 배달한 떡은, 비록 乙이 인식하지 못하였으나, 이미 배달 당시 쉬어 있어 중등품질에 미치지 못하므로 채무의 내용에 좇은 이행이 되지 않는다. 따라서 채권자지체가 성립하지 않았으므로 乙은 보관과 다시 배달함으로 인한 비용증가분을 甲에게 청구할 수 없다.

그런데 종류채권에 있어서 변제제공한 물건이 중등품질을 갖추고 있는지는 채무자가 입증해야 하나, 이에 대한 증명이 문제 되기 위해서 채권자가 변제제공된 물건이 중등품질이 아님을 주장하고 다투어야만 한다. 그런데 이 사건에서 乙은 배달 당시 떡이 쉬어 있었다는 사실을 모르고 있었고, 甲역시 이러한 사실을 모를 수밖에 없기에 배달된 떡이 쉬어 있었음을 다투지 못할 것이다. 결과적으로 떡의 보관과 다시 배달함으로 인한 비용증가분을 청구하는 乙의 주장이 받아들여질 가능성이 크다.

48. 채권자지체로 인한 주의의무의 경감

사 례 농산물소매업을 하는 甲은 농산물보관업을 하는 乙로부터 4000만원에 해당하는 고추를 사고 1000만원을 선불로 지급하였다. 나머지 금액은 고추를 인도할 때 지급하기로 하였다. 乙은 이행기가 되자 이행할 고추를 별도로 분리하여 이행지로 합의된 乙의 건조실에 고추를 갖다 놓고 甲에게 고추를 가져갈 것을 여러 차례 최고하였다. 그러나 고추풍년으로 고춧값이 내려가자 甲은 乙이 고추를 가져가라고 여러 차례 요청하였음에도 불구하고 잠시만 기다려 달라는 말만 하고 고추를 가져가지 않았다. 다른 농산물이 계속 반입되자 乙은 더 이상 고추를 건조실에 둘 수 없어 일반 창고에 넣어 두었으나 고추가 썩어 들어가자 丙에게 시가보다 싼 3000만원에 이를 팔아버렸다. 甲은 이행불능을 이유로 계약을 해제하고 1000만원의 반환을 청구하려 한다. 정당한가?

甲의 乙에 대한 원상회복청구권(제546조, 제543조 제1항, 제548조 제1항 본문)

甲이 이행불능을 이유로 계약을 해제하고 乙로부터 1000만원의 반환을 청구하기 위해서는, 乙의 책임 있는 사유로 이행이 불능하게 되었어야 한다(제546조). 사안에서 이행불능이 있었는지 판단해 보면 원래는 甲의 채권은 4000만원에 해당하는 고추의 소유권이전을 목적으로 하는 종류채권이었으나, 이행기에 현실제공을 함으로써 특정물채권으로 변하였다(제375조 제2항, 제460조). 그 후 乙이 丙에게 특정된 고추를 모두 팔아버림으로써 고추를 甲에게 이행하는 것이 불가능하게 되어서 불능이 되었다.

그러나 문제는 乙에게 불능이 된 것에 대한 책임 있는 사유가 있었느냐 하는 것이다. 乙이 고추를 팔아서 급부장애가 발생한 것은 甲이 고추를 이전받지 않은 사실과 밀접한 관련을 맺고 있기 때문이다. 사안에서 乙의 채무는 甲의 수령을 필요로 하는 채무이며, 乙은 약속날짜 및 약속장소에 맞춰 정상적인 고추의 이행을 하였음에도 甲이 계속하여 수령을 미루었기 때문에 甲의 채권자지체가 성립하였다(제400조). 채권자지체가 성립하면 제401조에 따라 채무자의 책임이 경감되므로 고추가 썩어서 발생하는 손해는 채권자의 불이익으로 돌아간다. 따라서 乙은 고추가 썩더라도 매매대금을 청구할 수 있으므로, 고추를 팔아서 甲의 손해를 방지할 의무가 없었다. 그러나 더 이상 고추를 방치할 경우 피해가 더욱 확대되므로 乙이 丙에게 고추를 판 것은 자기의 일이 아니라, 甲의 손해가 확대되는 것을 막기 위한 행위로서 타인의 사무를 의무없이 이행한 것으로 사무관리에 해당한다(특히 긴급성이 있었다는 측면에서는 긴급사무관리에 해당한다 ― 제735조). 그러므로 乙은 사무관리에 기하여 정당한 행위를 함으로써 이행이 불가능하게 된 것에 乙은 귀책사유 내지 위법성이 없는 것이므로 甲은 계약을 해제할 수 없다. 甲은 1000만원의 반환을 청구할 수 없고 오히려 乙은 나머지 3000만원의 매매대금을 청구할 수 있다. 그런데 乙은 丙에게서 받은 3000만원을 甲에게 지급하여야 하는데(제738조, 제684조), 乙은 잔금채권과 이를 상계하여 甲의 乙에 대한 3000만원의 채무의 만족을 얻을 수 있다(제492조 제1항, 제493조 제2항).

49. 채권자지체로 인한 반대급부위험의 이전

> **사 례**   甲은 乙이 주문한 TV를 주문날짜에 맞추어 배달하기 위해서 차에 실었다. 배달을 하겠다고 전화를 하자, 乙은 TV를 수령하겠지만, 아직 돈이 없어서 돈은 줄 수 없다고 하였다. 이에 다음에 배달을 나가기로 한 甲은 물건을 내리다가 경미한 과실로 TV가 망가지면서 멸실되고 말았다. 甲과 乙 사이의 법률관계는?

甲과 乙 사이에는 매매계약이 체결되었으므로 乙은 甲에 대하여 소유권이전을 청구할 수 있는 채권(제563조, 제568조 제1항)을 갖는 반면 甲은 乙에 대하여 매매대금지급을 청구할 수 있는 채권을 갖는다. 사안에서 甲이 계약을 이행하려고 하였으나, 乙이 수령을 하지 않은 상태에서 甲의 경과실로 인하여 급부의무의 이행이 불가능하게 된 경우 당사자 사이의 채권관계가 어떻게 되는지 문제된다.

(1) 乙의 甲에 대한 TV의 소유권이전청구권(제563조, 제568조 제1항)

사안에서 TV가 망가져서 소유권이전청구권에 대한 불능이 인정되기 위해서는 급부목적물이 망가진 TV로 특정이 되었어야 한다. 이를 위해서는 채무자는 이행에 필요한 행위를 완료했어야 한다(제375조 제2항). 사례에서 甲이 배달하기 위해 TV를 차에 실었다는 점에서 약정된 이행의 장소가 채권자의 주소지인 것을 알 수 있다. 지참채무에서 변제의 제공이 인정되기 위해서는 제460조 본문의 현실제공이 있어야 한다. 따라서 급부를 분리한 상태에서 채권자 주소지에서의 현실제공이 요구된다. 그러나 사안에서 乙이 반대급부인 매매대금을 이행하지 않겠다고 하였으므로 이행거절이 있었다.[1] 따라서 제460조 2문에 의하여 목적물을 분리하고 수령을 최고하면 된다. 사례

---

1) 대법원 1948.4.1. 선고, 4281민상9 판결.

에서 목적물의 분리와 수령의 최고는 있었으므로 변제의 제공이 인정된다. 특정이 된 후 급부목적물이 망가짐으로써 급부의 이행이 불가능하게 되었으므로 乙은 甲에게 TV의 소유권이전을 청구할 수 없다.

(2) 乙의 甲에 대한 손해배상청구권(제390조)

그러나 급부가 불가능하게 된 것에 대하여 甲에게 책임 있는 사유가 있다면 乙은 채무불이행으로 인한 손해배상을 청구할 수 있다. 급부가 특정된 다음에는 채무자 甲은 급부를 이행할 때까지 선량한 관리자의 주의의무로 목적물을 보관해야 하나(제374조), 채권자지체가 성립하면 채무자는 고의 또는 중대한 과실이 없으면 불이행으로 인한 책임을 부담하지 않는다(제401조). 사안에서 변제의 제공이 있었음에도 불구하고 乙이 수령을 하지 않았으므로 乙은 제400조에 의한 채권자지체에 있었다. 이에 따라 甲은 경과실에 대하여 책임이 없으므로 乙은 甲에게 손해의 배상을 청구하지 못한다.

(3) 甲의 乙에 대한 매매대금지급청구권(제563조, 제568조 제1항)

급부의무가 불능이 되어 소멸한 경우 甲이 乙에게 반대급부인 매매대금의 지급을 요구할 수 있는지가 문제된다. 채권자지체 중에 당사자쌍방의 책임 없는 사유로 이행할 수 없게 된 때에는 채무자는 상대방에게 반대급부의 이행을 청구할 수 있다(제538조 제1항 후단). 문제는 사안에서 甲의 경과실로 목적물이 멸실되었는데도 불구하고 당사자 쌍방의 책임없는 사유로 이행이 불가능하게 된 것으로 볼 수 있느냐이다. 여기서 말하는 당사자의 책임 있는 사유라고 함은 제401조를 기초로 해서 판단해야 하기 때문에 고의 또는 중과실만이 해당한다. 즉, 채권자지체 중에는 채무자의 경과실로 인한 급부의 멸실은 책임 없는 사유로 인한 급부의 멸실로 볼 수 있고, 따라서 채무자의 급부의무가 소멸하더라도, 채권자에 대한 반대급부청구권은 소멸하지 않는다. 따라서 사안에서 甲은 乙에게 매매대금을 청구할 수 있다.

50. 채권자지체로 인한 계약해제

> **사 례**
>
> 甲은 2018년 8월 1일 乙 소유의 지목이 '답'인 토지 X를 乙로부터 300만원에 매수하는 매매계약을 체결하였다. 甲이 乙에게 매매대금을 모두 지급하자, 乙은 소유권이전등기업무를 위임받은 법무사 丙에게 이전등기에 필요한 서류 일체를 교부하였다. 그런데 甲은 농지전용 허가신청과 농지보전부담금 납부를 乙이 직접 해 달라고 요구하며 丙의 등기업무에 일절 협조하지 않고 있다. 이에 8월 22일 乙은 "농지보전부담금을 부담하라고 하니 이를 계약해제로 간주하겠다."는 통보서를 甲에게 보내고, 매매대금을 공탁하였다. 반대로 甲은 계약이 유효하니 토지 X의 소유권을 이전해 달라고 청구하고 있다. 누구의 주장이 타당한가?[1]

　甲과 乙 사이에는 토지 X에 대한 매매계약이 체결되었으므로 乙은 甲에게 토지 X의 소유권을 이전해야 하며, 甲은 乙에게 그 대금을 지급해야 한다(제563조, 제568조 제1항). 본 사안에서는 농지보전부담금 지급을 요구하며 乙의 채무 이행에 대한 수령을 甲이 거절하는 것이 채권자지체에 해당하는지, 그리고 채권자지체를 이유로 채무자인 乙이 계약을 해제할 수 있는지가 문제 된다.

(1) 채권자지체의 성립(제400조)

　채권자지체를 이유로 乙이 계약을 해제하기 위해서는 우선 채권자지체가 성립해야 한다. 채권자지체가 성립하려면 (1) 乙의 채무이행에 채권자 甲의 수령 또는 협력이 필요한 경우여야 하고, (2) 乙의 채무이행은 계약의 내용에 좇은 이행의 제공이어야 하며, (3) 채권자 甲이 수령을 거부하거나 수

---

1) 대법원 2021. 10. 28. 선고, 2019다293036 판결 변형.

령할 수 없는 상태여야 한다. 소유권이전등기업무에는 채권자 甲의 협력이 필요하므로 본 사안에서 우선 (1)의 요건은 갖추어졌다 할 것이다.

문제는 乙이 약정한 채무를 다 이행하였는가이다. 농지보전부담금은 농지전용허가를 받는 자가 농지의 보전·관리 및 조성을 위하여 농지관리기금을 운영·관리하는 자에게 내야 하는 부담금을 말한다(농지법 제38조 제1항). 따라서 별도로 농지보전부담금을 누가 부담할 것인지 약정하지 않았다면, 농지전용허가를 통해 지목을 변경하고자 하는 자가 이를 부담하는 것이 원칙이다. 이 사건에서 甲과 乙은 농지보전부담금에 대하여 별도로 약정한 바가 없으므로 농지보전부담금은 지목을 변경하려는 매수인 甲이 부담해야 하며, 따라서 매도인 乙은 이전등기에 필요한 서류 일체를 해당 업무를 위임받은 법무사 丙에게 교부함으로써 계약의 내용에 좇은 이행의 제공을 다한 것으로 볼 수 있다. 따라서 본 사안에서 (2)의 요건도 갖추어졌다 할 것이다.

한편, 채권자 甲은 채무자 乙이 적법하게 이행제공을 하였음에도 농지보전부담금의 납부를 요구하며 丙의 업무에 협조하지 않고 있다. 이러한 甲의 행태는 정당한 이유가 없는 확정적 수령거절로 볼 수 있다. 따라서 채권자지체의 요건을 모두 충족하고 채권자지체가 성립한다(제400조).

(2) 채권자지체를 이유로 한 계약해제권의 인정가능성

채권자지체가 성립하는 경우, 채권자의 수령·협력의무 위반을 전제로 채무불이행을 인정하고 채무자가 손해배상이나 계약해제를 주장할 수 있는지, 아니면 채권자지체에 대해 민법이 규정하고 있는 책임(제401조, 제402조, 제403조)만 인정되고 손해배상이나 계약해제를 주장할 수 없는지가 문제 된다.

이와 관련하여, 채무불이행책임설은 채권자에게 신의칙상 수령·협력의무를 인정하고, 채권자지체를 채무불이행의 일종으로 설명한다.[2] 따라서 채권자가 채무자의 급부를 수령하지 않거나 급부이행에 협력하지 않으면 채권자의 채무불이행이 성립하고, 채무자에게 손해배상청구권과 계약해제권이 발생한다고 본다. 반면에 법정책임설은 채권자에게 수령·협력의무를 인

---

2) 곽윤직, 102면.

정하지 않고, 채권자지체를 채무불이행의 일종으로 이해하지 않는다.[3] 따라서 채권자지체의 경우 법이 정하는 일정한 책임(제401조, 제402조, 제403조) 외에 손해배상청구권과 계약해제권은 발생하지 않는다고 본다.

채권자지체에 대한 우리 법원의 입장은 한동안 명확하지 않아 혼란을 일으켰으나,[4] 2021년 판결에서 절충적 성격의 법정책임설을 택하였다.[5] 즉, 이 판결에서 우리 법원은 법정책임설에 따라 채권자지체의 경우 일반적인 채무불이행과 같이 손해배상이나 계약해제를 주장할 수는 없다고 보았다. 그러나 명시적·묵시적으로 수령·협력의무를 약정한 경우, 또는 구체적 사정상 특별히 채권자에게 신의칙상 수령·협력의무가 인정되는 경우라면 그 의무 위반을 이유로 손해배상이나 계약해제를 주장할 수 있다고 보았다.[6] 물론, 이 경우 계약을 해제하기 위해서는 계약목적을 달성할 수 없거나 계약의 유지를 기대할 수 없는 정도에 이르러야만 한다.[7]

이 사안의 경우, 甲과 乙이 명시적·묵시적으로 수령·협력의무를 약정한 것으로 보이지는 않는다. 그러나 계약의 목적과 내용, 급부의 성질, 거래 관행, 계약 이행 상황, 채권자의 수령·협력의무가 차지하는 비중 등을 고려하면, 즉 토지 X에 대한 매매계약에서 쌍방의 주된 채무가 모두 이행되었다는 점, 거래 관행, 그리고 부동산 매매계약에서 등기협력의무가 갖는 의미 등을 고려하면 신의칙상 수령·협력의무가 채권자인 甲에게 특별히 발생하였다고 볼 수 있다. 그러나 甲에게 수령·협력의무가 인정되더라도 乙은 매매대금을 모두 받았기 때문에 계약목적을 달성할 수 없거나 계약의 유지를 기대할 수 없는 경우가 되지 못한다.[8] 본 사안의 경우 甲의 수령·협력의무

---

3) 김형배, 302면; 이은영, 402면; 송덕수, 214면; 지원림, 1011면; 하경효, "채권자지체와 그 효과로서의 위험이전", 고시연구 제260호, 1995, 185면.

4) 채무불이행책임설을 따른 것으로 보이는 판결로는 대법원 1958. 5. 8. 자, 4290민상 372 결정.

5) 대법원 2021. 10. 28. 선고, 2019다293036 판결. 이와 관련하여 이병준, "2021년도 민법[채권편] 관련 주요 대법원 판례에 대한 평석", 안암법학 제64호., 2022, 243면 이하; 권영준, "2021년 민법 판례 동향", 서울대학교 법학 제63권 제1호, 2022, 332면 이하.

6) 이처럼 채권자의 수령·협력의무가 인정된다면, 그 의무의 위반은 매수인이 대금지급의무를 이행하지 않은 것과 동일하게 평가할 수 있다. 이와 관련하여 매수인의 이행지체를 이유로 매도인의 계약해제를 인정한 대법원 1995. 4. 28. 선고, 94다16083 판결 참고.

7) 대법원 2005. 11. 25. 선고, 2005다53705, 53712 판결.

가 인정됨에도 계약해제를 위한 요건이 충족되지 않아 계약은 해제되지 않았으며, 따라서 계약의 유효함을 전제로 토지 X의 소유권 이전을 청구하는 甲의 주장이 타당하다.

---

8) 이와 달리 해제권 행사를 인정하는 견해로는 주지홍, "2021년 채권법 중요판례 평석", 인권과 정의 제505호, 2022, 31면.

51. 차액설에 따른 손해의 의미

사 례 甲은 乙에게 자신이 쓰던 중고자전거를 20만원에 팔기로 하는 매매계약을 체결하였다. 그런데 乙은 자전거를 찾아가기로 한 날짜에 나타나지 않았고 甲이 1주일이 지난 후에도 나타나지 않으면 계약을 해제할 것이라고 통지하였는데도 乙이 나타나지 않아서 결국 계약을 해제하였다. 그런데 다시 팔려고 하니까 16만원 이상을 주겠다고 하는 사람이 나타나지 않아서 결국 甲은 자전거를 16만원에 팔았다. 사실 乙은 더 저렴한 자전거를 발견하여 일부러 나타나지 않은 것이었다.
(1) 甲이 乙에게 손해배상을 청구할 수 있는 법적 근거와 그 성립을 검토하라.
(2) 성립하였다면 甲은 乙에게 손해배상으로 무엇을 청구할 수 있는가?

甲의 乙에 대한 손해배상청구권(제390조, 제544조, 제551조)

(1) 청구 근거

사안에서 甲이 계약을 해제한 후 손해배상을 청구하므로, 그 법적근거는 제390조, 제544조, 제551조가 될 것이다. 이를 위해서 적법한 해제권 행사가 있어야 한다. 이행불능을 이유로 계약을 적법하게 해제하기 위해서는 사안에서 乙이 책임 있는 사유로 채무내용에 좇은 이행을 하지 않았어야 한다. 乙은 기한의 정함이 있는 채무에서 이행기가 지났음에도 불구하고 다른 자전거를 사기 위해서 나타나지 않아 이행을 하지 않았다고 한다면 고의에 의한 이행지체가 인정된다. 또한 이행지체가 성립한 상태에서 상당한 기간을 정하여 최고를 하였는데도 이행을 하지 않았으므로 甲이 계약을 해제한 것도 정당하다. 이행지체를 이유로 한 계약이 해제된 후라면 채무불이행을 이유로 한 손해배상청구권은 당연히 성립한다.

(2) 손해배상의 범위

매수인의 귀책사유로 인하여 계약을 해제한 경우 매도인 甲은 손해배상으로 청구할 수 있는 손해로서 원칙적으로 이행이익을 청구할 수 있다. 손해는 법익에 관하여 입은 모든 비자발적인 손실을 말하는데 우리 판례와 다수설은 차액설에 따라 손해를 판단하고 있다. 즉 가정적 상황과 현실적 상황의 차이로서 채무불이행의 경우 채무의 내용에 좇은 이행이 있었더라면 존재하였을 재산상태와 불이행으로 현재 존재하는 재산상태의 차이가 손해가 된다.[1] 그러므로 매수인의 귀책사유로 해제되는 경우에 매도인이 입은 손해는 그 계약이 해제되지 아니하고 이행된 경우에 매도인이 얻게 되는 경제적 이익과 계약이 해제된 경우에 매도인에게 남아 있는 경제적 이익의 차액이라고 할 수 있다.[2]

본 사안에서와 같이 매도인이 제3자에게 다시 매매목적물을 매도하였다면 제3자에게 매도한 가격이 시가에 비추어 현저히 저렴하게 책정된 것이라는 특별한 사정이 없는 한, 매도인이 당초 매매계약에 의하여 취득할 것으로 예상된 매매대금(20만원)과 제3자와 사이의 매매계약에 의하여 취득하게 된 매매대금(16만원)과의 차액(4만원)이 손해가 된다. 그리고 여기에 당초의

---

1) 또한 불법행위로 인한 재산상 손해는 위법한 가해행위로 인하여 발생한 재산상 불이익, 즉 그 위법행위가 없었더라면 존재하였을 재산상태와 그 위법행위가 가해진 현재의 재산상태의 차이를 말한다(대법원 1992. 6. 23. 선고, 91다33070 전원합의체 판결).

2) 대법원 2001. 11. 30. 선고, 2001다16432 판결.

매매대금의 취득예정 시기로부터 뒤의 매매대금을 취득할 때까지 당초 매매대금에 대한 법정이율에 의한 상당액을 합한 금액이 통상손해가 된다(제393조 제1항).

52. 규범적 손해

> **사 례** 甲은 乙의 집에서 수리를 하는 과정에서 잘못하여 가사를 전담하는 乙을 다치게 하였다. 이로 인하여 乙은 입원하여 2개월간 치료를 받았으며 일을 하지 못하였다. 그러나 乙은 보험에 가입하고 있어 치료비는 보험회사에서 지급하기로 되어 있다. 이 경우 乙은 甲에게 재산적 손해의 배상을 청구할 수 있는가?

乙의 甲에 대한 손해배상청구권(제390조)

(1) 책임의 성립

乙이 甲에게 채무불이행을 이유로 손해의 배상을 청구하기 위해서는 甲이 책임 있는 사유로 채무내용에 좇은 이행을 하지 않았어야 한다. 수급인 甲은 수리를 목적으로 하는 도급계약을 통하여 수리하는 과정에서 도급인의 생명, 신체, 재산을 보호할 부수적 주의의무를 부담하는데 과실로 인하여 이 의무를 위반하였다. 따라서 乙은 불완전이행을 이유로 손해의 배상을 청구할 수 있다.

(2) 책임의 범위

차액설에 따르면 乙에게 재산적 손해가 발생하였는지가 문제된다. 왜냐하면 차액설에 따를 경우 채무의 내용에 좇은 이행이 있었더라면 존재하였을 재산상태와 불이행으로 현재 존재하는 재산상태의 차이가 손해가 되기 때문이다. 그러나 사안에서 보험회사가 보험금을 지급하기로 되어 있기 때문에 乙에게는 재산적 불이익이 발생하지 않았다. 이때 실제로 재산적 손해가 발생하지 않았다고 판단하여 손해를 야기한 甲이 손해배상책임을 부담하지 않는다고 하는 것은 부당하다. 왜냐하면 보험회사의 보험금 지급은 乙이 노동능력 상실이나 치료비 발생을 대비하여, 즉 경제적 손실을 보전하기 위하여 스스로 마련한 안전장치에 근거하고 있기 때문이다. 이로 인하여 손해 야기자인 甲이 이득을 누려서는 안 된다. 따라서 사실적 재산상의 불이익을 전제로 하고 있는 차액설의 단점을 보완하기 위하여 학설과[1] 판례[2]에서는 이와 같은 사안에서 규범적 손해를 인정하고 있다. 규범적 손해에서는 실제 로 재산적 차이가 발생하지 않더라도 가치평가에 기한 손해가 인정된다. 규 범적 손해가 인정되기 위해서는 (1) 손해야기자에 의해서가 아니라 다른 방 법에 의하여 손해가 전보되어야 하고, (2) 이를 통하여 손해야기자가 면책되 어서는 안 된다는 법률적 평가가 내려져야 한다.[3] 본 사안은 규범적 손해가 인정되는 모든 요건이 충족되었으므로 손해가 발생하였다고 보아야 한다.

다만 규범적 손해를 인정하였다는 이유로 乙이 보험회사에게 보험금을 청구할 수 있는 외에 甲에게 손해배상을 청구할 수 있도록 하여 경제적 이익 을 누리게 해서는 안될 것이다. 따라서 만약 보험금이 지급된 경우라면 甲에 대한 손해배상청구권은 보험회사에게 귀속되는 것이 타당할 것이다(따라서 이 경우 보험회사는 상법 제682조의 보험자대위에 의하여 甲에게 청구하게 된다).

---

1) 김증한·김학동, 126면.
2) 대법원 1993.7.27. 선고, 92다15031 판결: 불법행위로 인한 일실이익손해를 피해자 의 노동능력상실률을 인정평가하는 방법에 의하여 산정할 경우, 피해자가 후유증에 도 불구하고 종전과 같은 직장에서 종전과 다름없이 수입을 얻고 있다고 하더라도 달리 특별한 사정이 없는 한 피해자가 신체적인 기능의 장애로 인하여 아무런 재산 상 손해도 입지 않았다고 단정할 수는 없고, 또한 피해자가 사실심의 변론종결시까 지 종전 직장으로부터 종전과 같은 보수를 지급받았다고 하더라도 그것이 사고와 상 당인과관계에 있는 이익이라고는 볼 수 없어 가해자가 배상하여야 할 손해액에서 그 보수액을 공제할 것은 아니다.
3) 지원림, 민법강의, 1104면.

53. 손해의 분류

> **사 례** 성형외과의사 甲은 개업하자마자 성형업계에서 최고의 스타로 떠오르는 동기
> 생 乙을 시기하게 되었다. 甲은 乙의 홈페이지에 방문하여 수술받은 환자인 것
> 처럼 가장하여 수술이 잘못 되었다는 항의의 글을 올렸다. 이로 인하여 예약손
> 님이 수술을 취소하여 乙은 2000만원의 손해를 입게 되었다. 이에 충격을 받은
> 乙은 병원에 입원을 하여 치료비 1000만원을 쓰게 되었다. 사이버수사대에 의
> 하여 甲의 범행이 적발된 경우 乙은 甲에게 손해의 배상으로 무엇을 청구할 수
> 있는가?

乙의 甲에 대한 손해배상청구권(제750조, 제751조)

(1) 책임의 성립

乙이 甲에게 불법행위로 인한 손해배상을 청구하기 위해서는 甲의 고
의·과실에 의한 위법행위로 손해가 발생했어야 한다. 사안에서 甲은 인식과
의욕을 갖고 乙의 명예를 훼손하는 글을 올려서 乙에게 재산적 손해를 입혔으
므로, 乙은 甲의 고의에 의한 불법행위를 이유로 손해배상을 청구할 수 있다.

(2) 책임의 범위

사안에서 문제가 되는 것은 乙에게 발생한 손해를 각각 어떠한 이유로
배상청구할 수 있느냐이다. 우리 판례는 전통적으로 손해를 크게 재산적 손
해와 비재산적 손해로 나누고 있다. 재산적 손해는 재산적 법익에 대하여 발
생한 손해로서 금전으로 산정될 수 있는 손해를 말한다. 그에 반하여 비재산
적 손해(정신적 손해)는 생명·신체·자유·명예 등 비재산적 법익에 대하여
발생한 손해를 말한다. 또한 재산적 손해는 기존재산이 줄어든 적극적 손해

와 얻을 수 있었던 이익의 상실인 소극적 손해(또는 일실이익)로 나눈다. 이와 같이 판례는 손해에 관하여 3분설에 입각하고 있다. 불법행위의 경우 재산적 손해는 제750조에 기하여 그리고 정신적 손해는 제751조, 제752조에 기하여 청구하여야 한다.

사안에서 乙이 입은 재산적 손해 중 병원에 입원하여 발생한 치료비 1000만원은 기존재산이 줄어든 적극적 손해에 해당하고 예약손님이 취소하여 입은 2000만원의 손해는 얻을 수 있었던 이익의 상실에 해당하므로 소극적 손해에 해당한다. 그리고 乙은 자신의 명예가 침해되었다는 이유로 정신적 손해에 대한 배상을 청구할 수 있다.

54. 직접적 피해자와 간접적 피해자

사 례 인기가수 甲은 콘서트 투어를 기획하고 이를 위해서 무대설치전문가인 乙과 설치계약을 맺었다. 그런데 乙의 과실로 사고가 발생하여 甲이 다쳐서 공연을 하지 못하게 되었다. 甲은 乙에게 공연을 열지 못하여 얻지 못한 수익의 배상을 청구하였다. 그리고 콘서트 기획사 A와 공연장의 매점 B는 乙에게 수익상실로 인한 손해배상을 청구하였다. 정당한가?

무대설치전문가인 乙의 과실행위로 인하여 乙과 직접 계약한 자인 甲은 신체상의 침해를 입었고 기획사 A와 매점 B 역시 영업상의 손해를 입었다. 이와 같이 하나의 행위로 인하여 다양한 사람이 손해를 입은 경우에 모든 피해자들이 손해에 대한 배상을 청구할 수 있는 것이 아니라, 각 피해자가 손해배상을 청구할 수 있기 위해서는 개별적으로 손해배상을 청구하기 위한 법률규정의 요건을 충족해야 한다.[1]

Ⅰ. 甲의 乙에 대한 손해배상청구권

(1) 제390조에 기한 손해배상청구권(채무불이행)

乙은 甲과 무대설치를 목적으로 하는 도급계약을 체결하였고(제664조) 이로 인하여 수급인 乙은 작업을 수행하면서 도급인의 생명, 신체, 재산을 보호할 부수적 주의의무를 부담한다. 그런데 乙의 과실로 이 의무를 위반하여 사고가 발생하였고 甲은 신체상의 손해를 입었다. 따라서 甲은 부수적 주의의무위반을 이유로 해서 손해배상을 청구할 수 있다. 계약의무위반에 따

---

1) 지원림, 민법강의, 1111면.

른 손해는 체결된 계약의 법익 자체에 대한 손해이므로 계약 당사자만이 손해배상을 청구할 수 있다(예외: 제3자를 위한 계약). 甲에게 발생한 공연수익상실의 손해는 무대설치가인 乙의 채무불이행에 의하여 통상적으로 발생하는 손해이므로 甲의 손해배상청구는 정당하다.

(2) 제750조에 기한 손해배상청구권(불법행위)

乙의 과실로 인하여 甲에게 신체침해가 발생하였으므로 甲은 乙에게 불법행위로 인한 손해배상을 청구할 수 있다. 불법행위로 인한 손해배상의 경우에도 원칙적으로 불법행위의 요건이 직접 충족된 甲만이 손해배상청구권을 갖는다. 가수의 신체침해의 경우 공연수입상실의 수입은 통상적이라고 볼 수 있고, 통상적이 아니라고 판단하더라도 乙에게 예견가능성이 있었으므로 甲은 불법행위를 이유로도 손해배상을 청구할 수 있다.

Ⅱ. A와 B의 乙에 대한 손해배상청구권

계약당사자가 아닌 A와 B 같은 제3자는 乙의 계약위반에 대해서 계약상의 책임을 주장하지 못한다. 반면 A와 B가 乙에 대해서 불법행위에 의한 손해배상을 요구할 경우 검토가 필요하다. 제750조의 요건이 독자적으로 충족되는 피해자는 직접적 피해자로서 손해배상을 청구할 수 있고 반면에 가해행위로 인하여 재산상의 손해는 발생하였지만, 제750조의 요건을 독자적으로 충족시키지 못하는 자는 간접적 피해자로서 손해배상을 청구하지 못한다. 이와 같이 직접적 피해자만이 손해배상을 청구할 수 있도록 한 것은 배상받을 수 있는 피해자의 인적 범위를 제한하기 위한 것이다. 법률은 아주 예외적인 경우에만 간접적 피해자에게 손해배상을 청구할 수 있도록 하고 있다(예: 제752조). 일단 乙의 과실로 인하여 제3자인 A와 B에게 수익의 상실이라는 재산상의 손해가 발생한 것은 사실이다. 그러나 A와 B는 乙로부터 직접적인 법익침해를 당하지 않았으므로 독자적으로 제750조의 요건을 충족시키지 못하는 간접적 피해자에 불과하다(그에 반하여 甲이 乙의 과실로 신체침해를 당하는 모습을 지켜본 아내 丙이 이로 인하여 충격을 받아서 쓰러져 병원에 입원하였다면, 乙의 위법행위로 丙에게 신체침해라는 독자적인 손해배상의 요건이 충족되었으므로 丙은 손해배상을 청구할 수 있는 직접적 피해자에 해당한다). 따라서 A와 B는 제750조에 기하여 손해의 배상을 청구할 수 없다.

Ⅱ. 손해배상의 방법과 범위

55. 금전배상과 원상회복

> **사 례** 로스쿨에 다니는 甲은 시험공부를 하고 있는 후배 乙에게 민법사례연습 책을 빌려주었다. 시험이 끝난 후 乙은 책을 돌려주기로 하였는데, 시험이 끝나자마자 바로 배낭여행을 떠나서 乙은 甲에게 책을 돌려주지 못하였다. 여행에서 돌아와 보니 자물쇠가 채워졌던 사물함은 도둑맞은 상태였다. 乙은 생일선물로 친구들로부터 받은 똑같은 민법사례연습 책을 甲에게 주려고 하였으나, 甲은 이미 취직된 상태라서 그에 해당하는 금액으로 주었으면 한다. 누구의 주장이 타당한가?

甲의 乙에 대한 손해배상청구권(제392조)

(1) 책임의 성립

乙은 책의 반환이 불가능하게 된 것에 대하여 책임 있는 사유가 없으나, 사용대차계약에 기하여 책을 반환해야 할 이행기에 책을 반환하지 않고 여행을 떠나 책임 있는 사유로 이행지체 중에 있었으므로 책의 반환이 불가능하게 된 데에 과실이 없는 경우에 대하여도 손해배상책임을 부담한다. 그에 따라 乙은 甲에게 채무불이행으로 인한 손해의 배상을 해야 한다.

(2) 손해배상의 방법

사안에서 乙은 甲에게 빌린 책을 도난당하였으므로 바로 그 책은 돌려주지 못한다. 그러나 민법사례연습 책은 대체성이 있으므로 그와 동일한 종류의 책을 준다면 원상회복이 가능할 것이다. 사안에서 甲이 책의 가치에 해당하는 금액을 요구하는 것은 금전배상을 손해배상으로 원하는 것이고 乙은 같은 종류의 책을 돌려줌으로써 원상회복을 원하는 것이다. 손해배상의 방법에 관하여는 우리 민법은 금전배상주의를 취하고 있다(제394조, 제763조). 다만 당사자가 다른 의사표시를 한 때 또는 법률에 다른 규정이 있는 때(제764조)에는 그 방법에 의한다. 제394조에서 "다른 의사표시가 없으면"이라는 표현 때문에 마치 한 당사자의 의사표시로 원상회복을 청구할 수 있는 것처럼 보인다. 그러나 채권자와 채무자의 합의가 있는 경우에만 원상회복을 청구할 수 있는 것으로 해석해야 한다.[1] 사안에서 손해배상의 방법에 관한 다른 특별한 합의가 없으므로 甲은 乙에게 책의 가치에 해당하는 금액을 손해배상으로 청구할 수 있다.

---

1) 곽윤직, 115면.

56. 상당인과관계설에 기한 손해의 귀속

사 례 회사원 甲은 퇴근길에 자동차를 몰던 乙의 부주의로 차에 치어서 경상을 입었다. 사고로 거동이 다소 불편해진 甲은 택시를 타고 병원에 가던 중 차가 빗길에 미끄러지면서 전복하여 사망하였다. 甲의 배우자 丙은 乙에게 甲의 사망으로 인한 정신적 손해의 배상을 청구하였다. 이에 대하여 乙은 빗길 전복으로 인한 사고에 대한 책임을 자신이 부담할 필요가 없다고 항변한다. 누구의 주장이 타당한가?

제752조에 기한 손해배상청구권

고의 · 과실로 위법하게 타인의 생명을 해한 자는 제752조에 기하여 그 직계존속, 직계비속 및 배우자에 대하여 정신상의 손해를 배상할 책임을 부담한다. 乙이 甲의 사망에 대하여 손해배상책임을 부담하기 위해서는 사망으로 인한 손해를 乙의 책임으로 귀속시킬 수 있어야 한다. 이를 위해서는 다음과 같은 사정들이 고려되어야 한다. 즉, (1) 침해결과와 손해 사이에 인과관계가 존재해야 하고, (2) 침해결과가 손해발생의 상당한 원인이 되었어야 하며, (3) 손해는 침해된 규범의 보호범위 내에 있어야 하지만, (4) 손해발생에 대하여 가해자의 책임 있는 사유는 요구되지 않는다.

乙의 행위는 甲이 사망하게 된 원인으로서 자연적 의미에서의 인과관계가 인정되고(조건설), 따라서 책임성립요건으로서 행위와 권리 · 의무침해 사이에서 요구되는 책임설정적 인과관계는 존재한다. 그러나 조건설에 따를 경우 배상의 범위가 무한정 확대되므로 권리 · 의무침해와 손해사이의 인과관계에서는 가해자 내지 의무위반자의 책임으로 손해를 귀속시킬 수 있는 책임충족적 인과관계가 요구된다. 이때 乙의 불법행위가 甲의 사망에 대하여 상당한 원인이 된 경우에 한하여 비로소 인과관계가 인정될 수 있다는 것이 통설과 판례[1]의 태도이다(상당인과관계설). 여기서 상당성은 객관적으로 보아 어떤 선행사실로부터 보통 일반적으로 초래되는 후행사실이 있는 때 인정되며 우연한 사정과 특수한 사정은 제외된다. 이때 불법행위(내지 채무불이행)의 당시에 보통인(평균인)이 알 수 있었던 사정과 가해자(내지 채무자)가 특별히 알고 있었던 사정을 함께 고려(가해자 내지 채무자가 알고 있었던 사정과 과실로 알지 못한 사정을 기초로 판단)하여야 한다. 상당인과관계설에 의하면 불법행위가 있는 경우에 통상적으로 생기는 손해를 배상하면 되고 특별한 사정으로 인하여 생긴 손해는 배상하지 않아도 된다(제763조, 제393조 제1항). 이때 제763조 및 제393조 제2항에 따르면 불법행위자가 그 특별한 사정을 알았거나 알 수 있었을 경우에는 특별손해도 배상해야 한다. 제763조 및 제393조 제2항의 '특별손해'의 판단은 제763조 및 제393조 제1항의 '통상손해'와 달리 예견가능성이 규준이 될 뿐 상당인과관계는 문제되지 않는다.[2]

사안에서 甲은 빗길에 택시가 미끄러지면서 사고가 일어나 사망하였다. 교통사고로 甲이 통원치료를 받기 위하여 택시를 타고 갔다면 乙의 과실에 의한 교통사고와 무관하다고 할 수는 없다. 하지만 치료를 받기 위하여 병원에 가던 중 전복사고로 사망한 사실은 일반적인 교통사고로 인하여 통상적으로 발생하는 손해라고 볼 수 없고 그렇기 때문에 상당성이 없다. 또한 그 사정에 대하여 乙이 알았거나 알 수 있었다고 보기도 어렵다. 따라서 乙은 전복사고에 대해서까지 책임을 부담할 필요가 없으므로 乙의 항변이 정당하다.

---

1) 대법원 1994. 3. 25. 선고, 93다32828 · 32835 판결.
2) 최상호, "손해배상의 범위," 고시연구 2004/6. 239면.

57. 규범목적에 의한 책임귀속

> **사 례** 회사원 甲은 퇴근길에 철물점 주인인 乙이 실수로 창문 밖으로 던진 망치에 머리를 맞아 머리가 깨지고 말았다. 병원에서 뇌를 치료하던 도중에 甲에게 간질병의 위험이 있다는 사실이 밝혀졌다. 이로 인하여 甲은 회사에서 조기퇴직을 당하였다. 甲은 조기퇴직으로 인하여 상실한 소득에 대한 변상을 乙에게 청구한다. 정당한가?

　　乙은 과실에 의한 가해행위로 甲의 머리에 부상을 입혔으므로 직접적인 신체적 손해에 대하여 불법행위로 인한 손해배상책임을 져야 한다는 점에는 의문이 없다. 이와 같이 가해행위로 인하여 직접적으로 발생한 손해는 고의·과실에 의한 위법행위에 책임귀속의 근거가 있으므로 인과관계는 조건관계로 충분하다. 그러나 신체침해 결과 피해자의 다른 법익에 발생한 간접적 손해에 대하여 가해자의 귀책사유가 존재하지 않기 때문에 가해자가 손해배상책임을 부담하기 위해서는 가해자의 책임으로 손해를 귀속시킬 수 있는 법률상의 인과관계가 존재해야 한다. 따라서 부상의 치료 도중에 간질병의 위험을 발견한 것과 이에 따른 조기퇴직의 결과는 간접손해에 해당하므로 이를 가해자인 乙의 책임으로 귀속시킬 수 있는지가 문제된다.

甲의 乙에 대한 조기퇴직에 따른 손해배상(제750조)

　　학설과 판례의 상당인과관계설에 따르면 통상적으로 생기는 손해인지 여부는 상당성의 기준을 가지고 판단해야 하는데, 의사검진 중 다른 병이 발견되는 것은 통상적으로 발생하는 일이므로 상당인과관계가 인정될 수 있다.[1] 그러나 이와 같은 결론을 인정할 경우 乙은 피해자 甲이 간질병을 가지

---

1) 간접적 손해는 특별한 사정에 의한 손해로 가해자가 그 사정을 알았거나 알 수 있었을

고 있는지 여부에 따라, 그리고 의사가 간질병을 발견하였는지 여부에 따라 조기퇴직에 따른 손해의 배상 여부가 달라진다는 문제점이 발생한다. 따라서 학설2)과 판례3)는 상당인과관계설을 보충하는 이론으로서 구체적인 손해배상청구권의 근거가 된 규범의 보호목적을 고려하고 있다(부분적으로는 상당인과관계설을 대체하는 이론으로 설명되기도 한다). 그에 따르면 계약상의 의무나 법률상의 책임규범 및 그 배후에 있는 주의의무는 특정한 법익의 보호에 기여하고 있다고 한다. 甲이 주장하는 제750조는 타인의 신체에 대한 위해방지를 그 규범의 보호목적으로 하고 있으나, 검진 도중 몰랐던 질병을 발견하는 위험으로부터 피해자를 보호하려는 것도 아니고 우연히 발견한 간질병으로 인한 조기퇴직으로부터 피해자를 보호하려는 목적까지 있다고 보기는 어렵다. 따라서 乙은 조기퇴직에 따른 손해까지 배상할 의무는 없다.

것이라고 인정되는 경우에 배상책임이 인정된다는 견해(지원림, 민법강의, 1110면)가 있으나, 간접적 손해에도 통상손해와 특별손해가 존재할 수 있다(김형배, 257면 참조).

2) 김증한 · 김학동, 140면; 이은영, 286면 이하.
3) 대법원 1994. 12. 27. 선고, 94다36285 판결.

58. 통상손해와 특별손해

> **사 례**
>
> 甲은 乙로부터 중고 기중기를 2억원에 사기로 하는 매매계약을 체결하였다. 그러나 乙은 건설경기의 호황으로 중고기중기를 2억 3천만원에 사겠다는 자가 나타나자 중고 기중기를 그 자에게 팔고 인도하였다. 이 사실을 안 甲은 이미 丙에게 중고 기중기를 2억 4천만원에 팔기로 하는 계약을 체결하고 있었다는 이유로 乙에게 4천만원의 손해배상을 청구하였다. 정당한가?
> (1) 甲이 중고기계를 취급하는 상인인 경우는?
> (2) 甲이 건설업자인 경우는?

甲의 乙에 대한 손해배상청구권(제390조)

乙은 甲과 중고기중기에 대한 매매계약을 체결하였음에도 제3자에게 이를 매도하여, 후발적 이행불능을 야기하였다. 乙은 甲과의 계약 사실을 알고 있었음에도 불구하고 고의로 이행을 불능하게 하였으므로 채무불이행책임을 지게 된다. 乙이 타인에게 물건의 소유권을 이전함으로써 소유권이전의무가 불능이 된 것을 이유로 발생하게 된 직접적 손해는 기중기의 시가에 해당한다. 사안에서 당사자 사이에 다툼이 있는 것은 甲이 丙에게 기중기를 다시 팔기로 되어 있었기 때문에 불능으로 인하여 발생하게 된 전매이익을 손해배상으로 청구할 수 있느냐이다. 전매이익의 손해는 간접손해에 해당하므로 이에 대한 손해가 乙의 책임으로 귀속되는지를 판단하기 위해서는 발생한 손해가 통상손해인지 특별손해인지를 확정해야 한다. 특별손해는 예견가능성이 있는 경우에 한하여 乙이 책임을 부담하는 반면, 통상손해는 예견가능성을 불문하고 배상책임을 乙이 부담한다(제393조).

사회일반인의 관념에 의할 때 채무불이행이 있으면 통상적으로 발생하리라고 여겨지는 손해를 통상손해라고 한다. 반면 그러한 채무불이행이 있더라도 통상적으로는 발생하지 않으나, 당사자에게 존재하는 특별한 개별적·구체적 사정으로 인하여 발생한 손해를 특별손해라 한다. 구체적으로 무엇이 통상손해인지는 계약의 목적, 당사자의 직업, 채무의 목적물 등 제반 사정을 고려하여 개별적으로 판단하여야 한다. 먼저 甲이 중고기계를 매매하는 상인인 경우(사안 1) 甲은 중고기계를 직접 사용하는 것이 아니라, 다른 사람에게 중고기계를 다시 파는 것이 통상적이다. 따라서 甲은 계약을 해제하고(제546조) 乙에게 4000만원의 손해배상을 통상손해로서 청구할 수 있다 (제390조, 제551조).

반면 甲이 건설업자인 경우(사안 2) 중고기계를 사는 목적이 통상적으로 물건을 사용하는 데 있다. 따라서 甲이 중고기중기를 다시 전매할 것이라는 사정은 특별한 사정에 해당하므로 전매이익의 상실은 특별손해에 해당한다. 따라서 甲은 乙이 전매사실을 알았거나 알 수 있었을 경우에 한하여 배상을 청구할 수 있다고 할 것이나, 사안에서 전매사실에 대한 예견가능성이 乙에게 없었으므로 甲은 4000만원의 손해배상을 청구하지 못한다(다만 대상청구권[1]을 행사하여 3000만원의 이익을 청구할 수 있을 것이다).

---

1) 사례 41, 42 참조.

59. 채무불이행을 이유로 한 정신적 손해의 배상

사 례 76세인 노인 甲은 공원에서 산책을 하던 중 갑자기 비가 내려 乙이 경영하는 상점으로 들어가 우산 1개를 샀다. 우산을 쓰고 가던 중 비가 새어 살펴보니 우산 윗부분에 꼭지가 없음을 알게 되었다. 甲이 즉시 상점으로 돌아가 우산에 꼭지가 없다는 것을 알리자 상점에서는 우산꼭지를 구해놓겠다고 약속하였다. 그 후 甲이 여러 차례 상점을 찾아갔으나, 乙은 구해놓겠다는 약속만 할 뿐 구해주지 않았다. 이로 인하여 甲은 극심한 정신적 고통에 시달리게 되었고 급기야 위장병에 걸려 1개월간 병원에서 치료를 받게 되었다. 이 경우 甲은 乙에게 정신적 손해의 배상을 청구할 수 있는가?[1]

甲의 乙에 대한 정신적 손해에 대한 배상청구권

(1) 채무불이행을 이유로 한 손해배상청구권(제390조)

甲이 乙에게 채무불이행을 이유로 손해배상을 청구하기 위해서는 乙이 책임 있는 사유로 계약상의 의무를 위반했어야 하는데, 乙이 하자 있는 물건을 인도하였고 그 하자를 보수하기 위하여 우산꼭지를 구해다 주기로 약속하였음에도 불구하고 이행하지 않았으므로 고의에 의한 채무불이행책임이 乙에게 인정된다고 할 수 있다. 사안에서 위장병에 걸려 치료비라는 재산적 손해가 발생하였으나, 우산꼭지를 구해주지 않은 것과 위장병 발생 사이에 상당인과관계를 인정하기 어렵고 위장병 발병에 대한 예견가능성도 乙에게 있지 않은 것으로 보이므로 치료비의 배상청구는 인정될 수 없다. 그러나 위장병이 발생하였다는 것은 甲에게 상당한 정신적 고통이 있었음을 보여주고

---

1) 조규창, "고의의 채무불이행책임 ― 서울지법 판결, 90나10307; 우산꼭지 사건 ―," 고시연구 1991/4, 149-162면 참조.

있다. 그러므로 문제는 甲이 채무불이행을 이유로 乙에게 정신적 손해의 배상을 청구할 수 있느냐이다.

민법은 불법행위로 인한 손해배상에 관한 규정(제751조와 제752조)에서 정신적 손해의 배상을 인정하고 있다. 따라서 이를 채무불이행에서 인정할 수 있을지가 문제되는데, 학설2)과 판례3)는 불법행위에 관한 규정들을 채무불이행에 유추적용하여 채무불이행으로 인한 정신적 손해의 배상을 인정해야 한다고 보고 있다. 그러나 판례는 재산에 대한 가해행위의 경우 대체로 채권자가 받은 정신적 고통은 그 재산적 손해에 대한 배상이 이루어짐으로써 회복되기 때문에 그로 인하여 회복되지 않은 손해는 특별손해에 해당한다고 보고 있다.4) 따라서 채권자에게 정신적 고통을 입었다는 특별한 사정이 있고, 채무자가 이와 같은 사정을 알았거나 알 수 있었을 것을 채권자가 입증하는 경우에 한하여 정신적 고통에 대한 위자료를 인정할 수 있다. 그런데 사안에서 乙이 우산꼭지의 보수의무를 지체함으로써 甲에게 정신적 고통이 야기되고 이로 인하여 위장병이 날 정도의 정신적 고통이 발생하리라고 예견할 수 있었던 객관적인 특별사정이 존재하였다고 볼 수 없다. 따라서 이 견해에 따른다면 甲의 乙에 대한 정신적 손해의 배상은 부정되어야 할 것이다.

(2) 불법행위를 이유로 한 손해배상청구권(제750조, 제751조)

사안에서 乙의 고의에 의한 이행지체는 채권자에게 심리적 고통을 야기하는 정신적 가해행위로서 민법 제751조의 인격권의 침해에 해당한다. 따라서 고의의 채무불이행은 불법행위의 근거가 되므로 채권자는 채무자에게 정신적 손해의 배상을 청구할 수 있다고 할 것이다.5)

---

2) 곽윤직, 113면; 김증한 · 김학동, 128면.
3) 대법원 1994. 12. 13. 선고, 93다59779 판결.
4) 대법원 1994. 12. 13. 선고, 93다59779 판결.
5) 조규창, 앞의 글.

III. 손해배상액의 산정

60. 손해액의 산정

> **사 례** 甲은 乙로부터 자동차를 빌려서 타고 여행을 떠났는데, 甲의 과실로 인하여 사고가 발생하였다. 甲이 자동차의 수리를 맡기려고 하니, 수리비는 총 200만원이 든다고 한다. 자동차의 시가가 150만원인 경우 乙은 甲에게 손해배상으로 얼마를 청구할 수 있는가?

乙의 甲에 대한 손해배상청구권(제390조)

임차인 甲은 임차목적물을 반환할 때까지 선량한 관리자의 주의의무로 임차목적물을 보관하였어야 한다(제374조). 그럼에도 불구하고 甲은 과실로 인하여 자동차를 훼손하였으므로 임대인 乙은 채무불이행을 이유로 손해의 배상을 청구할 수 있다. 본 사안에서는 자동차가 훼손됨으로 인하여 乙이 입은 손해를 금전으로 어떻게 평가할 것인지가 문제된다.

손해가 금전의 형태로 나타나면 채무불이행으로 상실한 금액 자체가 손해액으로 되나, 손해가 금전의 형태로 나타나지 않은 경우에는 채무불이행의 유형에 따라 그 산정방법이 달라진다. 이행지체의 경우에는 지체된 기간 동안 목적물의 사용료에 의하여 산정되고, 이행불능으로 목적물이 인도되지 않은 경우에는 목적물의 시가에 의하여 손해액이 산출된다. 그리고 하자 있는 목적물이 인도된 경우에는 하자 없는 목적물과 하자 있는 목적물의 시가의 차액이 손해액이 된다. 본 사안에서와 같이 임차목적물이 훼손된 경우에는 수리가 가능한지에 따라 경우가 나뉜다. 즉 수리가 불가능하면 훼손 당시의 교환가치 감소분이 통상손해에 해당하고 수리가 가능한 경우에는 그 수리비가 통상손해에 해당한다. 다만 수리가 가능하더라도 수리비가 임차목적물의 교환가치를 넘는 경우에는 형평의 원칙상 손해액은 그 물건의 교환가치 범위 내로 제한되어야 한다.[1] 따라서 이 경우 자동차가 일부 훼손되었더라도 경제적으로는 전부 멸실된 것으로 평가하게 된다. 다만 교환가격보다 높은 수리비를 지출하고도 차량을 수리하는 것이 사회통념에 비추어 시인될 수 있을 만한 특별한 사정이 있는 경우라면 그 수리비 전액을 손해배상액으로 인정할 수 있다.[2] 사안의 경우 비록 수리가 가능하지만, 수리비가 자동차의 교환가치를 넘었고 특별히 수리를 해서 자동차를 사용해야만 하는 특별한 사정이 乙에게 없기 때문에 乙은 甲에게 자동차의 전부 멸실로 발생하는 교환가치 감소분, 즉 자동차의 교환가치에 해당하는 150만원만을 청구할 수 있다.

---

1) 대법원 1994. 10. 14. 선고, 94다3964 판결.

2) 대법원 1998. 5. 29. 선고, 98다7735 판결: 영업용 택시는 그 특성상 시중에서 매매가 이루어지지 않고 있고 액화석유가스를 연료로 사용하므로 휘발유를 사용하는 일반의 중고차량으로 대차할 수 없으며 '자동차운수사업인·면허사무처리요령'(건설교통부훈령)의 규정상 대차가능 차량은 원칙적으로 차령 6월 이내의 자동차이어야 한다는 점 등에 비추어 볼 때, 영업용 택시의 수리비가 교환가격을 초과한다 하더라도 신차를 구입하지 않는 이상 그 수리비를 지불하고 택시를 수리하여 운행할 수밖에 없는 특별한 사정이 인정되므로, 그 수리비 전액을 배상해야 한다.

61. 손해배상액 산정의 기준시기

사 례 학교재단법인 A의 설립자의 아들인 甲은 乙이 학교의 운영권을 갖는 대신에 3년 내로 학교재단의 재산 중 토지 X의 소유권을 이전받기로 합의하였다. 乙이 3년이 지나도 토지 소유권을 이전하지 않자, 甲은 2017년 2월 서면으로 2017년 8월까지 토지소유권의 이전을 하지 않으면 토지소유권을 이전할 의사가 없다고 판단하고 토지시가에 해당하는 금액을 청구하겠다는 내용을 서면으로 작성하여 乙에게 보냈다. 그러나 乙이 이행을 하지 않자 甲은 2019년 2월 소를 제기하면서 그 당시 토지의 시가 5억원을 손해배상으로 청구하였다. 이에 대하여 乙은 2017년 8월 당시의 시가인 4억 6천만원을 지급하겠다고 주장한다. 누구의 주장이 타당한가(사실심 변론종결시 X 토지의 시가는 5억원이다)?

(1) 甲의 乙에 대한 손해배상청구권(제395조)

甲은 乙에게 운영권을 주는 반면 乙은 甲에게 자신의 토지를 주기로 하는 교환계약(제554조)을 체결하였다. 甲은 乙에게 약속대로 운영권을 이전한 반면 乙은 약속한 기간인 3년이 경과하였음에도 불구하고 토지소유권을 이전하지 않았고 이를 정당화할 만한 사유 역시 보이지 않으므로 이행지체가 성립하였다. 또한 甲은 乙에게 전보배상을 청구하기 위하여 상당한 기간을 정하여 최고하였고 상당한 기간이 지났음에도 불구하고 이행이 없었으므로 토지시가에 해당하는 금액을 전보배상으로 청구할 수 있다(제395조).

(2) 乙의 이행지체에 따른 손해의 산정시기

이행에 갈음한 손해배상을 청구할 때, 사안에서와 같이 물가의 등귀에 따라 손해액 산정이 달라지는 경우에 이행지체에 따른 손해의 산정 기준시를 언제로 할지에 대하여 당사자 사이에 다툼이 있다. 학설은 손해배상책임이 발생한 때를 기준으로 하여 배상액을 산정하고, 그 후의 손해는 상당인과 관계의 범위 내에서 가산한다는 책임원인발생시설[1]과 사실심의 변론종결시를 손해배상의 산정시로 보는 변론종결시설[2]이 대립한다.[3] 양 견해의 실질적 차이는 책임원인발생 후의 물가상승으로 인한 손해를 예견가능성이 필요한 특별손해로 볼 것인지 아니면 예견가능성이 없어도 되는 통상손해로 볼 것인가에 있다.[4] 먼저 책임원인발생시설에 따를 경우 책임원인 발생 후의 물가의 등귀는 특별손해로서 예견가능성이 있는 때에만 인정된다. 사안에서 이행지체로 인한 해제권이 성립한 후 토지가액의 상당한 변화(금 4000만원 인상)가 있는 데 대하여 예견가능성이 인정되지 않으므로 甲은 乙에게 금 4억 6천만원을 청구할 수 있는 데 그친다. 반면 변론종결시설에 따를 경우 변론종결시까지 가격의 변동이 있는 경우에도 이를 통상손해로 본다. 따라서 이 견해에 따르면 甲은 乙에게 금 5억원의 손해배상을 청구할 수 있다.

요컨대 사안과 같이 甲이 乙에게 상당한 기간을 정하여 이행의 최고를 하였음에도 乙이 이행을 하지 않았다면 상당한 기간인 6개월이 경과한 그 시점을 손해의 산정시기로 함이 타당하다고 본다. 그 이유는 이행의 최고 후 상당한 기간이 지났다면 그 사이의 손해의 발생에 대하여 甲·乙 모두 인식하고 있었으므로 그 사이의 물가변동은 이를 통상손해로 보아 손해산정에 반영하는 것이 타당하나, 그 이후의 사정의 변화에 따른 물가변동은 당사자들이 일반적으로 감수하려는 손해의 범위를 벗어난 것이므로 이를 특별손해로 보아 예외적으로만 배상을 인정해야 한다. 따라서 이행을 최고하고 상당한 기간이 지나서 전보배상청구권이 발생한 2017년 8월 당시의 시가인 금 4억 6천만원을 청구하여야 한다는 乙의 주장이 타당하다.

---

1) 곽윤직, 123면.
2) 김증한·김학동, 149면.
3) 판례는 기본적으로 책임원인발생시설에 입각하고 있으나, 이행지체의 경우는 변론종결시의 시가를 기준으로 판단하고 있다. 그러나 이행지체 후 이행을 최고하였으나 이행하지 않아 해제한 경우에는 최고 후 상당한 기간이 경과한 때의 시가에 의한다고 보고 있다(대법원 1997. 12. 27. 선고, 97다24542 판결).
4) 김증한·김학동, 148면.

62. 과실상계

사 례 약국자리를 물색하던 乙은 상가건물 주인 甲과 임대차계약을 체결하고 甲에게 공간 2개를 연결하여 줄 것을 부탁하여 A회사에서 상가 리모델링공사를 시작하였다. 乙은 2004년 3월 1일에 점포를 임대받기로 하였으나, 리모델링 공사가 그 전에 완료되지 못하였다. 乙은 약국에 사용하기 위하여 배달된 온열기, 냉장고와 다량의 약품 등을 둘 곳이 마땅치가 않아 일단 공사중인 점포 내에 비치해 두었다. 그러나 A에서 리모델링 공사를 하던 중 화재가 발생하여 乙이 비치한 모든 물건이 불타버렸다. 이에 乙은 甲에게 손해배상을 청구하였으나, 甲은 공사중인 점포 내에서 물건이 소실된 것은 乙의 잘못이므로 물건에 대한 손해는 배상할 수 없다고 한다. 정당한가?

(1) 乙의 甲에 대한 손해배상청구권(제390조, 제391조)

甲은 乙에게 약국점포자리를 임대하기로 하는 임대차계약(제618조)을 체결하였는데, 채무불이행으로 인한 손해배상책임(제390조)을 묻기 위해서는 임대인 甲이 책임 있는 사유로 계약상의 의무를 위반했어야 한다. 사안에서 甲이 乙에게 점포를 약속한 시간에 넘겨주지 못한 것과 화재로 물건을 소실한 것은 A의 과실에 의한 것이다. 그러나 甲이 채무이행을 위하여 A와 도급계약을 체결하였기 때문에 A는 채무이행을 위해서 사용된 甲의 이행보조자이므로 甲은 제391조의 이행보조자 책임을 져야 한다.

또한 甲이 제756조의 사용자책임을 추가로 부담하려면, 甲이 A를 사용하여 업무에 종사하게 했어야 하며 A가 그 사무집행과 관련하여 제3자에게 손해를 가했어야 한다. 그런데 수급인은 도급인에 대한 관계에서 독립적으로 일을 수행하므로 원칙적으로 도급인은 수급인이 제3자에게 가한 손해를 배상할 책임이 없다(제757조 본문). 다만 도급인과 수급인 사이에 사실상의 지휘·감독관계가 있는 경우에는 예외적으로 사용자책임이 발생할 수 있다.

본 사안에서 甲이 별도의 지시를 내리는 등의 사정이 보이지 않으므로 실질적인 사용관계를 발견할 수 없다. 따라서 乙은 甲에게 제756조에 기하여 손해배상청구권을 행사할 수 없다.

(2) 과실상계

乙이 甲에게 손해배상을 청구할 수 있는 범위를 살펴보면, 일단 개업이 늦어지면서 발생한 영업손실과 화재로 소실된 물건의 가액이 통상손해로 청구될 수 있다. 그러나 사안에서 乙은 물건을 비치할 때 주위사정을 살피고 비치해야 할 주의의무가 있으므로 乙에게 제396조의 '과실'이 인정될 수 있는지 문제된다. 기존의 학설은 제396조의 과실은 보통의 과실과 같이 사회생활상 일반적으로 요구되는 주의를 다하지 않은 것을 의미한다고 보았었다. 그러나 채권자는 자신에게 손해를 가하지 않을 주의의무를 부담하지 않으므로 여기서 과실은 단순한 부주의로서 통상의 과실보다 낮은 정도의 주의의무위반이 있으면 된다고 보는 견해가 현재의 다수설[1] 및 판례[2]이다. 사안에서 乙이 공사 중에 물건을 비치한 것은 예정된 공사기일이 늦어졌기 때문이기는 하지만, 전면적인 리모델링 공사를 할 정도로 복잡한 작업이 진행되고 있다면 해당물품을 안전한 장소에 두지 못한 단순한 부주의는 있는 것으로 보인다. 따라서 법원은 손해배상액을 정함에 있어서 乙의 과실을 참작해야 한다. 그렇다고 해서 乙의 甲에 대한 손해배상청구가 부정되는 것은 아니므로 甲의 주장은 부당하다.

---

1) 곽윤직, 126면; 김증한·김학동, 154면.
2) 대법원 1973. 10. 10. 선고, 72다2138·2139 판결; 대법원 1983. 12. 27. 선고, 83다카644 판결.

63. 손익상계

사 례 사업가 甲은 취미생활을 위하여 경주마 불화살을 2000만원에 구입하였다. 甲은 불화살을 경주에 참가시키기 위해서 기수 乙을 고용하였는데, 불화살의 컨디션이 별로 좋지 않았기 때문에 甲은 불화살을 너무 혹독하게 몰지 말 것을 乙에게 부탁하였다. 그러나 乙은 자신의 100번째 우승을 달성하기 위해서 불화살을 몰아쳐서 경주에서 우승하였으나, 탈진한 불화살은 곧 죽고 말았다. 이후 마주협회에서 위로금 200만원을 甲에게 전달하였고 경주 우승상금으로는 1000만원이 甲에게 지급되었다. 甲이 乙에게 2000만원을 손해의 배상으로 청구하자, 乙은 1200만원을 공제한 800만원만 손해배상으로 지급하겠다고 한다. 정당한가?

甲의 乙에 대한 손해배상청구권(제390조)

甲은 지시를 어겨서 말을 죽게 한 乙에게 채무불이행으로 인한 손해배상청구권을 행사할 수 있다(물론 소유권침해를 이유로 불법행위로 인한 손해배상청구권의 행사도 가능하다). 사안에서 당사자 사이에는 甲에게 얼마의 손해가 발생하였는지가 문제되고 있다. 왜냐하면 의무위반행위로 인하여 말이 죽었으므로 2000만원의 재산적 손해가 발생하였지만, 그로 인하여 甲에게 1200만원의 이득도 생겼기 때문이다.

우리 민법에는 명문의 규정이 없지만 채무불이행에 의하여 채권자에게 손해가 발생함과 동시에 이익이 생긴 경우에는 손해배상액을 산정함에 있어서 이러한 이익액을 공제해야 한다고 하고 있으며, 이를 손익상계라고 한다. 손익상계에서 공제되는 이익의 범위와 관련하여 채무불이행과 상당인과관계가 있는 이익으로 제한해야 한다는 견해가 다수설 및 판례의 입장이다.[1]

---

1) 곽윤직, 125면; 대법원 1992. 12. 22. 선고, 92다31361 판결; 대법원 2009. 12. 10. 선

이 견해는 단순한 조건관계에 있는 이익을 모두 공제하는 것이 아니라, 상당성이라는 가치평가에 의하여 공제되어야 할 이익을 판단하고 있다. 그러나 이러한 상당성의 기준이 명확하지 않다는 이유로 손해배상법의 목적, 계약규범의 보호목적을 구체적 사정에 따라 개별적으로 판단해야 한다는 유력한 견해가 제기되고 있다.[2]

사안에서 乙이 경주마를 심하게 몰아쳐서 죽게 한 의무위반사실과 경주마가 우승하게 된 사실은 채무불이행이라는 동일한 원인에 의하여 발생하였으며 채무불이행과 상당한 인과관계가 있는 것으로 보인다. 따라서 우승상금 1000만원은 손익상계에서 공제되어야 하는 이익의 범위에 의심의 여지없이 포함된다. 그러나 마주협회에서 위로금으로 지급한 200만원은 경주마가 죽지 않았으면 지급되지 않았을 것이므로 경주마의 죽음과 조건관계에 있지만, 자발적으로 마주협회에서 지급되었다는 측면에서 채무불이행사실로부터 직접 발생한 상당한 인과관계 있는 이익이라고 보기 어렵다. 또한 자발적으로 제3자에 의하여 지급된 위로금의 지급목적을 생각하여 본다면 가해자의 책임을 면하게 하기 위해서 지급된 것이 아니라, 피해자의 손실을 보전하게 하기 위해서 지급되었으므로 위로금의 지급목적을 보더라도 위로금은 공제되어야 하는 이익에 포함시켜서는 안 된다. 따라서 사안에서 甲은 乙에게 1000만원을 손해배상으로 청구할 수 있다.

고, 2009다54706 · 54713 판결.

2) 김형배, 281면; 이은영, 333면.

IV. 손해배상액의 예정

64. 위약금 약정의 해석

임대아파트에 살고 있는 甲은 건축회사 A와 자기 집을 짓도록 하는 계약을 체결하였다. 임대비용을 절약하기 위해서 빨리 집이 완성되는 것을 원한 甲은 다음과 같은 조항을 계약서에 넣었다. "건축회사는 2017년 8월 1일까지 건축을 반드시 마치는 것을 약속한다. 이 기한을 넘기는 경우 매일 10만원의 위약금을 지불한다". 그런데 A의 과실 없이 인부들이 집단적으로 식중독에 걸려 건축을 기한 내로 끝내지 못하게 되었다. 10일이 지나서 건축이 마무리되자 甲은 100만원을 A에게 청구하였으나, A는 자신에게 과실이 없었다는 측면에서 위약금을 줄 수 없다고 주장한다. 정당한가?

甲의 A에 대한 위약금청구권

甲과 A는 약속된 기한을 넘기는 경우에 일정한 위약금을 지불하기로 하는 합의를 보았다. 따라서 甲이 위약금을 청구할 수 있기 위해서는 당사자 사이에 위약금을 지불하기로 하는 사정이 발생하였어야 한다.

위약금은 채무불이행이 발생한 경우 채무자가 채권자에게 지급하기로 약속한 금전을 말한다. 이때 위약금은 손해배상액의 예정인 경우도 있고, 실손해의 배상과 별도로 불이행에 대한 제재로서 지급하기로 한 위약벌의 성격을 가지는 경우도 있다. 어느 것으로 당사자들이 구체적으로 합의하였는지는 계약해석을 통하여 확정지어야 하지만, 민법은 위약금을 손해배상액의 예정으로 추정하고 있다(제398조 제4항). 본 사안에서는 위약벌로 볼 만한 특별한 사정이 존재하지 않고 甲도 위약금 이외에 별도의 손해배상을 청구하지 않는다는 사정을 기초로 보면 위약금을 손해배상액의 예정으로 합의한 것으로 해석된다.

손해배상액의 예정으로서의 위약금을 청구하기 위해서는 채무불이행이 발생하였어야 한다. 사안에서 약속한 기한을 넘겼으므로 객관적 요건은 충족되었으나, A의 귀책사유 없이 이행이 지체가 된 경우에도 당사자가 책임을 부담하는지가 문제된다. 손해배상액의 예정이 있는 경우 귀책사유가 책임성립의 요건이 되는지에 관하여 학설이 대립하고 있다. 다수설은 손해배상액의 예정을 하는 경우에는 손해발생에 대한 입증의 문제뿐만 아니라, 귀책사유의 유무에 관한 일체의 분쟁을 피하기 위한 당사자의 의사가 전제되어 있으므로 귀책사유는 요건이 아니라고 보고 있다.[1] 그러나 손해배상액의 예정도 과책주의의 원칙을 기초로 하고 있는 이상 귀책사유가 있어야 배상책임이 성립한다고 보는 견해가 타당하다.[2] 따라서 원칙적으로는 손해배상액의 예정이 있는 경우에는 귀책사유가 채무자에게 존재해야 손해배상책임이 발생한다고 할 것이다.

그렇다고 하여 구체적인 사정에서 당사자 사이의 합의를 통하여 귀책사유 없이도 책임을 부담하기로 하는 보증의 형식으로 손해배상액의 예정에 관한 합의가 이루어질 수 없는 것은 아니다. 따라서 구체적인 사안에서 당사자들이 귀책사유 없이 객관적인 채무불이행의 요건만 충족된 경우에도 책임을 부담하기로 하는 합의가 있었는지를 의사표시의 해석을 통하여 판단해야 한다. 사안에서 A가 정해진 기한까지 반드시 건축을 마치겠다는 합의내용을 기초로 해서 판단하여 본다면 기한까지 건축을 마치지 못하면 무조건 책임

---

1) 곽윤직, 129면.

2) 김형배, 285면; 김증한·김학동, 158면; 이은영, 365면. 판례는 건물신축의 도급계약에서 일의 완성을 지체한 데 대한 손해배상액의 예정에 관한 합의가 있다면 수급인이 약정된 기간 내에 그 일을 완성하여 도급인에게 인도하지 않는 한 특별한 사정이 있는 경우를 제외하고는 지체상금을 지급할 의무가 있다고 판단한 후 지체상금을 지급해야 하는 시기에서 수급인이 책임질 수 없는 사유로 인하여 공사가 지연된 경우에는 그 기간만큼 공제되어야 한다고 판시하였다[대법원 1989. 7. 25. 선고, 88다카6273, 88다카6280(반소) 판결]. 따라서 이 판례는 귀책사유가 없는 경우에는 손해배상액의 예정으로서의 지체상금을 지급할 필요가 없다는 입장에 서 있는 것으로 보인다.

을 부담하겠다는 의사가 있었던 것으로 해석된다. 따라서 A는 건축이 지연된 것에 대하여 귀책사유가 없더라도 책임을 부담해야 하므로 甲의 주장이 타당하다.

65. 계약금 약정의 해석

> **사례** 甲은 乙과 자신의 토지 A를 2억원에 팔기로 하는 매매계약을 체결하면서 매매계약서 제14조에서는 "본 계약을 위반할 때에 甲은 계약금의 배액을 乙에게 배상하고, 乙은 계약금을 상실함과 동시에 별도의 최고절차를 요하지 아니하고 자연해약을 승인한다"라는 합의를 하였다. 乙은 계약금으로 2500만원을 甲에게 주었다. 그러나 토지 A의 시가가 3억원으로 뛰자 甲은 토지 A를 丙에게 3억원에 팔고 소유권이전등기를 마쳤다. 乙은 甲에게 시가차액을 포함하여 1억 5000만원을 줄 것을 청구하였으나, 甲은 5000만원만 주겠다고 한다. 누구의 주장이 타당한가?[1]

乙의 甲에 대한 손해배상청구권(제390조)

사안에서 甲은 丙에게 소유권을 이전함으로써 고의로 후발적 이행불능을 야기하였으므로 乙에 대하여 채무불이행책임을 부담한다. 부동산 매매에 있어 매도인이 매매목적물을 2중으로 양도하여 제3자에게 소유권 이전등기를 하여 줌으로써 매수인에 대한 소유권이전등기의무가 이행불능된 경우 그 손해배상의 액은 특별한 사정이 없는 한 제3자에게 소유권이전등기를 넘겨준 날 현재의 시가 상당액이므로 손해는 시가차액인 1억원이다. 다만 사안에서 甲과 乙 사이에는 계약금 2500만원을 지급하는 약정을 하였는데 그 해석에 관하여 당사자 사이에 다툼이 있다. 甲의 해석에 따르면 계약금은 손해배상액의 예정에 해당하기 때문에 구체적으로 발생한 손해액과 상관없이 예정된 금액만 지급하면 되므로 자신이 지급받은 2500만원의 배액을 乙에게 배상하면 된다고 보고 있다. 그에 반하여 乙의 해석에 따르면 계약금은 위약벌로 지급된 것이므로 시가차액인 1억원은 손해배상으로 청구할 수 있고 2500만원은 위약벌로 추가로 청구할 수 있으므로 배액인 5천만원을 청구하겠다

---

[1] 대법원 1994. 1. 11 선고, 93다17638 판결 변형.

는 것이다. 결국 계약금이 손해배상액의 예정인지 아니면 위약벌에 해당하는지는 의사표시의 해석에 의하여 결정된다.

　판례는 부동산매매계약에서 계약금을 수수하면서 계약을 위반한 경우의 배상 방안을 약정하였다면 계약금이 해약금의 성질(제565조 제1항)과 배상액예정으로서의 성질(제398조 제4항)을 동시에 가진다고 보고 있다.[2] 즉 매매계약을 체결함에 있어 당사자 사이에 계약금을 수수하면서 매도인이 위 계약을 위반할 때에는 매수인에게 계약금의 배액을 지급하고 매수인이 이를 위반할 때에는 계약금의 반환청구권을 상실하기로 약정하였다면 이는 위 매매계약에 따른 채무불이행에 대한 위약금을 약정한 것으로 보아야 할 것이고, 이러한 약정은 특별한 사정이 없는 한 손해배상액 예정의 성질을 지닌다고 한다. 따라서 예정된 금액만 청구할 수 있고 실제 손해가 예정액을 초과하는 경우에도 초과부분을 청구할 수 없으므로 이에 따르면 甲의 해석이 타당하다.

---

2) 대법원 1994. 1. 11 선고, 93다17638 판결.

66. 금전채권 대위행사의 요건

사 례
자동차 생산업체 A는 부품제조업체 B로부터 부품을 납품받고 대금 5천만원을 주기로 하였으나, A는 부품을 납품받은 후에도 대금 5천만원을 지급하지 않고 있다. 그런데 A는 C로부터 자동차의 판매대금으로 3천만원을 받을 것이 있으나, 이행기가 지났음에도 불구하고 권리행사를 하지 않고 있다. B가 알아본 결과 A는 C에 대한 채권밖에 다른 재산이 없다. 이 경우 A가 C에 대하여 가지고 있는 매매대금지급청구권에 대하여 B가 채권자대위권을 행사할 수 있는가?

　사안에서와 같이 채무자 A가 자신의 권리를 행사하지 않고 있을 때 채권자 B가 자기 채권을 보존하기 위하여 채무자 A의 채권을 대신 행사하기 위해서는 채권자대위권의 요건이 충족되어야 한다(제404조). 채권자대위권은 (1) 채권자가 자기의 채권을 보전할 필요가 있을 것, (2) 채권자의 채권이 이행기에 있을 것, (3) 대위의 객체인 권리가 채무자의 일신에 속하는 권리가 아닐 것, (4) 채무자가 스스로 그의 권리를 행사하지 않고 있을 것 등의 요건이 충족되어야 한다.

　사안에서 채권자 B가 A에 대하여 가지고 있는 대금채권은 이행기에 있고 채무자 A는 C에 대하여 가지고 있는 금전채권을 적극적으로 행사하지 않고 있다. 또한 채무자 A가 C에 대하여 가지고 있는 금전채권은 재산권으로 행사상의 일신전속권(예: 신분권, 부부간의 계약취소권, 인격권 침해로 인한 위자료청구권)에 속하지 않기 때문에 채권자 B가 대신 행사할 수 있는 권리에 해당한다. 마지막으로 채권자 B가 자기의 채권을 보전할 필요가 있었느냐는 요건이 충족되었는지가 문제된다.

　　채권보전필요성의 요건은 채권자 대위권제도의 의미를 어떻게 파악하느냐에 따라 다르게 해석되고 있다. 법정재산관리권설[1]에 따르면 채권자대위권은 총채권자의 공동담보로서의 책임재산에 부족이 생긴 경우에 채권자가 채무자의 재산권 내지 거래관계에 간섭할 수 있는 법정재산관리권의 성질을 갖는다고 본다. 따라서 채권자의 채권이 금전채권인 경우에는 채무자가 무자력일 것을 요건으로 하며 채권자대위권이 특정채권의 확보를 위하여 활용되고 있는 예외적인 경우에는 무자력이 요건일 필요가 없다고 한다. 그에 반하여 포괄적 담보권설[2]에 따르면 채권자대위권은 제3채무자에 대한 채무자의 채권을 널리 대위행사하여 채권자가 그의 채권을 실현할 수 있도록 하는 포괄적 담보권의 성질을 갖는 것으로 이해하고 있다. 이에 따르면 채권의 현실적 이행을 확보하기 위하여 채무자의 권리를 행사할 필요가 있으면 채권의 보전필요성이 인정되며 채무자의 무자력은 요건이 아니라고 한다. 판례는 금전채권의 경우에는 일정한 예외적인 경우[3]를 제외하고 채무자가 무자력인 때에만 채권의 보전의 필요성이 인정된다고 한다.[4]

　　사안에서 A는 C에 대한 채권밖에 다른 재산이 없고 C에 대한 채권을 행

---

1) 곽윤직, 135면; 김증한·김학동, 181면.

2) 김형배, 349면.

3) 금전채권이라도 무자력이 요건이 아닌 예외: ① 유실물을 실제로 습득한 자는 법률상의 습득자를 대위하여 보상금의 반액을 청구할 수 있다(대법원 1968. 6. 18. 선고, 68다663 판결). ② 채권자에 의한 상속등기의 대위행사(대법원 1964. 4. 3. 선고, 63마54 결정). ③ 임차보증금반환채권 양수인의 임대인을 대위한 임차인에 대한 가옥명도청구(대법원 1989. 4. 25. 선고, 88다카4235, 4260 판결). ④ 피해자를 치료한 의료인은 피해자의 국가에 대한 국가배상청구권을 대위행사 할 수 있다(대법원 1981. 6. 23. 선고, 80다1351 판결). ⑤ 수임인의 대변제청구권이 금전채권인 경우 이를 보전하기 위해 채무자인 위임인의 채권을 대위행사하는 경우(대법원 2002. 1. 25. 선고, 2001다52506 판결).

4) 대법원 1993. 10. 8. 선고, 93다28867 판결; 대법원 1999. 4. 9. 선고, 98다58016 판결.

사하여 만족을 얻더라도 B에 대한 채권을 변제하기에 충분하지 않은 금액에 해당하므로 A는 무자력이라고 보여진다. 어느 견해를 따르건 상관없이 채권의 보전필요성은 인정되므로 B는 A가 C에 대하여 가지고 있는 매매대금지급청구권을 대위행사할 수 있다.

67. 특정채권 대위행사의 요건

사 례 A시 시청청사가 이전된다는 계획이 있어 시청청사 이전 예정지에는 부동산투기바람이 불고 있었다. 이 지역 토지 X는 甲에게서 乙로 乙에게서 丙으로 전매되었는데 등기는 여전히 甲의 명의로 머물러 있었다. 乙은 甲에 대한 등기이전청구를 함에 있어 단지 독촉 전화만 여러 번 걸었고 그 후 丙의 부탁으로 서면으로 이전등기를 독촉한 적이 있으나, 소제기 또는 그 외의 수단을 사용하여 丙에게 토지소유권을 이전해 줄 생각을 가지고 있지는 않다. 이 경우 丙은 채권자대위권을 행사할 수 있는가?

丙이 채권자대위권을 행사하기 위해서는 (1) 채권자가 자기의 채권을 보전할 필요가 있어야 하며, (2) 채권자의 채권이 이행기에 있어야 하고, (3) 대위의 객체인 권리가 채무자의 일신에 전속한 권리가 아니어야 하며, (4) 채무자가 스스로 그의 권리를 행사하지 않고 있어야 한다(제404조). 먼저 채권의 보전필요성의 요건과 관련하여 금전채무의 경우에는 채무자의 무자력이 요건인지에 관하여 다툼이 있으나, 특정채권에 관하여는 채무자의 무자력은 요건이 아니라는 점에서는 견해가 일치하고 있다.[1] 사안에서 채무자 乙이 무자력인지는 정황상 알 수 없으나, 丙이 乙의 甲에 대한 등기이전청구권을 대위행사하여 보전하려는 자신의 채권 역시 乙에 대한 丙의 등기이전청구권으로서 특정채권이므로 乙의 무자력 요건이 특별히 문제되지 않는다. 특정채권의 경우 채권의 현실적 이행을 확보하기 위하여 채무자의 권리를 행사할 필요가 있는 때 채권의 보전필요성이 인정된다. 乙이 甲으로부터 등기이전을 받지 않으면 丙 자신도 乙에게 등기이전을 받지 못하므로 丙은 자신의 乙에 대한 등

---

1) 대법원 1992.10.27. 선고, 91다483 판결: 채권자는 자기의 채무자에 대한 부동산의 소유권이전등기청구권 등 특정채권을 보전하기 위하여 채무자가 방치하고 있는 그 부동산에 관한 특정권리를 대위하여 행사할 수 있고 그 경우에는 채무자의 무자력을 요건으로 하지 아니하는 것이다.

기청구권의 이행을 확보하기 위해서 乙의 甲에 대한 등기청구권을 대위행사할 필요가 있다. 丙의 채권이 이행기에 있는 것으로 보이며 피대위권리인 乙의 甲에 대한 등기이전청구권이 乙의 일신에 전속한 권리가 아니므로 (2), (3)의 요건도 충족되었다.

다만 乙은 甲에 대하여 등기이전을 촉구함에 있어 전화를 이용하거나 丙의 부탁으로 서면을 이용하여 독촉함에 그치고 달리 소제기와 같은 적극적인 권리행사의 모습이나 의지가 보이지 않는 경우 채무자가 스스로 권리행사를 하고 있는 것에 해당하는지가 문제된다. 채권자대위권의 성격상 채무자가 권리를 행사하지 않은 경우에 한하여 채권자대위권을 행사할 수 있으며 채무자가 권리를 행사하는 경우에는 유·불리와 상관없이 채권자대위권은 행사할 수 없다.[2] 여기서 '채무자의 권리의 행사' 범위를 넓게 해석할수록 채권자대위권의 범위가 좁아지는 반면 그 범위를 좁게 해석할수록 채권자대위권이 쉽게 인정되어 채무자의 권리행사에 장애가 될 수 있다. 따라서 '채무자의 권리행사'라는 문구의 의미에 대하여 조화로운 해석이 요구된다. 채무자가 구두 또는 서면으로 이행을 독촉하는 경우는 잦은 일이며, 단순히 구두로 전화하거나 채권자의 부탁이 있어 채무자가 서면으로 독촉하는 데 그친 경우에 채무자가 적극적으로 권리행사를 하고 있다고 보아서 채권자대위권의 요건을 갖추지 못한 것으로 해석한다면 채권자대위권을 인정하는 의의가 몰각될 수 있다. 따라서 사안의 경우 乙은 권리를 행사하지 않는 것으로 보아 丙에게 채권자대위권을 행사할 수 있도록 해석하는 것이 타당하다.

---

2) 판례는 비록 그 행사의 방법이나 결과가 부적당하더라도 채무자가 권리를 행사하고 있으면 채권자대위권을 행사할 수 없다고 한다(대법원 1992. 11. 10. 선고, 92다30016 판결).

68. 채권자대위권 행사에 따른 채무자의 처분권 제한

> **사 례**
>
> 甲은 실직으로 힘들게 살고 있는 후배 乙에게 500만원을 빌려주었다. 15년이
> 지난 후 실직을 하게 된 甲은 乙이 생각나서 500만원을 받기 위해 乙을 찾아갔
> 다. 乙은 아직 생활고에 시달리고 있었다. 乙은 당장은 甲에게 줄 돈이 없으나
> 丙에게 매매대금 300만원을 받기로 되어 있으니, 며칠만 기다려 달라고 부탁
> 하였다. 甲은 乙에게 정해진 날짜에 다시 전화를 걸었으나, 乙은 다른 이야기만
> 할 뿐 돈을 받아주겠다는 의사는 보이지 않았다. 그래서 甲은 丙에게 찾아가서
> 채권자대위권에 기하여 乙에게 줄 300만원을 지급하라고 요구하였다.
> (1) 丙이 甲에게 며칠의 지급유예를 부탁하였고 그 기간 동안에 丙은 乙에게 甲
>   이 채권자대위권을 행사한 사실을 알렸다. 그 소식을 접한 乙이 丙에게 채무
>   를 면제해 준 경우 丙은 甲에게 지급을 거절할 수 있는가?
> (2) 이 경우 丙은 甲의 권리는 이미 소멸시효에 걸려서 행사할 수 없다는 이유로
>   지급을 거절할 수 있는가?
> (3) 만약 甲이 채권자대위권을 행사한 사실을 乙이 알게 된 후에 乙이 자신의 채
>   무를 이행하지 않아 丙이 적법하게 乙과의 계약을 해제하였다면, 丙은 이러
>   한 사정을 이유로 甲에게 지급을 거절할 수 있는가?[1)]

(1) 대위의 상대방의 항변사유와 채무자의 처분권제한 (설문 1)

　　채권자대위의 상대방은 채무자에 대한 항변권을 대위행사하는 채권자
에 대하여서도 주장할 수 있다. 그렇지 않다면 대위권 행사로 인하여 제3자
의 지위가 열악해지기 때문이다. 따라서 乙의 채무면제로 인하여 丙의 채무
는 소멸하므로(제506조 본문) 이 사정을 가지고 대위행사하는 채권자에게 대
항할 수 있어야 한다. 그러나 채권자가 채무자에게 대위권행사 사실을 통지
하였다면 채무자가 그 권리를 처분하여도 이로써 채권자에게 대항하지 못한

---

1) 대법원 2012. 5. 17. 선고, 2011다87235 전원합의체 판결 변형.

다(제405조 제2항). 즉 민법은 채권자대위권을 행사하는 채권자가 보존행위를 하는 경우가 아니라면, 채무자에게 통지하도록 하고 있다(제405조 제1항). 채무자에 대한 통지를 통하여 달성하고자 하는 목적은 채무자가 채권자의 대위권행사 사실을 알게 함으로써 채무자가 대위권행사에 저촉되는 행위를 하는 것을 사전에 방지하고, 채무자의 협력을 통하여 대위에 의한 권리행사가 적절히 이루어질 수 있도록 하려는 데 있다.2) 따라서 사안에서 채무자의 면제라는 처분행위가 채권자의 통지 후에 이루어졌다고 한다면 채권자에게 대항하지 못하게 되므로 丙은 채무면제로 채무가 소멸하였다고 甲에게 주장하지 못하게 된다.

사안에서는 甲이 丙에 대해서 채권자대위권을 행사한 사실을 채무자인 乙에게 통지하지 않았다. 그러나 우연한 사정으로 乙은 丙으로부터 채권자인 甲이 대위권을 행사하고 있다는 사실을 전해 들어서 그 사실을 알게 되었다. 이와 같이 채권자대위권 행사의 통지가 없더라도 채무자가 그 사실을 안 경우에는 통지가 있었던 것과 마찬가지의 효과가 발생한다.3) 따라서 甲이 비록 乙에게 통지하지 않았지만 乙은 丙으로부터 그 사실을 들어 알고 있었으므로 통지 후에 처분행위가 이루어진 것이다. 따라서 丙은 乙의 채무면제를 가지고 甲에게 대항하지 못한다.

(2) 채무자의 항변사유 (설문 2)

사안에서 甲이 乙에 대하여 가지고 있는 채권은 10년의 소멸시효기간이 완성된 채권이다. 따라서 채무자 乙은 소멸시효가 완성되었다는 것을 이유로 채무의 변제를 거절할 수 있을 것이다. 그런데 문제는 채무자가 채권자에 대하여 가지는 항변사유를 제3자가 주장할 수 있느냐이다. 원칙적으로 채권자가 채권자대위권을 행사하여 제3자에 대하여 하는 청구에 있어서, 제3채무자는 채무자가 채권자에 대해서 가지는 항변으로 대항할 수 없다.4) 그러나 본 사안에서와 같이 채권자의 채권에 대하여 소멸시효기간이 완성되었고 절대적 소멸설에 따르면 채권은 소멸하여 피보전채권이 존재하지 않는다

---

2) 민법주해(Ⅸ)/김능환, 791면.
3) 대법원 1996. 4. 12. 선고, 95다54167 판결.
4) 대법원 1998. 12. 8. 선고, 97다31472 판결.

고 생각할 수도 있다. 그러나 판례는 채권의 소멸시효가 완성된 경우 이를 원용할 수 있는 자는 원칙적으로는 시효이익을 직접 받는 자뿐이고, 채권자 대위소송의 제3채무자는 이를 행사할 수 없다고 판시하였다.5) 따라서 이에 따르면 제3채무자 丙은 시효이익을 직접 받는 자가 아니어서 甲의 대위권행사에 대하여 시효완성을 원용하여 지급을 거절할 수 없다.

(3) 제3채무자의 계약해제 (설문 3)

사안에서 丙은 乙이 자신의 채무를 이행하지 않아 적법하게 계약을 해제한 것이고, 계약해제 때문에 반사적으로 乙은 丙으로부터 받기로 되어 있던 300만원을 받지 못하게 되었다. 제3채무자인 丙의 계약해제로 인하여 채무자인 乙의 채권이 소멸하였지만, 채무자의 채무불이행 사실이 채권을 소멸시키는 적극적인 행위에 해당한다고 볼 수는 없다. 더욱이 법정해제는 채무불이행에 대한 채권자의 정당한 법적 대응수단이라는 점과 채권이 압류되거나 가압류된 경우에도 해당 채권의 발생원인인 기본계약에 대한 해제가 인정된다는 점을 고려하면, 채무자 乙이 채무불이행을 이유로 계약이 해제되도록 하여 자신의 채권을 소멸시킨 것을 제405조 제2항의 '처분'이라고 볼 수는 없다.6) 따라서 丙은 乙의 채무불이행을 이유로 계약을 해제하고, 이러한 사정을 이유로 甲에게 300만원의 지급을 거절할 수 있다(다만, 채무자와 제3채무자 간의 합의로 계약을 해제하거나 채무불이행이 없음에도 채무자의 채무불이행에 의한 계약해제인 것처럼 외관을 만든 경우라면, 채무자가 그 피대위채권을 처분한 것으로 보아 제3채무자는 채권자에게 대항하지 못하게 된다).

---

5) 대법원 1998. 12. 8. 선고, 97다31472 판결.
6) 대법원 2012. 5. 17. 선고, 2011다87235 전원합의체 판결.

Ⅱ. 채권자취소권

69. 채권자취소권에서 피보전채권의 범위

사 례　甲은 사업자금으로 1억원을 대출받기 위해서 A은행에 갔는데, A은행은 甲에게 물적담보가 부족하니 연대보증인을 세울 것을 요구하였다. 이에 따라 甲은 어머니 乙에게 연대보증인이 될 것을 부탁하였고 이에 乙은 연대보증인이 되겠다는 의사를 A은행에게 전달하였다. A은행에서 대출서류를 검토하고 있던 중 乙은 대출금을 갚지 못하여 유일한 재산 X부동산이 강제집행 당할 것을 두려워하여 손자 丙에게 X부동산을 증여하였다. 그 후 A은행과 甲 사이에 대출계약이 체결되면서 乙도 연대보증계약을 체결하게 되었다. 그 후 甲의 사업이 망하여 甲이 1억원을 갚지 못하자 A은행에서 乙에게 1억원의 지급을 요구하였으나, 乙도 재산이 없어서 지급하지 못하게 되었다. 이 경우 A은행은 乙과 丙 사이의 증여계약을 취소하고 丙에게 X부동산의 인도 및 소유권이전등기의 말소를 청구할 수 있는가?

채권자취소권의 성립(제406조 제1항)

　　A은행이 乙과 丙 사이의 증여계약을 취소하고 丙에게 X부동산의 인도 및 소유권이전등기의 말소를 청구하기 위해서는 A은행이 채권자취소권을 행사할 수 있어야 한다. 채권자취소권이 성립하기 위해서는 (1) 채무자의 재산권을 목적으로 하는 법률행위일 것, (2) 채권자를 해하는 행위일 것, (3) 채무자가 행위당시 채권자를 해함을 알고서 행위를 할 것, (4) 수익자·전득자역시 채권자를 해한다는 사실을 알고 있을 것 등의 요건이 충족되어야 한다.

사안에서 채무자 乙이 丙과 체결한 증여계약은 재산권을 목적으로 하는 법률행위이다. 이 증여계약을 통하여 乙이 소유권을 丙에게 이전함으로써 채무자인 乙의 일반재산이 감소하여 채권의 공동담보에 부족이 생겨 乙이 채권자에게 완전한 변제를 할 수 없게 되었다는 점에서 증여계약은 사해행위로서의 성격을 갖는다. 또한 사해의사는 채무자의 재산처분 행위에 의하여 그 재산이 감소되어 채권의 공동담보에 부족이 생기거나 이미 부족상태에 있는 공동담보가 한층 더 부족하게 됨으로써 채권자의 채권을 완전하게 만족시킬 수 없게 된다는 사실을 인식하는 것을 의미한다.[1] 사안에서 乙은 강제집행을 면탈하기 위하여 재산을 손자 丙에게 이전하였는데, 이때 공동담보의 부족이 생긴다는 사실을 인식하고 있었으므로 채무자의 사해의사도 인정된다. 마지막으로 수익자나 전득자의 악의는 추정되는데, 수익자 丙이 사해행위라는 사실을 몰랐다는 특별한 사정이 보이지 않으므로 수익자의 악의도 인정될 수 있다.

사안에서 문제가 되는 것은 채권자취소권을 행사하기 위해서는 피보전채권이 존재해야 하는데, A은행이 보전하려고 하는 채권은 사해행위 이후에 성립한 채권이기 때문에 원칙적으로 채권자취소권을 행사할 수 없다는 점이다. 다만 사해행위 당시에 이미 채권 성립의 기초가 되는 법률관계가 발생되어 있고, 가까운 장래에 그 법률관계에 터잡아 채권이 성립되리라는 점에 대한 고도의 개연성이 있으며, 실제로 가까운 장래에 그 개연성이 현실화되어 채권이 성립된 경우에는, 그 채권도 채권자취소권의 피보전채권이 될 수 있다.[2] 여기에서의 '채권성립의 기초가 되는 법률관계'는 당사자 사이의 약정에 의한 법률관계에 한정되는 것이 아니고, 채권성립의 개연성이 있는 준법률관계나 사실관계 등을 널리 포함하는 것으로 보아야 한다. 따라서 당사자 사이에 채권 발생을 목적으로 하는 계약의 교섭이 상당히 진행되어 그 계약 체결의 개연성이 고도로 높아진 단계도 여기에 포함되는 것으로 보아야 한다. 사안에서 A은행에게 연대보증계약에 대한 청약의 의사표시를 한 것이나 乙과 A은행 사이에 연대보증계약 체결을 위해 상당히 구체적인 교섭이 이루어져 앞으로 연대보증계약이 확실하게 체결되리라는 정당한 기대 내지 신뢰

---

1) 대법원 1998. 5. 12. 선고, 97다57320 판결.
2) 대법원 2002. 11. 8. 선고, 2002다42957 판결.

가 형성된 관계에 이르렀다고 볼 수 있으므로 증여행위시에 이미 연대보증채무 성립에 관한 기초적 법률관계 또는 사실관계가 형성되어 있었다고 볼 수 있다. 또한 乙의 연대보증하에 대출승인이 날 것이 거의 확실하여 위 기초적 법률관계 내지 사실관계에 기하여 연대보증채권이 발생하리라는 점에 대한 고도의 개연성도 있었으며 실제로 그 연대보증채권이 발생하였다. 따라서 A은행의 乙에 대한 연대보증채권은 사해행위에 대한 관계에서 채권자취소권에 의하여 보호될 수 있는 피보전채권에 속한다고 볼 수 있다. 모든 요건이 충족되었으므로 A은행은 채권자취소권을 행사하여 乙과 丙 사이의 증여계약을 취소하고 丙에게 X부동산의 인도 및 소유권이전등기의 말소를 청구할 수 있다.

70. 무효행위에 대한 채권자취소권의 성립

사 례 철도청에서 근무하고 있는 甲은 철도승차권판매대금의 일부만을 납부하여 1억원을 횡령하였다. 이 사실이 밝혀지자 甲은 자신의 유일한 재산인 아파트를 숨기기 위해서 친구인 乙에게 자초지종을 설명하고 마치 매매계약이 있는 것처럼 가장하여 가등기를 경료하였다. 이때 철도청은 채권자취소권을 행사할 수 있는가?[1]

채권자취소권의 성립(제406조 제1항)

甲은 자신의 유일한 재산인 아파트를 숨기기 위해서 친구와 가장하여 매매계약을 체결하고 가등기를 경료하였으므로 채권자 취소권이 성립하기 위한 사해행위 및 사해의사 등이 모두 충족되었다. 다만 甲과 乙 사이에 체결된 매매계약과 이를 바탕으로 한 가등기가 통정허위표시를 이유로 무효(제108조)인 경우에도 철도청이 채권자취소권을 행사할 수 있는지 문제된다. 무효행위의 취소에 대하여 무효의 성격상 원칙적으로 부정해야 한다는 견해도 있지만 대체적인 학설[2]과 판례[3]는 무효인 법률행위는 법률적으로 '무'는 아니므로 취소의 대상이 되고, 따라서 무효인 법률행위를 취소하는 것은 이론적으로도 가능하다고 한다. 또한 제108조 제2항에 의하여 선의의 제3자에 대하여 무효를 가지고 대항하지 못하므로 실제로도 무효행위에 대한 취소권 행사를 인정할 실익이 있다. 따라서 채권자인 철도청이 무효인 매매계약을 사해행위로 하여 채권자취소권을 행사할 수 있다고 보는 것이 타당하다.

다음으로 매매계약에 대한 취소권을 행사하면서, 순위보전의 효력만 갖

---

1) 대법원 1975. 2. 10. 선고, 74다334 판결 변형.
2) 김증한·김학동, 196면.
3) 대법원 1961. 11. 9 선고, 4293민상263 판결; 대법원 1964. 4. 14 선고, 63다827 판결.

는 가등기도 사해행위로서 취소할 수 있는지 문제된다. 소유권 이전등기청구권을 보전하기 위한 가등기를 하여 후일 본등기를 하는 경우에는 가등기시에 소급하여 소유권변동의 효력이 발생하여 채권자로 하여금 완전한 변제를 받을 수 없게 하는 결과를 초래할 수 있어 가등기 역시 사해행위가 될 수 있다.4) 따라서 철도청은 채권자취소권을 행사하여 乙에 대한 가등기를 취소할 수 있다고 보는 것이 타당하다.

---

4) 대법원 1975. 2. 10. 선고, 74다334 판결.

71. 채권자취소권에서의 사해행위

> **사 례** 甲은 평소 과시욕이 강하여 분수에 맞지 않는 소비생활을 계속하였고, 그러한 생활을 유지하기 위하여 여러 사람들로부터 사업자금 명목으로 상당한 돈을 빌렸다. 그러나 그의 실체를 알게 된 사람들은 더 이상 그에게 돈을 빌려주지 않았으며 돈을 빌려준 사람들은 빚독촉을 하게 되었다. 그럼에도 불구하고 甲은 평소 사고 싶었던 스포츠카를 사기 위하여 자신의 경제사정을 잘 알고 있던 乙에게 자신의 유일한 재산인 X 토지를 시가에 팔았다. 이에 채권자인 丙 등은 법원에 甲이 乙에게 X 토지를 판 것은 사해행위이므로 취소하여 줄 것을 청구하였다. 丙 등의 청구는 정당한가?

채권자취소권의 성립(제406조 제1항)

사안에서는 甲이 시가에 자신의 소유물을 판 것이 사해행위가 될 수 있는지가 문제된다. 사해행위는 채권자를 해하는 행위이어야 하고, 따라서 채무자의 법률행위의 결과 채무자의 재산이 감소하여 채권의 공동담보에 부족이 생기고 채권자가 충분한 채권의 만족을 얻을 수 없게 될 염려가 있는 행위를 말한다. 그런데 시가에 의하여 소유물을 판 경우에는 甲의 재산상태에 변화가 없기 때문에 다수설은 채무자와 수익자 사이에 통모가 있는 경우를 제외하고는 재산의 소유형태가 부동산에서 금전으로 바뀌는 것에 불과하고 총재산의 가액에 변동이 없다면 사해행위가 되지 않는다고 보고 있다.[1] 그러나 판례[2]는 채무자인 甲이 자신의 유일한 재산인 X 토지를 소비하기 쉬운 금전으로 바꾸었고 X 토지의 매각이 일부 채권자에 대한 정당한 변제에 충당하기 위하여 상당한 매각으로 이루어졌다는 등의 특별한 사정이 없는 한

---

1) 곽윤직, 151면; 김증한 · 김학동, 200면; 김형배, 411면.
2) 대법원 1966. 10. 4. 선고, 66다1535 판결.

항상 채권자인 丙 등에 대하여 사해행위가 되며, 이때 채무자인 甲의 사해의 사는 추정된다고 보고 있다.

　사안에서 甲이 부동산을 매각한 것은 채무변제를 하기 위하거나 갱생을 위한 목적에 있지 않고 사치스런 소비목적에 있다고 할 수 있다. 또한 이러한 사치스런 목적을 가지고 있다는 사실을 매매상대방 乙도 알고 있었고, 甲도 乙에 대한 양도로 자신의 공동담보에 부족이 생긴다는 인식은 갖고 있었다. 이와 같이 사해의사가 강한 상태에서 부동산의 매각행위가 이루어졌다고 한다면 매매대금이 상당한 가격이거나 또는 상당한 가격을 초과한다고 하더라도 채무자의 매각행위는 사해행위로서 인정되어야 한다고 본다.[3] 따라서 甲의 매각행위는 사해행위이므로 丙 등은 乙에 대한 X 토지 매매에 대하여 채권자취소권을 행사할 수 있다.

---

3) 정기웅, 257면.

72. 채권자취소권에서의 사해의사와 증명책임

사 례 사업을 하는 甲은 경기가 살아날 것으로 기대하고 A은행으로부터 5억원을 빌렸으나 생각 외로 불황이 지속되자 자금난에 몰리게 되었다. 이에 甲은 친구인 乙로부터 3억원을 빌려 계속 공장을 운영하였으나 결국 이 돈도 바닥이 났다. 乙에게 미안해진 甲은 A은행에는 사업이 다시 살아나면 갚겠다고 생각하고 일단 乙에게 자신의 유일한 재산인 임야 1000평(시가 2억원)을 대물변제로 양도하였다. 그러자 A은행은 甲의 양도행위에 대하여 법원에 채권자취소소송을 제기하였다. A은행측은 甲이 채권의 공동담보에 부족이 생기는 것에 대하여 인식이 있었다는 것은 증명하였으나 甲이 A은행을 해하려 했다는 사실과 乙이 甲의 의도를 알고 있었다는 것은 증명하지 못하였다. 법원은 A은행의 채권자취소권을 받아들일 수 있는가?

(1) 甲의 사해행위 및 사해의사

A은행이 채권자취소권을 행사하려면 (1) 피보전채권이 사해행위 이전에 발생해 있을 것, (2) 채무자의 재산권을 목적으로 하는 법률행위일 것, (3) 채권자를 해하는 행위일 것, (4) 채무자가 행위 당시 채권자를 해함을 알고서 행위를 할 것, (5) 수익자·전득자 역시 채권자를 해한다는 사실을 알고 있을 것 등의 요건이 충족되어야 한다.

사안에서 A은행의 5억원에 대한 채권은 甲의 乙에 대한 대물변제가 있기 전부터 존재하였다. 또한 채무자인 甲의 유일한 재산인 임야를 乙에게만 대물변제로 제공하여 소유권을 이전하였다면 그 범위 내에서 甲의 공동담보가 감소됨에 따라 다른 채권자인 A은행은 종전보다 더 불리한 지위에 놓이게 된다. 이는 곧 A은행의 이익을 해하는 것이라고 보아야 하고, 이미 채무초과의 상태에 빠져 있는 甲이 그의 유일한 재산인 임야를 친구인 乙에게만 대물변제로 제공하였다면 다른 사정이 없는 한 사해행위로 인정될 수 있다.[1]

이때 채무자인 甲에게 사해의사가 있었는지 문제된다. 사안에서 甲은 A은행을 해할 의도가 있었던 것은 아니고 일단 채권자 중 1인을 선택하여 대물변제한 것으로 보인다. 채무자의 사해의사는 채권의 공동담보에 부족이 생기는 것을 인식하는 것을 뜻하며 채권자를 해할 것을 기도하거나 의욕하는 것을 요하지 아니한다.[2] 따라서 A은행은 甲이 채권자 중 1인을 선택하여 대물변제를 한 것과 관련하여, 공동담보에 부족이 생기는 것을 인식하고 있었다는 것을 입증하였으므로 법원은 사해의사를 인정할 수 있다.

(2) 수익자인 乙의 악의의 증명책임

A은행이 乙을 상대로 채권자취소권을 행사하기 위해서는 수익자인 乙이 사해행위시에 채권자를 해한다는 사실을 알고 있었어야 한다. 사안에서 채무자인 甲의 사해의사에 대해서는 A은행이 증명하였으나 수익자인 乙의 악의에 대해서는 증명하지 못하고 있다. 그러나 사해행위취소소송에 있어서 채무자인 甲이 악의인 점에 대해서는 채권자 A은행에 증명책임이 있지만, 수익자인 乙이 악의라는 점에 관하여는 증명책임이 채권자에게 있는 것이 아니라 수익자인 乙 자신이 선의라는 사실을 입증해야 한다.[3] 따라서 사안에서 A은행이 乙의 악의를 입증하지 못하였더라도, 乙 자신이 선의라는 점을 증명하지 못하는 이상 A은행은 채권자취소권을 행사할 수 있다.

---

1) 대법원 2001. 4. 27. 선고, 2000다69026 판결.
2) 대법원 1997. 5. 9. 선고, 96다2606 판결.
3) 대법원 1997. 5. 23. 선고, 95다51908 판결.

73. 채권자취소권 행사와 책임재산의 원상회복 방법

사 례 甲은 乙에게 2억원의 채권을 가지고 있는데, 乙은 甲으로부터 강제집행당할 것을 염려한 나머지 2016년 8월 6일 자신의 유일한 재산인 시가 1억 5000만원 상당의 21평 아파트에 관하여 자신의 동생인 丙에게 2016년 8월 4일자 증여를 원인으로 한 소유권이전등기 절차를 마쳤다. 2016년 8월 10일 丙은 위와 같은 사정을 모르는 A은행으로부터 돈을 차용하면서 위 아파트에 채권자를 A로 한 채권최고액 7000만원의 근저당권설정등기를 마쳤다. 甲은 위 증여사실과 위 아파트가 유일한 재산이라는 사실을 2016년 9월 4일에 알게 되었다.
(1) 이 경우 甲은 丙을 상대로 위 증여계약의 취소 및 丙 명의의 소유권이전등기의 말소를 청구할 수 있는가?
(2) 예비적으로 가액배상을 청구하는 경우는?

甲의 丙에 대한 원상회복 청구권(제406조 제1항 본문)

사안에서 피보전채권은 2억원의 금전채권으로서 사해행위 전에 성립하였고 乙은 자신의 유일한 재산인 아파트를 丙에게 증여함으로써 무자력이되어 사해행위가 성립함에는 의문이 없다. 또한 수익자 丙은 악의인 것으로 추정되나, 전득자 A는 선의이므로 丙에 대하여만 채권자취소권을 행사할 수있다. 채권자취소권의 행사 결과 위 증여계약이 취소되고 원상회복을 구할경우 원칙적으로 목적물 자체의 반환을 청구하여야 하며, 원물반환이 불가능하거나 현저히 곤란한 경우에는 가액배상이 허용된다.

(1) 원물반환의 방법 (설문 1)

사해행위취소권의 행사에 따른 원물반환 방법으로서 말소등기청구뿐만 아니라 진정명의회복을 위한 소유권이전등기의 방법도 가능하다.[1) 사안에서 甲은 A의 저당권의 부담을 안은 채 부동산 소유권을 회복하여야 하는 데, 소유권이전등기의 말소만 청구하고 저당권을 그대로 두는 등기의 상대적 말소는 논리적으로 있을 수 없다. 따라서 본 사안의 경우 말소등기의 실현이 불가능하고 부득이하게 이전등기의 방법으로 실현할 수밖에 없다는 점에서 甲은 丙에 대하여 乙 명의로 소유권이전등기만을 청구할 수 있다고 생각할 수 있다. 그러나 상대적 소멸설을 취하고 있는 한도에서는 이와 같은 등기의 상대적 말소도 가능하므로 판례는 부동산에 수익자 또는 전득자가 저당권설정등기를 경료한 경우에도 그 등기를 제외한 전득자 또는 수익자 명의의 소유권이전등기를 말소하면 저당권의 부담이 있는 채로 부동산이 채무자에게 환원된다고 한다.2) 판례의 입장을 따른다면 원물반환의 방법으로 甲이 丙을 상대로 丙명의의 소유권이전등기의 말소등기를 청구하는 것이 가능하다.3)

(2) 가액배상의 방법 (설문 2)

가액배상은 원물반환이 불가능하거나 현저히 곤란한 경우에만 보충적으로 인정된다. 이때 원물반환이 불가능하거나 현저히 곤란한 경우라 함은 원물반환이 단순히 절대적, 물리적으로 불능인 경우뿐만 아니라 사회생활상의 경험법칙 또는 거래상의 관념에 비추어 그 이행의 실현을 기대할 수 없는 경우를 말한다.4) 사안에서 A의 근저당권이 그대로 남게 되므로 원물반환의 방법으로 사해행위 이전의 상태로 완전히 원상회복이 되지 않으므로 가액배상이 인정된다.5) 가액배상의 경우 채권자취소소송의 사실심변론종결시를 기준으로 가액을 산정해야 한다.6) 이때 부동산 가액에서 A가 취득한 저당권의 피담

---

1) 대법원 2001. 2. 9. 선고, 2000다57139 판결.

2) 대법원 1990. 10. 30. 선고, 80다카35421 판결; 대법원 2005. 11. 10. 선고, 2004다49532 판결.

3) 그러나 丙명의의 소유권이전등기의 말소등기를 신청하기 위해서는 이해관계 있는 제3자인 A의 승낙서 혹은 그에 대항할 수 있는 재판의 등본을 신청서에 첨부해야 하는데(부동산등기법 제171조), 이러한 요건을 갖추기는 현실적으로 어렵기 때문에 말소등기 청구는 실효성이 없다는 지적이 있다.

4) 대법원 1998. 5. 15. 선고, 97다5836 판결.

5) 대법원 2001. 2. 9. 선고, 2000다57139 판결.

보채권액을 공제할 것은 아니고 부동산 가액 전부의 배상을 청구할 수 있다.[7) 따라서 甲은 丙에게 1억 5천만원의 지급을 청구할 수 있다.

---

6) 대법원 1999. 9. 7. 선고, 98다41490 판결.

7) 대법원 2003. 12. 12. 선고, 2003다40286 판결: 사해행위 후 그 목적물에 관하여 선 의의 제3자가 저당권을 취득하였음을 이유로 가액배상을 명하는 경우에는 사해행위 당시 일반 채권자들의 공동담보로 되어 있었던 부동산 가액 전부의 배상을 명하여야 할 것이고, 그 가액에서 제3자가 취득한 저당권의 피담보채권액을 공제할 것은 아니 고, 증여의 형식으로 이루어진 사해행위를 취소하고 원물반환에 갈음하여 그 목적물 가액의 배상을 명함에 있어서는 수익자에게 부과된 증여세액과 취득세액을 공제하 여 가액배상액을 산정할 것도 아니다.

제5장 다수당사자의 채권관계

Ⅰ. 분할채권관계와 불가분채권관계

74. 분할채권관계와 불가분채권관계의 구분

> **사 례**
>
> 甲·乙·丙은 자동차를 공유하기 위해서 A·B·C가 공유하고 있는 자동차를 1200만원에 사기로 하는 매매계약을 체결하였다. 이 경우 A는 甲에게 매매대금의 전부를 청구할 수 있는가? 甲은 A에게 자동차의 인도를 청구할 수 있는가?

사안에서 매매대금지급이라는 하나의 급부를 중심으로 甲·乙·丙이라는 다수의 채무자와 A·B·C라는 다수의 채권자가 존재하고 자동차의 소유권이전이라는 하나의 급부를 중심으로 A·B·C라는 다수의 채무자와 甲·乙·丙이라는 다수의 채권자가 존재한다. 이와 같이 다수당사자의 채권관계는 하나의 급부를 중심으로 채권자 또는 채무자의 일방 또는 쌍방이 2인 이상인 채권관계를 총칭하는 개념으로 사용되고 있다. 동일한 내용의 급부를 목적으로 하는 채권자 또는 채무자의 수만큼의 다수의 채권관계가 성립하는 경우로서는 분할채권채무관계, 불가분채권채무관계, 연대채무, 보증채무 등이 존재한다.

다수당사자의 채권관계에서 대외적 효력은 복수의 채권자 또는 채무자와 상대방 사이에서 이행의 청구 또는 변제를 어떻게 할 것인가의 문제, 즉

> ※ **[다수당사자의 채권관계의 검토순서]**
> (1) 하나의 급부의 확정 → (2) 채권자와 채무자 어느 측에 다수가 있는지 확정 →
> (3) 대외적 관계 → (4) 당사자 1인에게 생긴 사유 → (5) 내부관계

급부의 전부나 일부를 동시에 또는 순차로 청구할 수 있는가의 문제를 다룬다. 따라서 A가 甲에게 매매대금의 전부를 청구할 수 있는지의 문제와 甲이 A에게 자동차의 인도를 청구할 수 있는지의 문제는 모두 대외적 효력의 문제에 해당한다.

급부를 나눌 수 있는 경우에 특별한 의사표시가 없으면 당사자 사이에 분할채권관계가 성립한다(제408조). 이 경우 각 채권자 또는 각 채무자는 균등한 비율로 권리가 있고 의무를 부담하게 된다. 반대로 급부를 나눌 수 없는 경우에는 불가분채권(제409조) 내지 불가분채무(제411조)가 성립한다. 불가분채권의 경우 급부는 각 채권자가 모든 채권자를 위하여 이행을 청구할 수 있고 채무자는 모든 채권자를 위하여 각 채권자에게 이행할 수 있다. 사안에서 매매대금의 지급이라는 급부는 나눌 수 있으므로 분할채권관계가 성립하고 자동차의 소유권이전이라는 급부는 나눌 수 없으므로 불가분채권관계가 성립한다. 다만 수인이 공동으로 물건을 구입하는 이와 같은 사례에서 채무자 전원의 자력이 총체적으로 고려된 것으로 보여지는 특수한 사정이 있는 때에는 연대채무에 대한 묵시의 특약이 있는 것으로 새기려는 학설의 경향이 있다.[1] 그러나 본 사안에서는 채무자 전원의 자력이 총체적으로 고려된 특수한 사정이 보이지 않으므로 매매대금채무는 분할채무로 보아야 한다.

자동차의 인도청구에서는 불가분채권자인 甲은 모든 채권자를 위하여 불가분채무자인 A에게 자동차의 인도를 청구할 수 있다. 그러나 매매대금의 지급에서는 분할채권자 A는 균등한 비율로 권리를 행사할 수 있을 뿐이므로 甲에게 매매대금의 1/3인 400만원만을 청구할 수 있다.

---

1) 이에 관하여 김형배, 434면.

75. 분할채무와 해제의 불가분성

> **사 례** 甲과 乙은 X상표의 기저귀 10묶음을 사면 10%의 할인뿐만 아니라 경품으로 기저귀가방을 준다는 광고를 보고 각각 5묶음을 사기로 하고 丙으로부터 기저귀 10묶음을 15만원에 사기로 하는 매매계약을 체결하였다. 그 후 甲은 7만 5천원을 丙에게 지급하였다. 丙이 인도를 하지 않자, 甲은 다시 이행을 청구하였으나, 丙은 乙이 아직 매매대금을 지급하고 있지 않기 때문에 이행할 수 없다고 주장한다. 甲은 이행하지 않으면 계약을 해제하겠다고 한다. 누구의 주장이 타당한가?

甲의 이행지체로 인한 해제권(제544조)

　　甲이 이행지체로 인한 해제권을 행사하기 위해서는 乙이 매매대금을 지급하고 있지 않다는 것을 이유로 한 丙의 동시이행의 항변권행사가 정당하지 않아야 한다. 甲・乙과 丙 사이에 체결된 매매계약에서 기저귀 묶음은 가분적이므로 매매대금의 지급과 매매목적물의 소유권이전은 모두 분할가능한 급부를 목적으로 한다. 따라서 당사자 사이에는 분할채권관계가 성립하였다(제408조). 이때 甲이 자신이 부담하고 있는 분할채무인 매매대금채무를 이행하고 자기가 가지는 분할채권을 행사할 때 丙이 乙로부터 이행의 제공이 있을 때까지 동시이행의 항변권을 행사하여 이행을 거절할 수 있는지가 문제된다. 해제권의 행사와 관련하여 해제권은 불가분성이 있으므로 총채권자로부터 총채무자에 대하여 행하여져야 하는데(제547조 제1항), 분할채권・채무의 경우에는 독립적으로 해제권을 행사할 수 있는지도 같은 선상에서 문제된다.

　　불가분인 물건을 구입하는 경우에는 급부의 불가분성이 다른 채무에 대하여 이행상의 견련성을 발생케 하여 매수인들이 모두 매매대금을 지급할 때까지는 동시이행의 항변권을 행사하여 매도인이 매매목적물의 인도를 거절할 수 있다는 점에는 의문이 없다. 분할채권·분할채무의 독립성을 감안한다면 이행의 여부도 독립적으로 판단해야 할 것이다.[1] 더 나아가서 해제권의 행사도 독립적으로 행사할 수 있도록 하여야 할 것이다. 그러나 다수설은 丙의 분할급부와 甲·乙의 분할급부가 1개의 계약에 의하여 발생하였기 때문에 甲·乙이 부담하고 있는 채무가 일체를 형성하여 丙이 부담하고 있는 반대급부채무 전부와 대가관계에 있는 것으로 보고 있다.[2] 따라서 丙은 모든 매수인이 이행을 하기 전까지는 동시이행의 항변권을 행사하여 이행을 거절할 수 있다고 한다. 이 견해에 따르면 분할채권관계에서도 해제권의 불가분성이 적용되어 해제권은 총채권자로부터 총채무자에 대하여 행사해야 하는 것으로 본다.

분할 가능한 물건을 공동으로 구입하는 경우에 항상 일체성을 갖게 하려는 의사가 당사자에게 있는지는 의문이지만, 본 사안에서는 기저귀 10묶음을 사야만 10%의 할인가격 및 경품을 받도록 되어 있기 때문에, 매도인의 시각에서는 매매계약 전체가 이행되어야 한다는 것을 전제로 계약을 체결하였다. 이러한 매도인의 의도를 매수인들도 인식할 수 있었으므로 본 사안에서 이행에서의 일체성이 인정될 수 있는 특수한 사정이 존재한다. 따라서 丙이 동시이행의 항변권을 행사하여 이행을 거절하는 것은 정당하며 이행지체를 이유로 계약을 해제하기 위해서는 甲이 단독으로 해제권을 행사하지 못하고 乙과 함께 행사하여야 한다.

---

1) 이와 같이 파악하는 견해로 김형배, 436면.
2) 곽윤직, 162면; 김증한·김학동, 218면.

76. 불가분채권에서 1인의 채권자에게 생긴 사유의 효력

사 례 같은 직장에서 일하고 있는 甲, 乙과 丙은 공동으로 丁으로부터 공기청정기를 36만원에 사기로 하는 매매계약을 체결하였다. 甲은 공기청정기에 관심이 없어져서 그 대신 선풍기를 받고 싶다고 하니, 丁이 12만원에 해당하는 선풍기를 甲에게 주었다. 이때 乙, 丙과 丁 사이의 법률관계는?

　　甲, 乙, 丙은 丁과 체결한 매매계약을 통하여 공기청정기에 대하여 불가분채권을 갖고 있었고 매매대금 36만원에 대하여는 분할채무를 부담하고 있었다. 그런데 甲은 공기청정기를 대신하여 선풍기를 대신 받도록 하는 계약을 체결하였는데, 이는 채무의 중요한 부분을 변경하는 계약으로서 경개계약에 해당한다. 이 경개계약으로 甲의 채권·채무는 소멸하였다(제500조). 이와 같이 하나의 불가분채권을 갖는 채권자의 채권이 경개로 인하여 소멸한 경우 다른 채권자의 채권에 어떠한 영향을 미치는지가 문제된다.

　　당사자 1인에게 생긴 사유의 효력은 한 사람의 채무자 또는 채권자에게 생긴 사유가 다른 채무자 또는 채권자에게 어떠한 영향을 미치는가에 관한 문제를 말한다. 이행의 청구·경개·상계·면제·시효의 완성·시효의 중단 등의 효력이 그 사유가 발생한 자에게만 효력이 있는 경우에는 상대적 효력이 있다고 하고 다른 모든 채무자 또는 채권자에게 효력이 있는 경우를 절대적 효력이 있다고 한다. 불가분채권의 경우 이행의 청구 및 이로 인한 소멸시효의 중단, 이행지체, 변제 이외의 사항은 상대적 효력만을 갖는다(제410조 제1항). 따라서 경개의 경우도 상대적 효력을 갖고 있으므로 乙과 丙은 계속해서 공기청정기를 청구할 수 있는 채권을 갖는다. 또한 매매대금은 각각 균분하여 부담하고 있으므로 乙과 丙은 각각 12만원만 지급하면 된다.

　　그렇다면 乙과 丙은 공기청정기 전부를 청구할 수 있는 데 반하여 매매대금은 2/3인 24만원만 지급하면 된다는 결과에 이른다. 따라서 불가분채권자 중의 1인과 채무자 사이에 경개나 면제가 있는 경우에 채무전부의 이행을 받은 다른 채권자는 그 1인이 권리를 잃지 아니하였으면 그에게 분급할 이익을 채무자에게 상환해야 한다(제410조 제2항). 만약 이와 같은 규정이 없다면 乙과 丙은 甲이 원래 누리도록 하는 이익을 甲에게 나누어주어야 하고 甲은 다시 丁과 청산을 해야 하는데, 이러한 순환관계를 간편하게 해결하기 위해서 민법은 직접 채무자에게 상환하도록 하고 있는 것이다. 따라서 양쪽 모두 이행을 하였다면 丁은 제410조 제2항을 근거로 이익상환청구권을 행사할 수 있으며, 이때 이익은 지분적 이익이 아니라, 가액이익을 말하므로 12만원을 직접 자신에게 상환할 것을 乙과 丙에게 청구할 수 있다.

Ⅱ. 연대채무

77. 연대채무에서 채무자 1인에 대한 면제의 효력

사례 대학동기인 甲, 乙과 丙은 공동으로 20평 되는 아파트를 丁으로부터 월세 60만 원에 임차하였다. 甲이 주말에 丁의 집수리를 돕자 丁은 3개월 동안 甲에게 임 대료를 면제하여 주었다. 그 후 월말이 되자 丁은 임대료 40만원을 받기 위해 서 아파트에 가보니 甲만 있어서 甲에게 40만원의 임대료를 낼 것을 주장한다. 甲은 면제를 받았으니, 다른 친구들의 부담부분에 해당하는 40만원에 대하여 도 책임이 없다고 주장한다. 누구의 주장이 타당한가?

　　甲, 乙과 丙은 공동으로 丁의 아파트를 빌리는 임대차계약(제618조)을 체결하였고 차임지급의무에 대하여 법률규정을 통하여 연대채무관계에 있 다(제654조, 제616조). 따라서 丁은 甲, 乙과 丙 중 어느 연대채무자에 대하여 또는 동시나 순차로 모든 연대채무자에 대하여 채무의 전부나 일부의 이행 을 청구할 수 있다(제414조). 사안에서 채권자 丁이 연대채무자 중 1인인 甲 에 대하여 면제(제506조)를 한 경우 그 면제의 의미가 문제된다. 민법 제419 조에 의하면 어느 연대채무자에 대한 채무면제는 그 채무자의 부담부분에 한하여 다른 연대채무자의 이익을 위하여 효력이 있다. 따라서 부담부분에 한하여 절대적 면제의 효력을 갖는다. 사안에서 甲은 면제로 자신의 부담부 분에 해당하는 20만원에 대하여 丁과의 관계에서만 채무가 소멸하는 것이 아니라 乙과 丙에 대한 관계에서도 소멸하는 것이다. 甲이 나머지 乙과 丙의 부담부분에 해당하는 40만원에 대하여 책임을 부담하는지는 채권자의 면제 로 甲이 연대책임을 면하였는가 하는 문제와 연결되어 있다. 연대의 면제의 효과가 있다면 다른 채무자의 부담부분에 대하여 채무자 甲은 더 이상 책임을 부담할 필요가 없으나, 연대의 면제의 효과가 없다면 자신의 부담부분에 대하여만 지급할 의무만 면제받았을 뿐 다른 채무자의 부담부분에 대하여는 지급할 의무가 존재한다.

　　다수설은 채권자가 연대채무자에 대하여 채무의 면제를 하였다면 채무가 면제된 연대채무자는 연대채무관계에서 완전히 탈락하고 그 밖의 연대채무자만이 남은 채무에 대해서만 연대채무를 부담하는 것으로 해석해야 한다고 보고 있다. 즉 부담부분의 면제는 물론 연대의 면제의 효력이 있다는 것이다. 이 견해에 따르면 甲은 면제를 받은 3개월 동안은 나머지 채무자의 부담부분인 40만원에 대하여도 丁에게 지급할 책임을 부담하지 않는다. 그에 반하여 채무의 면제에 의하여 연대채무자는 채권자에 대한 관계에서 자신의 고유채무가 면제될 뿐이며 다른 채무자에 대한 대내적 관계에서는 상호보증적 부분에 대한 채무가 여전히 존속한다는 견해가 있다.[1] 이 견해에 따르면 면제는 부담부분의 면제를 의미하므로 채무자는 연대책임을 아직 부담하여 다른 채무자의 부담부분인 40만원에 대하여는 책임이 있다.

　　채권자가 면제를 할 때의 의사를 생각해 보면 3개월 동안은 면제를 받은 채무자에 대하여는 전혀 책임을 묻지 않겠다고 보는 것이 타당하기 때문에 채무면제 속에는 연대의 면제도 포함되어 있다고 해석하는 것이 타당하다. 따라서 임대료의 지급을 거절한 甲의 주장이 타당하다.

---

1) 김형배, 464면.

78. 연대채무자의 구상권

> **사 례** 甲, 乙과 丙은 연대하여 丁으로부터 300만원을 빌렸다. 이행기가 되어 丁이
> 300만원을 요구하자, 甲은 乙과 丙에게 묻지도 않고 240만원을 丁에게 주었
> 다. 그 후에도 이 사실을 甲은 乙과 丙에게 알리지 않은 채 乙과 丙에게 구상권
> 을 행사하였다. 乙과 丙에게 다음과 같은 사유가 존재하는 경우에 甲의 구상권
> 행사에 응해야 하는가?
> (1) 乙은 丁에게 80만원을 청구할 수 있는 대금채권을 갖고 있었다.
> (2) 丙은 甲이 丁에게 이미 240만원을 주었다는 사실을 모르고 丁에게 300만원
> 을 지급하였다.

(1) 사전통지를 하지 않은 경우 구상권의 제한(제425조 제1항, 제426조 제1항) － (설문 1)

甲이 乙에게 구상권을 행사하기 위해서는 자신의 변제 기타 자기의 출재
로 공동면책이 되어야 한다(제425조 제1항). 자기의 출재는 적극적으로 재산을
지출하는 것이 보통이나 소극적으로 새로운 채무를 부담하는 것도 가능하다.
여기에는 변제, 대물변제, 공탁, 상계, 경개, 변제로 볼 수 있는 혼동 등은 포
함되나, 면제 또는 시효의 완성은 출재가 없으므로 구상권이 발생하지 않는
다. 사안에서 甲은 240만원을 변제하였는데, 변제는 모든 연대채무자의 채
무를 소멸시키는 절대적 효력을 가지므로(제413조), 甲의 출재로 인한 공동
의 면책이 있었다. 甲은 자신의 부담부분을 넘어서는 부분에 대하여 구상권
을 행사할 수 있다.[1] 다른 특약이 없는 한 연대채무자의 부담부분은 균등한
것으로 추정되므로(제424조), 甲, 乙, 丙 내부관계에서 각각은 100만원씩 부

---

1) 구상권이 성립하기 위해서는 공동면책된 액이 자기의 부담부분에 해당하는 액을 넘어
   야 하는지에 대하여 학설의 다툼이 있으나 사안의 경우 甲이 변제한 액수는 240만원
   으로 부담부분인 100만원을 초과하고 있으므로 사안에서 큰 의미는 없다.

담한다. 전부를 변제하지 않았으므로 甲은 乙에게 부담부분의 비율에 따라 구상할 수 있으므로[2] 80만원을 각각 청구할 수 있다.

　문제는 甲이 240만원을 변제하면서 변제 전에 연대채무자인 乙에게 변제사실을 통지했어야 하는데, 통지를 하지 않았다는 점이다. 사전통지를 하지 않은 경우에 다른 연대채무자가 채권자에게 대항할 수 있는 사유가 있었을 때에는 그 부담부분에 한하여 그 사유로 면책행위를 한 연대채무자에게 대항할 수 있고 그 대항사유가 상계인 때에는 상계로 소멸할 채권은 그 연대채무자에게 이전한다(제426조 제1항). 사안에서 연대채무자인 乙이 채권자인 丁에게 상계할 수 있는 채권을 가지고 있었으므로 乙은 자신의 부담부분 80만원의 범위에서 그 반대채권을 가지고 甲의 구상권과 상계하여 甲의 청구를 거절할 수 있다. 이때 상계권 행사로 乙의 丁에 대한 채권이 甲에게 이전된다. 따라서 甲은 이 채권을 丁에게 행사하여 丁으로부터 변제를 받아야 한다.

(2) 사후통지를 하지 않은 경우의 구상권 행사(제426조 제2항) – (설문 2)

　甲은 변제를 통하여 240만원의 범위에서 공동면책시켰으나, 다른 연대채무자인 乙과 丙에게 사후통지를 게을리 하여 丙이 다시 丁에게 채무를 변제한 경우 제1변제와 제2변제 사이의 관계가 문제된다. 제426조 제2항에 따르면 甲이 변제를 하여 공동면책시켰다 하더라도 乙과 丙에게 통지하지 않은 상태에서 丙이 선의로 채권자에게 전액을 변제하였다면 甲은 丙에게 자기의 면책행위의 유효를 주장할 수 없게 된다. 그러나 제426조 제2항에 대한 해석은 丙이 제426조의 사전통지를 하였는지 여부에 따라 나눠볼 필요가 있다.

　먼저 丙이 甲에게 사전통지를 한 후 300만원의 전액을 변제하였다면 제426조 제2항이 적용된다는 데 다툼이 없다. 이때 丙의 제2변제에 대하여 절대적 효력을 인정한다면 丙은 乙과 甲에게 각각 100만원의 구상권을 행사할 수 있을 것이다. 반면에 丙의 출재행위, 즉 제2의 변제에 대하여 상대적 효력을 인정하는 다수설[3]에 의하면 기본적으로 2중의 변제가 있는 경우에 먼저 행해진 변제가 유효하고 나중에 행해진 변제는 비채변제가 된다. 다만 선의

---

2) 대법원 2013. 11. 14. 선고, 2013다46023 판결.
3) 곽윤직, 179면; 김증한·김학동, 238면.

의 이중출재자를 보호하기 위하여 제426조 제2항을 적용해야 한다고 본다. 따라서 甲은 乙과 丙에게 각각 80만원의 구상권을 행사할 수 있지만 丙은 甲과의 관계에서 오히려 자신의 변제가 유효하다고 주장하여 甲에 대하여 100만원을 구상할 수 있다. 반면 乙과 丙 사이에는 甲의 변제가 유효하다. 따라서 丙의 변제 중 300만원에서 甲의 240만원을 뺀 60만원에 해당하는 丙의 변제만 유효하다. 이에 따라 丙은 乙에게는 60만원에 대한 乙의 부담부분인 20만원만 구상권을 행사할 수 있다. 그러나 甲이 乙로부터 구상하여 80만원을 받았다면 丙은 甲으로부터 부당이득에 기한 청구로서 80만원을 받을 수 있다. 그리고 甲은 丁에 대한 丙의 부당이득 반환청구권을 대위행사하여 240만원의 부당이득을 반환받을 수 있다.

	甲	乙	丙	丁
	−240(丁에게 변제)	−80(甲에게 구상)	−300(丁에게 변제)	+240(甲의 변제)
	−100(丙에게 구상)	−20(丙에게 구상)	+20(乙의 구상)	+300(丙의 변제)
	+80(乙의 구상) −80(丙에게 부당이득반환)		+80(甲의 부당이득반환)	−240(부당이득반환)
	+240(丁에 대한 丙의 부당이득반환청구권대위행사)		+100(甲의 구상)	
총	−100	−100	−100	+300

다음으로 丙이 사전통지를 하지 않아 제426조 제1항의 요건을 갖추지 못하였다면 제426조 제2항의 효과를 주장하지 못한다.[4] 따라서 丙의 300만원의 변제 중 60만원의 변제는 인정되지만 240만원에 대해서는 甲의 변제만이 면책행위로서 유효하므로 이 한도에서 丁의 부당이득이 인정된다. 결국 丙은 丁에게 240만원의 부당이득반환청구권을 갖는다.

---

4) 김증한·김학동, 239면.

79. 부진정연대채무

> **사 례** 택시운전사 甲은 그 소유의 택시에 손님 乙을 태우고 가다가 丙이 운전하던 자동차와 충돌하는 사고를 일으켜 乙에게 대략 1억원 전후의 손해를 야기했다. 이 사고는 甲와 丙이 6:4의 비율로 운전상의 잘못을 저지름으로써 일어난 것이다. 손해가 확정되지 않은 상태에서 甲은 乙에게 손해배상금 1억원을 지급하면서 乙과 그 외에는 甲에게 일체의 손해배상을 청구하지 아니하기로 약정을 하였다.
> (1) 그 후 손해액이 1억 2천만원으로 확정되었다면 乙은 丙에 대하여 2천만원의 손해배상을 청구할 수 있는가?
> (2) 甲은 丙에게 구상권을 행사할 수 있는가?

　　甲과 丙은 공동의 과실로 사고를 야기하여 乙에게 손해를 발생케 하였으므로 공동불법행위책임을 부담한다. 그에 따라 甲과 丙은 연대하여 손해를 배상할 책임을 부담하므로, 공동불법행위책임은 동일한 손해를 수인이 각각 전보해야 할 의무를 부담하는 연대책임에 해당한다. 그러나 통상의 연대책임과 달리 연대책임을 부담하는 데 있어 甲과 丙 사이에는 주관적 공동목적이 없는데 이와 같은 경우를 부진정연대채무라고 한다. 부진정연대채무는 (1) 채무자의 한 사람에 관하여 생긴 사유가 다른 채무자에게 영향이 없고, (2) 채무자 상호간의 내부관계에 있어서 원칙적으로 구상관계가 발생하지 않는다는 점에서 통상의 연대채무와 다르다.

(1) 乙의 丙에 대한 손해배상청구권(제750조, 제760조 제1항) ─ (설문 1)

　　甲이 乙에게 손해의 일부인 1억원을 변제한 것은 일부변제에 해당한다. 그런데 부진정연대채무에서도 변제는 절대적 효력을 가지므로 1억원의 한도에서 丙도 채무를 면하게 된다. 사안에서는 甲·乙 사이에 1억원 이외의 일

체의 손해에 대한 배상을 청구하지 않기로 하는 합의가 丙에게 효력이 있는
지가 문제된다. 부진정연대채무자 상호간에 1인의 손해배상청구권 포기의
약정은 다른 채무자에게 상대적 효력만 갖는다. 따라서 丙은 포기약정에 기
하여 채무를 면하지 못하므로 乙은 丙에게 2천만원의 손해배상을 청구할 수
있다.

(2) 甲의 丙에 대한 구상권 − (설문 2)

사안에서 甲은 자신의 부담부분을 넘는 금액을 변제하였으므로 구상권
을 丙에게 행사할 수 있는지가 문제되는데 부진정연대채무에서는 원칙적으
로 구상권이 부정된다. 그러나 공동불법행위자는 다른 공동불법행위자의 내
부관계에 있어서는 과실의 정도에 따른 부담부분이 있기 때문에 공동불법행
위자 중의 한 사람이 자기의 부담부분 이상을 변제하여 공동의 면책을 얻게
하였을 때에는 다른 공동불법행위자에게 그 부담부분의 비율에 따라 구상권
을 행사할 수 있다고 보는 것이 타당하다.[1] 따라서 甲은 丙에게 구상권을 행
사할 수 있다.

---

1) 대법원 1989. 9. 26. 선고, 88다카27232 판결; 대법원 2002. 9. 24. 선고, 2000다
   69712 판결.

Ⅲ. 보증채무

80. 보증채무의 성립요건

사 례 甲은 중고자전거를 乙에게 20만원에 팔았다. 乙은 이미 가져온 20만원을 甲에게 주었으나, 甲은 아직 2일 동안 자전거를 쓸 일이 있어서 2일 후에 자전거를 乙에게 인도하겠다고 하자, 乙은 옆에 있던 甲의 친구 丙이 甲이 인도할 것을 보증하는 경우에만 이를 허락하겠다고 하여 丙은 甲의 인도채무를 보증하였다. 그 후 甲이 인도를 하지 않자 乙은 계약을 적법하게 해제하고 대금의 반환과 손해배상을 丙에게 청구했다. 정당한가?

乙의 丙에 대한 원상회복청구권(제548조 제1항 본문, 제428조 제1항)**과 손해배상청구권**(제390조, 제551조, 제428조 제1항)

甲과 乙 사이에 매매계약(제563조, 제568조)이 체결되었고, 甲이 이행을 지체함에 따라 乙은 계약을 적법하게 해제하였다(제544조). 甲이 원상회복의무와 손해배상채무의 주된 채무자이므로, 乙이 丙에게 이를 청구하기 위해서는 乙과 丙 사이에 보증계약이 유효하게 체결되어 있어야 한다.

여기서 문제가 되는 것은 보증계약이 성립하기 위해서는 주채무가 대체적인 급부를 목적으로 해야 하는데, 부대체물인 중고자전거의 인도를 목적으로 하는 채무에 대하여도 보증채무가 성립할 수 있느냐이다. 부대체적 급부를 목적으로 하는 채무에 관하여 보증계약이 성립한 경우에 주채무가 채무불이행으로 손해배상채무로 변하는 것을 정지조건으로 하는 조건부 보증계약이 체결된 것으로 해석되기 때문에 이와 같은 내용의 보증계약은 유효하다. 따라서 乙은 丙에게 보증계약에 따른 책임을 물을 수 있다(제428조 제1항).

다음으로 매매계약의 해제로 보증채무가 영향을 받지 않는지가 문제된다. 다수설[1]과 판례[2]에 의하면(직접효과설) 해제에 의하여 계약이 소급적으로 소멸하였기 때문에 보증계약도 그에 따라 소멸한 것으로 볼 수 있다. 그러나 직접효과설은 의사표시의 해석을 통하여 계약해제로 인하여 원상회복의무와 손해배상의무에 대한 보증인의 책임을 인정하고 있다. 즉 원상회복의무의 성질에 구애받지 않고 보증인이 보증계약을 체결하는 취지가 주채무자의 채무불이행으로 인하여 주채무자가 채권자에게 부담하게 될 채무에 대하여 책임을 부담하는 데에 있으므로 보증인은 원상회복의무에 대하여 책임을 부담한다고 한다. 따라서 직접효과설에 따르더라도 계약해제 후에도 보증인에게 책임을 물을 수 있다. 한편 청산관계설[3]에 따르면 해제권의 행사로 채권관계가 그 동일성을 유지하면서 반환채권관계로 변경될 뿐이기 때문에 해제권을 행사하더라도 보증인에 대한 권리가 변함없이 존속한다고 보는 결론을 이끌어내기는 어렵지 않다. 어느 견해에 따르든 간에 乙은 계약을 해제하더라도 대금의 반환과 손해배상을 丙에게 청구할 수 있다.

---

1) 곽윤직, 채권각론, 98면 이하.
2) 대법원 1977. 5. 24. 선고, 75다1394 판결.
3) 김형배, 채권각론, 236면.

81. 보증채무의 범위

사 례 A 관광회사는 골프장건설을 위해서 종합건설업체 B에게 골프장 건설을 맡겼는데, 건설과정에서 甲의 승낙 없이 甲의 임야 X에 골프장 진입로를 개설하고 그 주변에 토사와 암석을 버려서 임야가 훼손되었다. 이에 甲이 항의를 하자 A는 원상회복공사를 시행할 것을 약속하고, 이를 이행하지 않을 경우에 甲의 모든 손해를 배상하여 주기로 약속하였다. 甲은 또한 B로부터 복구공사와 그 공사 불이행에 따른 A와 甲 사이에 발생하는 손해배상채무를 보증하겠다는 약속을 받았다. 그 후 A와 甲 사이에 손해배상액을 5억원으로 예정하는 계약이 체결되었다. A의 경영악화로 골프장공사가 중단되자 자연스럽게 복구공사도 중단되었다. 甲은 B에게 5억원의 손해배상을 청구하였는데, B는 실제 손해액이 3억원이므로 3억원만 배상하겠다고 한다. 누구의 주장이 타당한가?[1]

甲의 B에 대한 손해배상청구권(제390조, 제428조 제1항)

甲은 자신의 임야가 훼손된 것을 이유로 소유권에 기한 방해제거청구권(제214조)을 행사하였고 이로 인하여 A는 원상회복공사를 할 의무를 부담하였다. 사안에서 甲이 B에게 원상회복공사 불이행으로 인한 손해배상을 청구하기 위해서는 甲과 B 사이에 보증계약이 유효하게 체결되었고 甲이 청구하는 것이 보증채무의 범위내에 있어야 한다.

사안에서 甲과 B 사이에 보증계약이 유효하게 성립하였다는 점에는 의심의 여지가 없다. 보증인은 특별한 사정이 없는 한 채무자가 채무불이행으로 인하여 부담하여야 할 손해배상채무에 관하여도 보증책임을 진다(제429조 제1항). 따라서 보증인 B는 채무자 A의 채무불이행으로 인한 채권자 甲의 손해를 배상할 책임이 있다.

---

[1] 대법원 1996. 2. 9. 선고, 94다38250 판결 변형.

사안에서 A와 甲 사이에 체결된 손해배상액의 예정의 합의가 책임의 범위를 변경하므로 이러한 변경이 보증인 B에게 효력이 있는지 문제된다. 보증채무의 내용은 보증채무의 부종성과 보증계약에 의하여 정하여진다. 즉 보증채무는 주채무와 동일한 내용을 가지며 주채무의 변경이 있으면 보증채무도 그에 따라 변경된다. 그러나 보증채무의 내용은 보증계약에 의해서라도 주채무의 내용보다 중하게 하지 못한다. 또한 보증채무의 성립후 주채무자와 채권자 사이의 계약으로 주채무의 내용을 확장·가중하여도 보증채무에 영향을 미치지 못한다. 보증계약이 체결된 후 손해배상의 범위에 관하여 채무자와 채권자 사이의 합의로 보증인의 관여 없이 그 손해배상예정액이 결정되었다면, 보증인으로서는 이 합의로 결정된 손해배상예정액이 채무불이행으로 인하여 채무자가 부담할 손해배상 책임의 범위를 초과하지 아니하는 한도 내에서만 보증책임이 있다.[2] 사안에서 실제로 손해배상액의 예정이 보증인의 책임가중이라는 효과를 가져왔으므로 이는 B에게 효력이 없다. 따라서 B는 실제 손해액인 3억원의 손해배상책임만을 부담하면 되므로 B의 주장이 타당하다.

---

2) 대법원 1996. 2. 9. 선고, 94다38250 판결; 대법원 2000. 1. 21. 선고, 97다1013 판결.

82. 보증채무의 대외적 효력

사 례 18세인 甲은 부모의 동의 없이 乙로부터 20만원에 자전거를 사기로 하였다. 이때 같이 구경갔던 삼촌 丙은 甲이 미성년자라는 사실을 알고 있는 상태에서 甲의 대금지급채무에 대하여 보증인이 되었다. 乙이 甲에게 요구하여도 매매대금을 지급하지 않자, 매매대금의 지급을 丙에게 요구한 경우에 丙은 매매대금을 지급해야 하는가? 이때 丙은 甲의 의사표시를 취소할 수 있는가?

(1) 乙의 보증인 丙에 대한 매매대금지급청구권(제568조 제1항, 제428조 제1항)

丙은 주된 채무인 甲의 20만원 지급채무에 대하여 보증계약을 체결하였다. 이때 甲은 미성년자로서 법정대리인의 동의를 얻지 않은 상태에서 매매계약을 체결하였으므로 甲과 법정대리인인 甲의 부모는 의사표시를 취소할 수 있다(제5조, 제140조). 이와 같이 주채무자인 甲의 채무가 미성년자의 행위로 취소될 수 있는 상태에 있는 경우 丙이 乙에게 보증채무를 이행해야 하는지가 문제된다.

甲의 주채무는 아직까지 취소된 것은 아니므로 丙은 보증채무의 부종성을 이유로 보증채무의 소멸을 주장할 수는 없다(제433조). 이때 주채무자인 甲이 취소권을 행사할 수 있는 동안은 보증인 丙은 乙에 대하여 채무의 이행을 거절할 수 있는 것이 원칙이다(제435조). 주채무자가 취소권을 행사하게 되면 보증채무도 소멸하게 되므로, 주채무자가 주채무를 소멸시킬 가능성이 있는 동안 보증인에게 변제를 강요하는 것은 가혹하기 때문이다. 다만 丙과 같이 주된 채무가 취소될 수 있음을 보증계약 당시에 알았던 경우에도 동일한 평가를 할 수 있는지 문제 된다. 과거 민법 제436조는 취소의 원인이 있는 채무를 보증한 자가 보증계약 당시에 그 원인 있음을 알았다면 주채무가 취소된 경우에도 주채무와 동일한 목적의 독립채무를 부담한다고 보았으나,

이 조문은 2015년 2월 3일 삭제되었다. 따라서 원칙에 좇아 丙은 乙의 청구에 대하여 채무의 이행을 거절할 수 있다.

(2) 보증인 丙의 취소권행사 가능성

보증인은 보증채무의 부종성으로 인하여 주채무자의 항변으로 채권자에게 대항할 수 있다(제433조 제1항). 따라서 보증인은 주채무자가 가지고 있는 기간유예의 항변권, 동시이행의 항변권, 주채무의 부존재 또는 소멸의 항변권 등을 행사할 수 있다. 그런데 취소권의 경우 원칙적으로 의사표시의 당사자 및 그 대리인만이 행사할 수 있으므로 보증인은 주채무자의 취소권을 행사할 수 없다고 보아야 한다. 취소권은 채무자가 가지는 독립한 형성권이므로 그 행사는 채무자의 의사에 맡겨야 하기 때문이다.[1] 따라서 丙이 취소권을 직접 행사할 수는 없다.

---

1) 김증한 · 김학동, 261면.

83. 공동보증에 있어서 분별의 이익과 구상권

사 례　자동차부품상을 경영하는 甲은 부품업체 X에 대하여 4000만원의 물품대금 상환채무를 부담하고 있다. 부품업체 X가 甲에게 물품대금 4000만원에 대하여 보증인을 세울 것을 요구하였기 때문에 甲은 乙과 丙에게 부탁하였고 이에 乙과 丙은 연대보증인이 되었다. 이때 乙과 丙은 각각 3:1로 부담부분을 정하였다.

(1) X가 甲과 丙에게 청구를 하지 않고 乙에게 4000만원을 전부 청구한 경우에 乙이 甲 또는 丙에게 전부 또는 일부를 먼저 또는 동시에 청구하라는 항변을 할 수 있는가?

(2) 乙이 X의 청구에 응하여 3000만원을 지급한 경우에 乙은 丙에게 구상권을 행사할 수 있는가?

(3) 乙이 X의 청구에 응하여 4000만원을 지급하고 통지를 하고 있지 않은 상태에서 甲이 통지 없이 X에게 4000만원을 지급한 경우에 X, 甲과 乙 사이의 법률관계는?

I. X의 乙에 대한 매매대금지급청구권(제568조 제1항) (설문 1)

　　乙과 丙은 甲의 연대보증인이면서 공동보증인이다. 사안에서 수인이 연대공동보증을 한 경우 보증성 및 분별의 이익이 있는지를 검토해야 한다. 첫째 사안에서 乙이 甲에게 먼저 청구를 하라고 요구하기 위해서는 보증인의 최고·검색의 항변권을 갖고 있어야 한다(제437조). 최고의 항변권은 보증인에 대하여 이행을 청구하는 경우에 주채무자에게 먼저 이행청구할 것을 주장하는 권리이고 검색의 항변권은 보증인에 대하여 강제집행을 하는 경우에 먼저 주채무자에게 강제집행할 것을 주장하는 권리를 말한다. 최고·검색의 항변권은 보증채무가 주된 채무에 대하여 보충성을 갖는 특성으로부터 나오는데, 乙이 부담하고 있는 연대보증채무는 보충성이 없으므로 乙은 甲에게 먼저 청구하라는 최고·검색의 항변권(제437조)을 행사할 수 없다.

또한 다른 공동보증인인 丙에게 일부를 동시에 청구해야 한다는 것은 공동보증으로서 분별의 이익이 있다는 것이다(제439조). 분별의 이익이라 함은 수인이 보증인이 된 경우 부담부분에 따라 분할된 액에 관해서만 보증채무를 분담한다는 것을 의미한다. 그런데 (1) 주채무가 불가분이거나, (2) 각 보증인이 상호연대 또는 (3) 주채무자와 연대로 채무를 부담하는 경우에는 분별의 이익이 인정되지 않는다(제448조 제2항 참조). 분별의 이익이 있다면 乙은 3000만원에 대하여만 보증한 것이 되고 따라서 나머지 1000만원에 대하여 다른 보증인 丙에게 청구하라고 항변할 수 있으나, 연대보증인의 경우는 분별의 이익이 없으므로 이러한 항변을 하지 못한다.

Ⅱ. 乙의 丙에 대한 구상권(제448조 제2항) (설문 2)

분별의 이익을 가지는 공동보증인들 중 1인이 자기 부담부분을 넘어 변제를 한 경우, 원래 공동보증인들은 다른 보증인의 부담부분에 대하여 변제할 의무가 없으므로 그 구상의 범위는 부탁받지 않은 보증인과 같게 규율하고 있다(제448조 제1항, 제444조). 그에 반하여 분별의 이익을 갖지 못하는 공동보증인들 중 1인이 자기 부담부분 이상을 변제하면 연대채무에 관한 규정에 따라 다른 공동보증인에게 구상권을 행사할 수 있다(제448조 제2항, 제425조 내지 제427조). 乙은 연대공동보증인으로서 분별의 이익을 누리지 못하므로 연대채무에 관한 규정에 의한 구상권을 행사할 수 있다.

구상권을 행사하기 위하여 자기 부담부분을 넘어서야 하는데, 이때 수인이 연대공동보증인이 된 경우 자기 부담부분이 "금액"을 의미하는지 아니면 "비율"을 의미하는지가 문제된다. 연대채무의 구상권에 관하여 자기의 부담부분을 넘어선 경우에만 구상권을 행사할 수 있는지에 관하여 학설의 대립이 있다. 그러나 공동보증인 경우에는 자기의 부담부분을 넘은 경우에만 구상권을 행사할 수 있으며(제448조 제2항) 여기서 "자기의 부담부분"은 금액을 의미하지 비율을 말하는 것은 아니다. 즉 수인의 연대보증인 가운데 한 사람이 채무의 전액이나 자기의 부담부분 이상을 변제하였을 때에 비로소 다른 보증인에게 구상할 수 있다.[1] 따라서 乙은 자신

---

1) 대법원 1993. 5. 27. 선고 93다4656 판결.

의 부담부분인 3000만원만 지급하였으므로 구상권을 丙에게 행사하지 못한다.

Ⅲ. 구상권과 그 제한 (설문 3)

연대보증인 乙이 변제한 후 통지 없는 상태에서 주된 채무자 甲이 통지 없이 변제를 한 경우에 누구의 변제를 유효한 변제로 보아야 하는지가 문제된다. 우리 민법은 보증인의 구상권에 관하여 주된 채무자의 부탁으로 보증이 되었느냐 아니면 부탁 없이 보증이 되었느냐에 따라 이를 달리 규정하고 있다. 수탁보증인의 경우 위임계약규정에 따라 보증인에게 과실이 없는 한 보증에 의하여 손해를 입지 않도록 규정하고 있다(제441조 제1항). 부탁 없이 보증인이 된 경우는 사무관리에 준하여 주채무자가 부당하게 얻게 될 이익을 청구할 수 있도록 규정하고 있다(제444조 제1항). 그에 반하여 주채무자의 의사에 반하여 보증인이 된 경우에는 부당이득법에서의 선의의 수익자의 반환의무와 동일하게 주채무가 소멸할 당시에 채무자에게 현존한 이익의 한도에서 보증인이 구상할 수 있다(제444조 제2항). 乙은 주채무자의 부탁으로 보증인이 된 수탁보증인으로서 제441조에 기한 구상권을 갖는다.

수탁보증인 乙이 구상권을 행사하기 위해서는 제445조의 통지의무를 이행했어야 한다. 乙이 변제한 후 사후통지를 하지 않았으므로 주채무자가 선의로 채권자에게 변제 기타 유상의 면책행위를 한 때에는 주채무자는 자기의 면책행위의 유효를 주장할 수 있다(제445조 제2항).[2] 따라서 주채무자 甲은 자신의 변제로 인한 면책행위의 유효를 수탁보증인 乙에게 주장할 수 있으므로 乙은 주채무자 甲에 대하여 구상권을 행사하지 못한다. 다만 乙은 채권자 X에 대하여 부당이득반환청구권을 행사하여 변제한 것을 반환받을 수 있을 뿐이다.

---

2) 수탁보증에 있어서 주채무자가 면책행위를 하고도 그 사실을 보증인에게 통지하지 아니하고 있던 중에 보증인이 이중의 면책행위를 한 경우에는 보증인은 주채무자에 대하여 민법 제446조에 의하여 자기의 면책행위의 유효를 주장할 수 있다. 다만 보증인은 사전통지의무가 있으므로 사전통지를 하지 아니한 채 이중의 면책행위를 한 경우에는 제446조가 적용되지 않는다. 따라서 이 경우에는 이중변제의 기본원칙으로 돌아가 먼저 이루어진 주채무자의 면책행위가 유효하고 나중에 이루어진 보증인의 면책행위는 무효로 보아야 한다(대법원 1997. 10. 10. 선고, 95다46265 판결).

84. 타인의 채권양도와 선의취득

> **사 례** 甲은 乙에게 500만원을 청구할 수 있는 금전채권을 450만원을 받고 丁에게 양
> 도하였다.
> (1) 실제로 채권자가 甲이 아니라 丙이었다면, 선의의 丁은 채권자가 되었는가?
> (2) 丙이 나중에 추인하는 경우에는 어떻게 되는가?

(1) 채권의 선의취득 여부 (설문 1)

사안에서 甲과 丁은 동시에 두 개의 법률행위를 하였다. 첫째는 甲이 금
전채권을 乙에게 파는 채권행위로서의 매매계약이다. 타인권리의 매매도 유
효하므로 일단 甲이 금전채권의 권리자가 아니더라도 매매계약은 유효하다
(제569조). 둘째는 채권의 귀속주체를 변경하는 준물권행위로서의 채권양도
이다. 채권양도가 성립하기 위해서는 구채권자(양도인)와 신채권자(양수인)
사이에 계약이 체결되어야 하는데, 甲은 양도인으로서 양수인 丁과 이와 같
은 계약을 체결하였다. 채권양도가 유효하기 위해서는 처분자인 甲에게 금
전채권에 대한 처분권이 있어야 한다. 甲에게 처분권이 없는 상태에서 채권

양도가 이루어졌으므로 채권양도는 효력이 없다.

다만 채권의 선의취득이 인정된다면 무권리자인 甲으로부터 丁이 채권을 취득하는 것이 가능하다. 우리 민법상 선의취득에 관한 규정은 동산의 경우에만 적용되므로(제249조) 채권의 선의취득은 인정되지 않고 있고 학설도 이에 관하여 대체로 부정적이다. 그 이유는 동산의 양도와 달리 채권은 관념적 존재에 불과하므로 양도인이 채권을 갖고 있다는 것과 같은 외관이 존재하기 어렵고, 따라서 양수인이 그 채권을 매도인의 소유라고 믿을 만한 계기가 없기 때문이다.[1] 결국 선의의 丁은 채권의 선의취득을 주장하지 못한다. 다만 사안에서 甲은 乙에 대한 채권을 丁에게 양도하였으나, 그 채권이 실제로는 丙의 소유이므로 제570조에 기한 담보책임을 부담한다.

(2) 丙의 추인에 따른 채권의 귀속 (설문 2)

채권양도는 준물권행위이므로 채권양도를 함에 있어서 처분권이 요구된다. 사안에서 甲은 乙에 대한 채권의 처분권이 없으므로 채권을 양도할 수 없다. 물론 丙의 채권을 목적으로 하는 채권양도계약은 가능하지만 채권양도 자체는 무권한자의 처분행위로서 무효이다. 이때 채권의 처분권자인 丙이 甲과 丁 사이의 채권양도를 추인하는 경우에는 처분권자가 무효인 처분행위를 추인하는 것이 된다. 따라서 제139조에 의하여 채권은 丁에게 이전한다. 다만 丙의 추인에 의하여 제3자의 권리에 대한 침해의 염려가 없다면 丁에 대한 채권의 양도를 소급하여 인정할 수 있다. 추인에 의하여 처분행위가 유효하게 되면 丙은 甲에게 부당이득의 반환을 청구할 수 있다(제741조).

---

1) 김증한·김학동, 298면.

85. 장래채권의 양도

사 례   대학교 동기생인 甲과 乙은 원룸을 A로부터 월 40만원에 임차하였다. A가 보증금으로 200만원을 요구하자, 甲은 아버지 丙을 보증인으로 하겠으니 보증금은 100만원만 주겠다고 제안하였다. 이에 따라 A와 丙 사이에 보증계약이 체결되고 甲과 乙은 100만원을 보증금으로 지급하였다. 돈이 궁한 A는 6월 5일 앞으로 발생하게 되는 甲과 乙에 대한 10개월분의 임차료채권을 300만원을 받고 B에게 양도하였다. B가 甲에게 6월 말에 차임 40만원의 지급을 청구하자 甲은 임차료채권이 아직 확정되지 않은 상태에서 양도되었다는 이유로 그 지급을 거절하고 있다. B는 甲과 乙에게 권리행사를 할 수 있는가?

B의 甲・乙에 대한 차임지급청구권

차임지급청구권은 甲과 乙을 임차인으로 하고 A를 임대인으로 하는 임대차계약(제618조)을 통하여 발생하였다. 이때 甲과 乙은 차임지급채무를 연대하여 부담하기 때문에(제654조, 제616조), 甲과 乙에게 차임을 전부 청구하는 것은 가능하다(제414조). B가 甲과 乙에게 차임지급을 청구하기 위해서는 A로부터 B에게 차임지급채권이 유효하게 양도되었어야 한다.

양도된 채권이 양수인인 B에게 귀속하는 데 특별한 제약이 없으므로 양도된 채권의 양도가능성은 의문의 여지없이 존재한다. 사안에서 문제가 되는 것은 장래에 발생하게 될 채권도 양도가 가능한가이다.[1] 장래채권은 양도시에 아직 채권의 성립요건이 완전히 갖추어져 있지 않으나 장래에 그것이 갖추어지리라고 예상되는 채권을 말하는데,[2] 사안에서 양도의 목적이 된

---

[1] 이에 관하여 자세한 것은 서민, "장래채권의 양도," 고시연구 1989/4, 79면 이하 참조.

[2] 서민, 앞의 글, 80면.

채권이 앞으로 발생하게 되는 10개월분의 차임채권이고 양도시에 청구권의 기초인 법률요건, 즉 임대차관계는 이미 존재하지만 이로부터 청구권이 성립될지의 여부가 아직 불확실한 상태에 있기 때문에 장래채권에 해당한다. 장래의 채권도 현재 그 발생기초가 되는 법률관계가 존재하고 있으며, 채무의 이행기까지 그 내용을 확정할 수 있는 기준이 설정되어 있다면 그 양도성이 인정된다는 것이 통설[3]과 판례[4]의 입장이다. 장래채권 양도에서 이와 같은 확정성 내지 확정가능성이 요구되는 이유는 법적 안정성과 법적 명확성을 확보하기 위함이다. 사안의 경우 채무자가 확정되어 있을 뿐만 아니라, 채권의 금액도 월 40만원으로 확정되어 있어 채권도 확정성이 충분히 있으므로 A로부터 B에게 채권이 양도되었다고 볼 수 있다. 따라서 B는 甲과 乙에게 차임지급을 청구할 수 있다.

---

3) 민법주해(X)/이상훈, 559면; 김형배, 575면.
4) 대법원 1996. 7. 30. 선고, 95다7932 판결. 같은 취지로 대법원 1997. 7. 25. 선고, 95다21624 판결: 채권양도에 있어 사회통념상 양도목적채권을 다른 채권과 구별하여 그 동일성을 인식할 수 있을 정도이면 그 채권은 특정된 것으로 보아야 할 것이고, 채권양도 당시 양도목적채권의 채권액이 확정되어 있지 아니하였다 하더라도 채무의 이행기까지 이를 확정할 수 있는 기준이 설정되어 있다면 그 채권의 양도는 유효한 것으로 보아야 한다.

86. 지명채권양도의 대항요건: 통지와 승낙의 의미

사 례 사례 85에서 A는 6월 10일에 채권양도를 甲에게 통지하였고 甲은 B에게 A로부터 양도사실을 통지받았음을 전하였다. 6월 말에 B는 임차료로 甲에게 40만 원을 청구하였으나, 甲은 6월 5일 A로부터 임차료를 면제받았다는 이유로 거절한다. 정당한가?

【변형】 B는 묵시적으로 수권행위가 있다는 이유로 A의 대리인으로서 채권양도 사실을 甲에게 통지한 경우는?

채권의 양도로 채권은 A에서 B로 이전되었으나,[1] 양수인 B가 채무자인 甲에게 채권양도를 갖고 대항하기 위해서는 제450조 제1항의 대항요건을 갖추어야 한다. 그러기 위해서는 양도인인 A가 채무자인 甲에게 통지를 하거나 채무자가 승낙을 해야 한다. 장래의 채권이라도 채무자가 확정되어 있으면 채권발생 전이라도 채무자에 대한 통지 또는 채무자의 승낙이 가능하다.[2] 이 경우 일단 대항요건이 갖추어지면 채권발생시에 다시 통지·승낙을 할 필요가 없다.

통지가 인정되기 위해서는 양도인인 채권자가 채권양도가 있었다는 사실을 채무자에게 알려야 한다. 본 사안에서는 우선 양도인인 A가 채무자인 甲에게 채권양도의 사실을 알렸으므로 양도인의 채무자에 대한 통지가 있었

---

1) 그러나 양수인이 채권을 취득할 수 있는 것은 채권이 현실적으로 발생하는 때이다. 이 경우 양도된 채권을 일단 양도인이 취득하였다가 이를 양수인에게 이전하는 것인지 아니면 직접 양수인이 채권을 취득하는지에 관하여 독일에서는 논의가 있다. 우리 학설은 채권의 법적 기초가 이미 형성되어 있는 사안과 같은 경우에는 채권의 성립과 동시에 양도인을 거치지 아니하고 양수인이 직접 채권을 취득하는 것으로 보고 있다(서민, 앞의 글, 90면).

2) 서민, 앞의 글, 86면.

다. 그러나 양도인이 양도통지만을 한 경우에는 채무자는 통지를 받은 때까지 양도인에 대하여 발생한 사유로써 양수인에게 대항할 수 있다(제451조 제2항). 따라서 甲이 양도가 있기 전인 6월 5일에 A로부터 차임의 면제를 받았다면, 甲은 자신이 부담하고 있는 고유채무가 면제될 뿐만 아니라, 연대채무관계에서 완전히 탈락하게 되어서3) 甲은 B에게 이 사유를 가지고 대항할 수 있다.

그러나 채무자인 甲이 이의를 유보하지 않고 승낙을 한 경우에는 A의 면제를 가지고 B에게 대항할 수 없다(제451조 제1항 본문). 여기서 승낙이라는 것은 채무자가 채권양도의 사실에 대한 인식을 표명하는 행위를 말하며 양도인·양수인 어느 쪽에 대하여도 할 수 있다.4) 사안에서 甲이 B에게 양도사실을 A로부터 통지를 받았음을 전하였으므로 채권양도사실에 대한 인식을 표명하였다고 볼 수 있다. 또한 승낙을 할 때 甲이 B에 대하여 A의 채무면제가 있었음을 유보하지 않았기 때문에, 제451조 제1항 본문의 유보가 없는 승낙이 있었다고 볼 수 있다. 따라서 甲은 A의 면제를 가지고 B에 대하여 대항하지 못하므로 甲의 항변은 정당하지 않다.

【변형】 통지는 양도인이 채무자에 대하여 하여야 하므로 양수인의 통지로 대항력이 발생하지는 않는다. 그러나 양도인이 사자 또는 대리인을 통하여 통지를 할 수 있으므로 양수인이 양도인의 대리인 내지 사자로 통지를 대신할 수 있다. 하지만 이때 양수인의 통지가 대항요건으로서 갖는 의미가 훼손되지 않도록 수권행위를 통하여 대리권을 수여받았음을 채무자가 쉽게 확인할 수 있어야 한다.5) 하지만 묵시적 수권행위만으로는 채권자가 대리권의

---

3) 다수설: 예를 들면 곽윤직, 173면. 소수설은 채무의 면제에 의해서는 연대채무자는 채권자에 대한 관계에서 자신의 고유채무만이 면제될 뿐이며, 다른 채무자에 대한 대내적 관계에서는 상호보증적 부분에 대하여는 채무가 여전히 존속한다고 본다(김형배, 748면).

4) 대법원 1986. 2. 25. 선고, 85다카1529 판결.

5) 대법원 2011. 2. 24. 2010다96911 판결: 대리통지에 관하여 그 대리권이 적법하게 수여되었는지, 그리고 그 대리행위에서 현명(顯名)의 요구가 준수되었는지 등을 판단함에 있어서는 양도인이 한 채권양도의 통지만이 대항요건으로서의 효력을 가지게 한 뜻이 훼손되지 아니하도록 채무자의 입장에서 양도인의 적법한 수권에 기하여 그러한 대리통지가 행하여졌음을 제반 사정에 비추어 커다란 노력 없이 확인할 수 있

수여 여부를 쉽게 판단할 수 없으므로 대항요건을 갖춘 것으로 볼 수 없다.

는지를 무겁게 고려하여야 한다. 특히 양수인에 의하여 행하여진 채권양도의 통지를 대리권의 '묵시적' 수여의 인정 및 현명원칙의 예외를 정하는 민법 제115조 단서의 적용이라는 이중의 우회로를 통하여 유효한 양도통지로 가공하여 탈바꿈시키는 것은 법의 왜곡으로서 경계하여야 한다. 채권양도의 통지가 양도인 또는 양수인 중 누구에 의하여서든 행하여지기만 하면 대항요건으로서 유효하게 되는 것은 채권양도의 통지를 양도인이 하도록 한 법의 취지를 무의미하게 할 우려가 있다.

87. 지명채권양도의 대항요건: 보증인에 대한 요건

사 례   사례 85에서 A는 채권양도를 甲과 乙에게 6월 10일에 통지하였다. 차임지급시기인 6월 말이 되었으나 기말고사를 끝낸 甲과 乙은 술값으로 차임을 모두 탕진하였다. 이에 B는 보증인 丙에게 임차료를 청구하였으나, 丙은 보증계약 당사자인 자신에게 아무런 통지도 없었으므로 B에게 보증채무를 이행할 의무가 없다고 주장한다. 정당한가?

丙의 보증채무의 이전여부 및 대항력

장래의 채무에 대한 보증도 가능하므로(제428조 제2항) A와 丙 사이에는 보증계약이 유효하게 체결되었다. B가 丙에게 차임을 청구할 수 있기 위해서는 먼저 채권양도로 A가 丙에 대하여 갖고 있던 보증채무도 B에게 이전하였어야 한다. 채권양도란 채권의 동일성을 유지하면서 채권이 법률행위에 의하여 이전하는 것을 말한다. 이때 이자채권·보증채권 등의 권리, 즉 채권에 부착된 담보권도 특별한 사정이 없으면 채권양도로 채권과 함께 이전하는 것이 원칙이므로(동일성 유지의 원칙),[1] A가 丙에 대하여 갖고 있던 보증채권도 B에게 이전되었다고 볼 수 있다.

문제가 되는 것은 주된 채무자인 甲과 乙에 대한 통지로 B가 보증인 丙에 대하여도 대항력을 갖추었느냐이다. 이에 대하여 학설[2]과 판례는,[3] 채권양도를 가지고 보증인에게 대항하기 위해서는 주채무자에 대한 대항력을 갖추었으면 족하며, 별도로 보증인에 대한 통지 또는 보증인의 승낙은 요건이 아니라고 보고 있다. 따라서 사안의 경우 B는 주채무자인 甲과 乙에 대해 통지를 하였으므로 보증인 丙에게도 자신이 채권자라는 사실을 주장할 수 있다.

---

1) 이은영, 616면.
2) 김형배, 764면; 곽윤직, 222면; 김상용, 374면.
3) 대법원 1976. 4. 13. 선고, 75다1100 판결.

88. 지명채권양도의 대항요건: 상계의 항변

> **사례** 사례 85에서 A가 甲과 乙에게 6월 10일 양도사실을 통지하였는데, 甲과 乙이 차임지급시기가 훨씬 지나도록 차임을 내지 않고 있었다. 이에 B는 보증채무자인 丙에게 임차료를 청구하였다. 그러자 丙은 6월 20일이 만기이지만 甲이 A에 대한 100만원의 금전채권을 가지고 있으므로 이를 상계하겠다며 임차료의 지급을 거절한다. 정당한가?

丙의 상계항변의 인용가능성

사안에서 A가 甲과 乙에 대한 통지만으로 채권양도의 대항력을 갖추었으므로 채무자는 물론 보증인인 丙도 통지를 받은 때까지 양도인에 대하여 생긴 사유로써 양수인에게 대항할 수 있다(제451조 제2항). 사안에서 보증인 丙은 甲의 A에 대한 100만원의 금전채권으로 상계하겠다며 B에게 대항하고 있다. 丙의 상계항변이 인용되기 위해서는 첫째, 채권양도가 있었음에도 불구하고 계속하여 양도인 A에 대한 상계의 항변을 양수인 B에게도 행사할 수 있어야 한다. 채권양도로 채권은 동일성을 갖고 이전하기 때문에 항변권도 채권과 함께 이전한다. 따라서 상계권도 이전한다고 볼 수 있다.[1] 두 번째, 丙은 보증인이므로 보증인이 주채무자의 채권을 갖고 상계권을 행사할 수 있는지가 문제된다. 제434조는 "보증인은 주채무자의 채권에 의한 상계로 채권자에게 대항할 수 있다"고 규정하고 있다.[2] 즉, 취소권·해지권 등과는 달리 보증인은 주채무자의 상계권을

---

1) 김상용, 374면; 곽윤직, 224면.
2) 보증인에게 이러한 권리를 인정하는 것은 보증인을 보호하고 법률관계를 간편하게 처리하기 위한 특칙이다(곽윤직, 195면; 김형배, 761면). 그러나, 이에 대해 주채무자의 상계권을 보증인이 행사할 수 있도록 허용하는 것은 보증채무의 부종성의 한계를 벗어나는 것이기 때문에 입법론상 문제점을 제기하는 입장도 있다(김상용, 328면).

행사할 수 있다(제435조 참조). 그러므로 보증인 丙이 주채무자 A의 금전채권을 가지고 상계하는 것도 가능하다.

　문제가 되는 것은 본 사안에서 상계를 하는 자동채권이 통지가 된 이후에 이행기가 되어, 통지 이후에 상계적상이 발생하였다는 데에 있다. 제451조 제2항은 "통지를 받을 때까지 양도인에 대하여 생긴 사유"를 가지고 대항할 수 있다고 하는데, 본 사안과 같이 양도의 통지가 있었을 당시에 변제기가 도래하지 않은 반대채권을 가지고 있는 경우에 채무자가 이를 가지고 상계할 수 있는가에 대하여는 견해가 대립하고 있다.[3] 긍정설[4]에 의하면 반대채권의 변제기의 도래와 양도채권인 수동채권의 변제기의 도래의 선후에 관계없이 반대채권의 변제기가 도래하면 양수인에 대해 상계로서 대항할 수 있다고 보고 있다. 이 입장은 제451조 제2항의 대항요건은 양도의 사실을 알 수 없는 채무자를 보호하려는 것이 그 목적이므로, 채무자에게 불이익을 주어서는 안된다는 점에 착안하고 있다. 제한적 긍정설[5]은 채무자의 반대채권의 변제기가 먼저 도래하는 경우에만 상계를 이유로 항변할 수 있다고 한다.[6] 이 입장은 양도채권의 변제기의 도래가 앞서는 경우까지도 채무자의 상계에 의한 대항을 인정한다면 채권을 양수받은 양수인의 이익을 해하게 되기 때문이라는 논거를 이유로 한다. 그러나 어느 견해에 따르든 간에 본 사안에서는 채무자가 갖고 있는 반대채권의 변제기는 6월 20일이고 수동채권의 변제기가 6월 말이어서 반대채권의 변제기가 빠르므로 상계가 인정된다고 할 수 있다. 따라서 丙의 주장이 타당하다.

---

3) 그러나 채무자가 통지를 받았을 당시에 상계적상에 있는 반대채권을 양도인에 대하여 가지고 있었던 경우에는 양수인에 대하여 상계할 수 있고 반면에 통지가 있은 후에 양도인에 대하여 채권을 취득한 경우에는 그것을 가지고 양수인에 대하여 상계하지 못한다는 점에는 학설이 일치하고 있다(김상용, 379면).

4) 민법주해(Ⅹ)/이상훈, 592면; 곽윤직, 224면.

5) 서민, 채권양도에 관한 연구, 171면; 김형배, 789면.

6) 반면에 채무자의 수동채권은 변제기가 도래하였으나 자동채권은 변제기가 도래하지 않은 때에는 상계할 수 없다고 한다.

89. 지명채권양도의 대항요건: 제3자에 대한 대항요건

> **사 례**
>
> 甲은 乙에 대한 물품매매대금채권을 丙에게 양도하였고 2004년 6월 5일 확정일자 있는 내용증명우편으로 양도사실을 乙에게 통지하였다. 한편 甲의 채권자인 丁은 가압류신청을 하여, 위의 채권에 대하여 2004년 6월 6일에 법원의 가압류결정이 내려져 결정 정본이 발송되었다. 그런데 甲이 보낸 내용증명우편과 가압류결정 정본이 같은 날인 2004년 6월 7일 동시에 乙에게 도달하였다. 이러한 상황에서 丙은 甲으로부터 양도받은 물품매매대금의 지급을 乙에게 청구하였다. 이 경우 乙은 가압류결정의 통지를 채권양도통지와 동시에 받았음을 이유로 丙에게 지급을 거절할 수 있는가?[1]

채권양도는 처분행위이므로 채권양도로 채권이 甲에게서 丙에게 바로 이전된다. 따라서 그 후 甲의 채권자 丁이 가압류신청을 하여 법원의 가압류결정이 나왔다고 하더라도 丙이 채권을 양도받은 데에는 영향이 없어야 한다. 그러나 우리 민법은 채무자 이외의 제3자에게 대항하기 위해서는 채권양도의 통지 및 승낙을 확정일자 있는 증서에 의하도록 하고 있다(제450조 제2항). 본 사안에서 甲이 한 채권양도의 통지에 대한 확정일자가 丁의 가압류보다 먼저였으나, 같은 날 도달한 경우 누가 우선하는가 하는 우열의 문제가 발생한다. 또한 그 우열을 판단할 수 없는 경우에, 채무자인 乙이 채권이 가압류되었다는 이유로 지급을 거절할 수 있는지 문제된다.

확정일자의 선후와 통지·도달의 선후가 동일하지 않은 경우 그 우열판단에 대하여 학설이 대립하고 있다. 확정일자를 기준으로 해야 한다는 확정일자설은 확정일자 있는 통지·승낙을 요구하는 것은 일자의 소급을 막으려는 데 목적이 있다는 점과 도달은 그 시점을 객관적으로 확정하기 어렵다는

---

1) 대법원 1994. 4. 26. 선고, 93다24223 전원합의체 판결 변형.

점을 그 근거로 한다.[2] 이 견해에 따른다면 甲의 확정일자가 가압류결정에 앞서므로 丙이 우선하게 된다. 반면 도달시설은 통지와 승낙이 채무자에 대한 대항요건일 뿐만 아니라 제3자에 대한 대항요건이라는 점에서 채권양수인과 제3자의 우열의 판단기준이 채권양도에 대한 채무자의 인식의 선후에 의하여 결정하는 것이 정당하다고 한다.[3] 이 견해에 따르면 같은 날에 채권양도의 통지와 가압류결정이 도달하였으므로 우선순위를 가릴 수 없게 된다. 확정일자설을 따를 경우 확정일자시와 실제 도달시 간에 시간의 간격이 발생하여 나중에 확정일자가 늦은 채무가 먼저 도달하는 경우 이를 신뢰한 채무자 보호에 큰 허점이 발생할 수 있다. 따라서 도달시설에 따르는 것이 타당하다고 본다. 도달시설에 따라 판단하면 확정일자 있는 채권양도통지와 가압류결정 정본이 제3채무자에게 도달한 선후에 의하여 그 우열을 결정하여야 하는데, 같은 날 도달하였으므로 그 우열을 가릴 수 없다.

丙에 대한 채권양도와 丁에 의한 가압류결정 모두 채무자인 乙에게 동시에 송달된 경우 丙과 丁은 乙에 대하여 모두 대항력을 갖추었다고 볼 수 있다. 이에 대하여 판례는 丙과 丁은 乙에 대하여 채권액 전부를 적법하게 변제받을 수 있고, 乙은 丙 · 丁 중 누구에게라도 채무 전액을 변제하면 다른 채권자에 대한 관계에서도 유효하게 면책된다고 판시하였다.[4] 이에 반하여 채권자평등의 원칙에 따라 균등하게 분할변제하는 것이 타당하다는 견해[5]가 있다. 이 견해에 따르면 乙은 丙 · 丁에게 균분하여 변제하면 된다. 그러나 丙과 丁의 각 채권이 서로 우열이 없다 하여 각 양수인의 채권이 분할하여 귀속한다는 것은 타당하지 않다. 따라서 판례의 입장에 따라 丙은 乙에게 채권액 전부를 청구할 수 있고 乙이 丙에게 변제할 경우 乙의 채무는 소멸하므로 乙의 거절은 정당하지 않다(乙은 변제공탁을 통하여 법률관계의 불안을 제거할 수도 있으므로 우선순위자가 누구인지 명확하지 않다는 이유로 단순히 이행의 거절은 할 수 없다).

---

2) 김형배, 597면; 곽윤직, 227면.
3) 민법판례해설 III(홍성재 집필), 243면.
4) 이 경우 판례는 양수채권액과 가압류된 채권액의 합계액이 제3채무자에 대한 채권액을 초과할 때에는 그들 상호간에는 법률상의 지위가 대등하므로 공평의 원칙상 각 채권액에 안분하여 이를 내부적으로 다시 정산할 의무가 있다고 보았다.
5) 김형배, 600면.

Ⅱ. 채무의 인수

90. 면책적 채무인수, 병존적 채무인수, 이행인수의 구분

> **사 례** 甲은 乙 소유의 시가 2억원인 토지 X를 사기로 하는 매매계약을 체결하였다. 이때 甲은 乙이 丙에 대하여 부담하는 5천만원의 채무를 담보할 목적으로 X토지에 대하여 저당권을 설정하였다는 사실을 발견하였다. 이에 甲이 그 채무를 매매대금의 일부로 인수하기로 하고 1억 5천만원을 乙에게 주었다. 乙이 변제기가 되었음에도 불구하고 채무를 이행하지 않는 경우에 丙은 누구에 대하여 이행을 청구할 수 있는가?

丙이 누구에게 채무의 이행을 청구할 수 있는지는 甲과 乙 사이에 丙에 대한 채무를 매매대금의 일부로 인수하기로 하는 합의의 해석에 의하여 결정된다.

(1) 면책적 채무인수, 병존적 채무인수, 이행인수

면책적 채무인수는 채무의 동일성을 유지하면서 채무를 인수인에게 이전시키는 계약을 말한다. 이에 기하여 새 채무자가 구채무자의 위치를 차지하게 되며 구채무자는 채무를 면하게 된다. 따라서 면책적 채무인수가 이루어졌다면 丙은 새로운 채무자인 甲에게만 이행을 청구할 수 있다.

병존적 채무인수에서는 구채무자가 채무를 면하지 않고 새 채무자는 구채무자와 함께 채무를 부담한다. 병존적 채무인수에서 채권자는 기존에 갖고 있던 구채무자에 대한 채권을 행사할 수 있을 뿐만 아니라, 새 채무자에 대하여도 채무의 이행을 청구할 수 있으므로 병존적 채무인수가 이루어졌다면 丙은 甲·乙 모두에게 이행을 청구할 수 있다.

이행인수에서는 제3자가 채무를 이행하겠다는 의무를 채무자에게 부담하게 된다. 이 경우 채무자가 제3자에게 채무의 이행을 하라는 청구권을 갖게 될 뿐이며 채권자는 채무자에 대하여만 계속해서 청구권을 행사할 수 있을 뿐이다. 따라서 사안에서 이행인수가 이루어졌다면 丙은 乙에게만 이행을 청구할 수 있다.

(2) 당사자의 의사해석

면책적 채무인수인가, 병존적 채무인수인가 아니면 이행인수인가 하는 것은 채무인수계약에 나타난 당사자의 의사해석에 의하여 판단하여야 한다. 체결된 채무인수계약이 면책적인가 아니면 병존적인가의 여부가 어느 쪽인지 분명하지 않으면 병존적 채무인수로 보아야 한다.[1] 면책적 채무인수는 채권자와 인수인 사이의 계약(제453조) 및 채무자와 인수인 사이의 계약(제454조)을 통하여 성립할 수 있다. 본 사안에서는 채권자인 丙은 계약의 당사자가 아니므로 결국 채무자와 인수인 사이의 계약체결을 통하여 면책적 채무인수가 이루어졌는지가 문제된다. 그런데 채무자와 인수인 사이에 계약을 통하여 면책적 채무인수가 이루어지기 위해서는 채무인수에 대하여 채권자의 승낙이 있어야 한다(제454조 제1항). 본 사안에서는 아직 이와 같은 승낙을 받지 않은 것으로 보아서 면책적 채무인수가 있었다고는 보기 어렵다.[2] 결국 본 사안에서는 병존적 채무인수인가 아니면 이행인수인가의 문제만 남는다.

채무자와 인수인 사이의 계약으로 체결되는 병존적 채무인수는 채권자로 하여금 인수인에 대하여 새로운 권리를 취득하게 하는 것으로 제3자를 위한 계약의 하나로 볼 수 있으나, 이행인수는 인수인이 채무자에 대한 관계에

---

1) 대법원 2002. 9. 24. 선고, 2002다36228 판결.
2) 대법원 1995. 8. 11. 선고, 94다58599 판결: 부동산의 매수인이 매매목적물에 관한 채무를 인수하는 한편 그 채무액을 매매대금에서 공제하기로 약정한 경우, 그 인수는 특별한 사정이 없는 한 매도인을 면책시키는 채무인수가 아니라 이행인수로 보아야 하고, 면책적 채무인수로 보기 위하여는 이에 대한 채권자의 승낙이 있어야 한다.

서 채무자를 면책케 하는 채무를 부담하게 될 뿐 채권자로 하여금 직접 인수인에 대한 채권을 취득케 하는 것이 아니다. 결국 제3자를 위한 계약인 병존적 채무인수와 이행인수의 판별기준은 계약당사자에게 제3자 또는 채권자가 계약당사자 일방 또는 인수인에 대하여 직접 채권을 취득케 할 의사가 있는지 여부에 달려 있다.3) 구체적으로는 계약 체결의 동기, 경위와 목적, 계약에 있어서의 당사자의 지위, 당사자 사이 및 당사자와 제3자 사이의 이해관계, 거래관행 등을 종합적으로 고려하여 그 의사를 해석하여야 한다. 본 사안에서는 제3자인 丙에게 권리를 취득하게끔 하는 제3자를 위한 계약을 체결할 특별한 의사가 당사자들에게 없었던 것으로 보이므로 이행인수로 보아야 한다.4) 따라서 丙은 乙에게만 이행의 청구를 할 수 있다.

3) 대법원 1997. 10. 24. 선고, 97다28698 판결.
4) 대법원 2007. 9. 21. 선고, 2006다69479 · 69486 판결.

91. 계약인수

> **사 례** 건설회사 A가 아파트를 건축하다가 부도가 나자 A의 채권자들이 채권의 확보를 위하여 신설회사 B를 설립하였다. 그리고 A와의 계약을 통하여 B는 A가 분양계약에 따라 피분양자들에 대하여 부담하는 소유권이전등기채무의 이행뿐만 아니라 잔대금채권까지도 함께 양수하기로 하는 약정을 하였다. 그 후 B는 A와 분양계약을 체결한 피분양자 甲에게 공사를 인수하였다면서 준공검사가 나면 소유권이전등기를 해주겠으니 준공검사동의서에 날인해달라고 요청하여 피분양자 甲이 이에 응하였다. 이 경우 B와 甲 사이의 법률관계는?[1)]

 본 사안에서 B는 A로부터 甲과의 관계에서 부담하고 소유권이전등기채무의 이행뿐만 아니라 잔대금채권까지도 함께 양수하기로 하는 약정을 하였다. 이 경우 채권 또는 채무의 귀속주체를 변경하는 채권양도 내지 채무인수 계약이 체결된 것인지 아니면 계약당사자로서의 지위의 이전을 목적으로 하는 계약인수가 이루어졌는지가 문제된다. 계약 또는 법률에 의하여 계약인수가 이루어지면 한 당사자가 하나의 계약관계로부터 나오고 다른 제3자가 계약당사자로 그 자리에 들어가게 된다. 따라서 계약인수가 이루어졌다면 B에게 분양계약으로부터 나오는 모든 권리와 의무가 이전된다. 사안에서 A가 부도가 나서 분양계약에서 부담하는 권리와 의무를 양수하기로 하였다면, B는 분양계약의 분양자로서의 지위를 승계할 것을 목적으로 하는 계약인수약정을 A와 한 것으로 보는 것이 타당하다.

 계약인수가 성립하려면 원계약 당사자와 인수인 사이의 3면계약에 의하여 행하여져야 하나, 원계약 당사자의 일방과 인수인이 인수계약을 체결하고 원계약의 상대방이 이에 동의 내지 승낙하는 방법으로도 계약인수가 이루어질 수도 있다.[2)] 본 사안에서는 분양계약의 일방 당사자인 A와 인수인

---

1) 대법원 1996. 2. 27. 선고, 95다21662 판결 변형.

B 사이에 계약인수약정이 이루어졌으므로 甲의 승낙 내지 동의가 요구된다. 그런데 B가 준공검사가 나면 소유권이전등기를 해주겠으니 준공검사동의서에 날인해달라고 요청하여 피분양자 甲이 이에 응한 사실로 보아서는 甲이 A와 B 사이의 계약인수에 동의한 것으로 볼 수 있다. 따라서 B는 A의 분양자로서의 지위를 승계하여 甲의 분양계약 당사자가 되었다.

---

2) 대법원 1987. 9. 8. 선고, 85다카733 · 734 판결.

92. 면책적 채무인수와 보증, 담보의 소멸

사 례 치과 개업을 하게 된 甲은 개업준비를 위해서 乙로부터 5억원을 빌렸고 자신의 아파트와 친구 丙의 오피스텔을 목적으로 하는 저당권을 담보로 설정하여 주었다. 甲이 결혼을 하게 되자 甲의 장인 丁은 甲·乙과 함께 甲의 채무를 전적으로 인수하기로 하는 면책적 인수에 합의를 하였다. 그 후 丁이 돈을 갚지 못하자 乙은 甲의 아파트 및 丙의 오피스텔에 설정되어 있는 저당권을 실행하려고 한다. 가능한가?

乙이 저당권을 실행하기 위해서는 丁의 면책적 채무인수가 이루어졌음에도 불구하고 담보권인 저당권이 소멸하지 않았어야 한다. 면책적 채무인수로 인하여 인수인은 종래의 채무자와 지위를 교체하여 새로이 당사자로서 채무관계에 들어서서 종래의 채무자와 동일한 채무를 부담하고 동시에 종래의 채무자는 채무관계에서 탈퇴하여 면책되는 것일 뿐 종래의 채무가 소멸하는 것이 아니다. 따라서 채무인수로 종래의 채무가 소멸하였으니 저당권의 부종성으로 인하여 소멸한 채무를 담보하는 저당권도 당연히 소멸한다는 법리는 성립하지 않는다.[1]

다만 제459조에서는 보증인 또는 물상보증인의 동의가 없는 한 전채무자의 채무에 대한 보증이나 제3자가 제공한 담보는 채무인수로 인하여 소멸한다고 규정하고 있다. 제3자의 담보가 소멸하도록 규정한 것은 물상보증인이나 보증인은 구채무자의 변제자력을 보고 담보를 설정한 것인데, 신채무자에게 당연히 담보가 이전한다고 보면 신채무자의 변제자력이 좋지 않아 담보제공자들의 지위가 열악해질 수 있기 때문이다. 본 사안에서 물상보증인 丙의 동의가 없었으므로 丙의 오피스텔에 대한 저당권은 소멸하였다고 보아야 한다.

---

1) 대법원 1996. 10. 11. 선고, 96다27476 판결.

구채무자가 설정한 담보권에 관하여는 명문의 규정은 없지만 학설은 채권자와 신채무자 사이의 계약에 의한 채무인수의 경우에 소멸하지만, 구채무자와 신채무자 사이의 계약 또는 채권자·구채무자·신채무자의 3면계약에 의한 경우에는 소멸하지 않는다고 보고 있다. 즉 구채무자가 관여한 경우에는 사실상 동의가 있는 것으로 볼 수 있기 때문에 구채무자가 설정한 담보권은 소멸하지 않는 것으로 보는 것이다. 본 사안에서는 채권자·구채무자·신채무자의 3면계약으로 체결되었으므로 乙은 甲의 아파트에 설정되어 있는 저당권을 실행할 수 있다.

제7장 채권의 소멸

93. 조건부변제공탁의 효력

사 례   甲은 A은행으로부터 1억원을 빌리면서 그 소유 부동산 X에 대하여 A 앞으로
근저당권설정등기를 하였다. 甲이 변제기에 1억원 및 이자를 모두 갚으려고 하
였으나, A는 수령을 거절하고 부동산에 대하여 경매신청을 하였다. 甲은 A가
경매신청을 취하하고, 근저당권설정등기를 말소하기 위한 서류를 교부해 줄 것
을 조건으로 위 금액을 변제공탁하였다. 甲의 공탁은 효력이 있는가?

공탁이란 채권자가 변제를 받지 않거나 받을 수 없는 때 변제자가 채권
자를 위하여 변제의 목적물을 공탁하여 그 채무를 면하는 제도를 뜻한다(제
487조). 채무자가 공탁으로 인하여 채무를 면하기 위해서는 (1) 채권자가 변
제를 받지 않거나 받을 수 없는 경우(제487조 1문)이거나 (2) 변제자가 과실
없이 채권자를 알 수 없는 경우이어야 한다(제487조 2문). 甲은 변제기에 채
권자인 乙에게 1억원 및 이자를 모두 갚으려고 하였으나 乙이 수령을 거절하
고 甲의 부동산에 대하여 경매신청을 하였다는 사실로부터 변제를 받지 않
으려고 하는 채권자의 의사를 확인할 수 있었으므로 변제공탁의 요건은 충
족되었다.

문제가 되는 것은 甲이 한 공탁이 조건부로 이루어졌다는 점이다. 채무자가 채권자에 대하여 동시이행의 항변권을 가지고 있는 경우에 채권자가 반대급부를 이행할 것을 공탁물수령의 조건으로 하는 것과 같이 본래 채권에 부착되어 있는 조건을 붙여서 하는 조건부공탁은 가능하다.[1] 그러나 본래의 채권에 부착되어 있지 않은 조건을 붙여 행한 공탁은 채권자가 승낙하지 않는 한 공탁 자체가 무효이다.[2] 따라서 본 사안에서 경매신청을 취하하고 근저당권설정등기를 말소하기 위한 서류를 교부하는 것이 원래 채권에 부착되어 있는 조건인지가 문제된다. 채무담보를 위하여 저당권이 설정되어 있는 경우 채무자의 변제의무는 채권자의 등기말소의무보다 선행하는 것이므로 채무변제와 등기말소의 이행을 교환적으로 구할 수 없다. 따라서 채무자가 채무담보를 위하여 설정된 저당권이나 가등기의 말소에 필요한 서류의 교부를 조건으로 하여 채무액을 공탁한 것은 원래 채권에 부착되어 있지 않은 조건을 붙인 것이고 이에 대하여 A가 승낙하지 않는 한 공탁으로서 효력이 없다고 보아야 한다.[3]

---

1) 대법원 1992. 12. 22. 선고, 92다8712 판결.
2) 대법원 1984. 4. 10. 선고, 84다77 판결; 김중한 · 김학동, 385면.
3) 대법원 1982. 12. 14. 선고, 82다카1321 판결; 대법원 1979. 1. 23. 선고, 78다2085 판결.

94. 상계의 요건과 상계계약

> **사 례** 甲은 乙의 양복점에서 50만원짜리 양복을 맞추었다. 재단이 끝나서 기장을 맞추러 들른 김에 甲과 乙은 다른 사람들과 노름을 하였고 결국 乙이 甲에게 20만원의 빚을 지게 되었다.
> (1) 乙은 양복맞춤에 대한 보수청구권으로 노름채무를 상계할 수 있는가?
> (2) 반대로 甲이 상계할 수 있는가?
> (3) 甲과 乙이 상계하기로 합의를 보는 것은 가능한가?

일방적 의사표시에 의한 상계가 가능하기 위해서는 두 당사자의 채권이 상계적상에 있어야 한다. 상계가 가능하기 위해서는 (1) 동종의 급부(원칙적으로 금전)를 목적으로 하는 대립하는 쌍방의 채권이 있어야 하고, (2) 상계 당시 양 채권이 유효하게 존재해야 하며, (3) 자동채권이 이행기에 도래하고 있어야 하고, (4) 상계가 금지된 경우가 아니어야 한다(제492조 제1항).

(1) 상계를 하려는 乙측의 채권인 도급계약에 기한 보수청구권은 자동채권인데, 이 보수청구권은 양복을 완성하기 전까지는 아직 이행기가 도래하지 않았다(제665조 제1항). 따라서 乙은 상계할 수 없다.

(2) 甲이 자동채권으로 상계하려는 노름에 기한 채권은 민법 제103조의 선량한 풍속 기타 사회질서에 반하여 무효이고, 따라서 그 이행을 강제할 수 없으므로 甲은 상계할 수 없다.

(3) 일방적 의사표시에 의한 상계와 달리 양 당사자의 합의에 의한 상계계약도 가능하다. 상계계약의 경우에는 상대방의 보호가 문제되지 않으므로 상계에서 설정된 엄격한 요건이 충족될 필요가 없다.[1] 甲과 乙이 상계하기로 합의를 보았다면, 해당 채권이 이행기가 도래하지 않았고 채권의 이행을 강제할 수 없다는 점은 중요하지 않다.

---

1) 김대정 · 최창렬, 507면.

95. 상계의 금지

사 례 평소 술을 좋아하는 치과의사 甲은 점심 때 반주로 소주 반 병을 마시고 치료에 임하였다. 甲은 몸 상태가 평소보다 좋지 않았던 관계로 취기를 느꼈으나, 예약 환자가 밀려있어 진료를 보기로 하였다. 甲은 사랑니를 뽑으러 온 乙에 대한 진료를 하면서 엑스레이를 잘못 읽어 왼쪽 사랑니를 뽑는다는 것이 오른쪽 어금니를 뽑는 실수를 저질렀다. 乙은 甲에게 치료비 및 손해배상 일체로 500만원을 청구하자 甲은 乙이 치아교정을 하면서 치료비 200만원을 내지 않고 있으므로 200만원을 상계하여 300만원만 지급한다고 주장한다. 甲의 상계주장은 정당한가?

　　甲의 상계주장이 정당하기 위해서는 두 당사자의 채권이 상계적상에 있어서 한다. 상계적상이 인정되기 위해서는 (1) 동종의 급부를 목적으로 하는 대립하는 쌍방의 채권이 있어야 하고, (2) 상계 당시 양 채권이 유효하게 존재하여야 하며, (3) 자동채권이 이행기에 도래하고 있어야 하고, (4) 상계가 금지된 경우가 아니어야 한다(제492조 제1항). 甲과 乙은 쌍방에 대하여 서로 동종의 급부를 목적으로 하는 금전채권을 가지고 있으며 甲과 乙의 채권 모두 이행기가 도래하였고 甲과 乙의 채권은 유효하게 존재하고 있었다. 사안에서 乙의 甲에 대한 채권이 불법행위로 인한 손해배상채권이므로 법률상 상계가 금지된 채권에 해당하지 않느냐가 문제된다.

　　채무가 고의의 불법행위로 생긴 것일 때에는, 그 채무자는 상계로 채권자에게 대항하지 못한다(제496조). 상계가 금지된 것은 고의의 불법행위로 인한 수동채권인 경우이고 자동채권인 경우에는 상계가 가능하다. 상계하는 측의 채권을 자동채권이라고 하고, 상계를 당하는 측의 채권을 수동채권이라고 하므로 본 사안에서 수동채권은 불법행위를 이유로 한 乙의 甲에 대한 손해배상채권이다. 문제는 甲의 불법행위가 고의에 의한 것이냐는 것이다. 사안의 경우를 살펴보건대 甲이 乙에게 신체상의 상해를 가하려고 하는 인식 및 의욕이 없었다고 보여지므로 고의는 인정할 수 없고, 다만 의료행위를 음주상태에서 하였다는 점에서 甲의 중과실은 인정할 수 있을 것이다. 그러면 중과실을 상계의 금지에서 고의와 동일하게 취급할 수 있는지 문제된다.

고의의 불법행위로 인한 손해배상채권에 대한 상계를 금지하는 입법취지를 살펴보면 다음과 같다. 즉 고의의 불법행위로 인한 손해배상채권에 대하여 상계를 허용한다면 고의로 불법행위를 한 자가 상계권행사로 현실적으로 손해배상을 지급할 필요가 없게 되어 보복적 불법행위를 유발하게 될 우려가 있고, 고의의 불법행위로 인한 피해자가 가해자의 상계권행사로 인하여 현실의 변제를 받을 수 없는 결과가 됨은 사회적 정의관념에 맞지 않기 때문이다. 이와 같은 입법취지에 비추어 볼 때, 고의의 불법행위로 인한 손해배상채권에 대한 상계금지를 중과실의 불법행위에 의한 손해배상채권까지 유추 또는 확장 적용하여야 할 필요성이 없다.[1] 그러므로 甲의 상계주장에 있어 수동채권인 불법행위로 인한 손해배상채권은 甲의 중과실로 인한 것이므로 제496조가 적용되지 않는다. 따라서 甲의 상계주장은 정당하다.

---

1) 대법원 1994. 8. 12. 선고, 93다52808 판결.

96. 지급금지채권을 수동채권으로 하는 상계의 금지

사 례 甲은 2007년 4월 12일 乙과 자신의 공장신축에 관한 도급계약을 체결하고 공사가 완공되면 10억원의 공사대금을 지급하기로 약속하였고, 乙은 2008년 6월 10일 공장을 완공하여 甲에게 인도하였다. 이 과정에서 甲은 乙에게 9억원의 공사대금을 미리 지급하여 1억원의 공사대금만이 남게 되었다. 한편 이 공사를 하면서 乙은 丙에게 창호 등의 공사를 공사대금 2억원에 하도급하였는데, 丙은 자신의 공사를 완료하였음에도 공사대금 중 1억원을 乙로부터 지급받지 못하자 2008년 7월 23일 관할법원으로부터 공사대금의 지급을 구하는 지급명령을 받았다. 이 과정에서 丙은 채무자를 乙, 제3채무자를 甲, 청구금액을 1억원으로 하여 2008년 6월 23일 乙의 공사대금채권을 가압류하였고(6월 30일 송달), 그 후 채권압류 및 추심명령을 받았다. 그런데 甲은 자신이 乙에게 2008년 4월 22일 대여해 준 1억원의 대여금채권(변제기는 2008년 7월 25일)으로 乙의 공사대금채권을 상계하겠다고 주장한다. 이러한 甲의 주장은 정당한가?[1]

　　甲의 상계주장이 정당하기 위해서는 두 채권이 상계적상에 있어야 한다. 상계적상이 인정되기 위해서는 (1) 동종의 급부를 목적으로 하는 대립하는 쌍방의 채권이 있어야 하고, (2) 상계 당시 양 채권이 유효하게 존재해야 하며, (3) 자동채권의 이행기가 도래해야 하며, (4) 상계가 금지된 경우가 아니어야 한다(제492조 제1항). 본 사안에서 甲과 乙은 쌍방에 대하여 동종인 금전채권이 유효하게 존재하고 있고, 자동채권인 甲의 대여금채권은 2008년 7월 25일에 이행기가 도래하므로 이때부터 상계적상이 갖추어졌다고 볼 수 있다. 다만 사안에서는 甲의 상계주장이 제498조에서 금지하는 지급금지채권을 수동채권으로 하는 상계에 해당하느냐가 문제된다.

　　지급을 금지하는 명령을 받은 제3채무자는 자신이 그 후에 취득한 채무자에 대한 채권을 자동채권으로 하여 상계를 하더라도 지급을 금지하는 명령

---

1) 대법원 2012. 2. 16. 선고, 2011다45521 전원합의체 판결 변형.

을 신청한 채권자에게 대항하지 못한다(제498조). 이는 압류나 가압류와 같이 지급을 금지하는 명령을 신청한 채권자의 이익을 보호하기 위한 목적을 갖는다. 제498조는 명시적으로 "그 후에 취득한 채권", 즉 지급금지명령을 받은 후에 취득한 채권에 의한 상계주장만을 금지하고 있어, 지급금지명령을 받기 전에 취득한 채권을 자동채권으로 하는 상계는 무제한적으로 허용되는 것처럼 보인다. 그러나 학설2)과 판례3)는 (1) 압류 또는 가압류의 효력이 발생할 당시에 자동채권과 수동채권이 상계적상에 있거나, (2) 압류 또는 가압류 당시에 자동채권이 변제기에 아직 이르지 않았다면 자동채권의 변제기가 피압류채권인 수동채권의 변제기보다 먼저 도달하거나 최소한 동시에 도달하는 경우에만 상계로 가압류채권자에게 대항할 수 있다고 본다. 자동채권의 변제기가 피압류채권인 수동채권의 변제기보다 늦은 경우라면 제3채무자가 이미 변제기가 도래한 수동채권의 변제는 거부하면서 반대채권인 자동채권의 변제기가 도래할 것을 기다려 상계를 주장하는 것이므로 제3채무자의 상계에 대한 기대를 보호할 필요가 없기 때문이다. 따라서 가압류의 효력이 발생하는 2008년 6월 30일에 자동채권인 대여금채권의 변제기(2008년 7월 25일)가 아직 도래하지 않았고, 자동채권의 변제기가 피압류채권이자 수동채권인 공사대금채권의 변제기(2008년 6월 10일)4)보다 늦게 도래하게 되는 본 사안에서 甲의 상계는 금지되므로, 甲의 상계주장은 정당하지 않다.

---

2) 김상용, 501면; 김형배, 772면; 이은영, 756면.

3) 대법원 1989. 9. 12. 선고, 88다카25120 판결; 대법원 2003. 6. 27. 선고, 2003다7623 판결.

4) 도급계약에서 보수는 특약이나 별도의 관습이 없다면 완성된 목적물의 인도와 동시에 지급되어야 한다(제665조, 제656조 제2항). 乙은 2008년 6월 10일 공장을 완공하여 甲에게 인도하였다.

97. 상계의 소급효

> 사례　甲은 乙로부터 사무실 가구를 구입하고 매매대금 1000만원은 1년 후에 갚기로
> 하였다. 甲은 그 대신 매달 약간의 이자를 지급하기로 하였다. 반 년 동안 이자
> 를 지급한 甲은 1년 전에 돌아가신 아버지의 유서를 발견하고 자신이 단독상속
> 인으로서 물려받은 상속재산 중에 乙에 대한 2000만원의 금전채권이 있다는
> 사실을 알게 되었다. 甲이 곧바로 상계한 경우에 이미 지급한 이자를 돌려받을
> 수 있는가?
>
> 【변형】　甲이 자신이 단독상속인이라는 사실을 안 때 이미 매매대금을 지급한
> 상태였다. 이 경우 甲은 상계할 수 있다는 사실을 모르고 매매대금을
> 지급했으므로, 상계를 주장하여 매매대금과 이자의 반환을 요구할 수
> 있는가?

甲의 乙에 대한 부당이득반환청구권(제741조)

　　甲이 이자를 지급할 당시에는 매매계약에 기한 이자지급의무가 존재하
였으므로 법률상의 원인이 존재하였다. 甲이 乙에게 부당이득을 이유로 이
자의 반환을 청구하기 위해서는 소급적으로 법률상의 원인이 소멸하였어야
한다. 이것은 상계로 인하여 매매계약에 기한 매매대금지급의무가 언제 소
멸하였는지의 문제와 연관되어 있다.

　　상계의 의사표시는 각 채무가 상계할 수 있는 때에 대등액에 관하여 소
멸한 것으로 본다(제493조 제2항). 즉 상계의 효력이 발생하는 시점은 상계의
의사표시를 행사한 때가 아니라, 상계를 할 수 있는 때, 즉 두 채권이 상계적
상에 놓여졌을 때이다. 따라서 상계는 소급효를 갖는다. 사안에서 매매계약
을 체결할 당시에 甲은 아버지의 재산을 이미 상속받고 있었으므로 상계적
상에 있었다. 이때 상계를 한 甲이 주관적으로 상계적상이 존재하였다는 사

실을 모르고 있었더라도 이는 중요하지 않다. 상계로 인하여 매매계약 체결 시로 돌아가서 양 채권은 소멸하므로 이자채권의 발생원인인 매매대금채권 이 이로써 소급적으로 소멸하였다. 이자를 지급해야 할 법적 근거인 매매대 금채권이 소멸하였으므로 甲은 부당이득을 이유로 乙에게 지급한 이자의 반 환을 요구할 수 있다.

【변형】 형식적으로만 생각한다면 상계의 소급효로 인하여 상계가 이행보 다 나중에 이루어져도 상계로 인하여 채권이 소멸하는 효과가 이행으로 소 멸하는 효과보다 앞지를 수 있다. 그러나 이러한 형식적인 법의 적용은 타당 하지 않다. 왜냐하면 이행과 상계는 독자적이면서 동등한 채권의 소멸사유 에 해당하기 때문이다. 따라서 채무자가 이 중 한 가지 가능성을 활용하여 채권의 만족을 가져왔다면 법적 안정성을 위해서 그 상태를 인정해야 한 다.[1] 따라서 甲은 사후적으로 상계를 하여 매매대금과 이자의 반환을 청구 하지 못한다.

---

1) 곽윤직, 290면 이하; 김대정 · 최창렬, 528면.

98. 경 개

사 례 甲은 乙과의 매매계약을 체결하고 매매목적물을 乙에게 인도하였으나, 乙은 매매대금을 지급하지 못하고 있었다. 이에 甲은 평소 乙 소유의 그림을 갖고 싶었는데, 매매대금을 대신하여 그림을 받는 것으로 하자고 제안하자 乙 역시 흔쾌히 승낙하였다. 그 후 甲이 여러 번 요청하였음에도 불구하고 乙이 그림을 인도하지 않자 甲은 매매대금을 그림으로 대신 받겠다는 합의를 해제하고 매매계약으로 인도된 매매목적물의 반환을 청구하였다. 정당한가?

경개계약의 해제를 이유로 하는 매매목적물의 반환청구권(제548조 제1항, 제544조)

甲이 이행지체를 이유로 계약을 해제하고 매매계약으로 인도된 매매목적물의 반환을 청구하기 위해서는 해당 계약을 해제할 수 있어야 한다. 사안에서 甲이 해제하고 싶은 계약은 매매대금을 그림으로 대신 받겠다는 계약이다. 본 계약이 어떠한 성질을 갖는지를 우선 해석해야 한다. 만약 사안에서 그림으로 매매대금을 대신하여 받았다고 한다면 이는 대물변제에 해당한다. 그러나 甲은 매매대금을 대신하여 그림을 직접 받은 것이 아니라, 매매대금채권을 대신하여 그림의 소유권이전을 목적으로 하는 채권을 발생시키는 내용의 계약을 체결하였다. 이와 같이 채무의 중요한 부분을 변경함으로써 신채무를 성립시키는 동시에 구채무를 소멸시키는 계약을 경개계약이라 한다(제500조). 특히 사안과 같이 매매대금을 받는 것 대신 그림으로 받는 것을 내용으로 하는 것은 급부목적의 변경으로 인한 경개에 해당한다.[1] 급부목적의

---

1) 경개에는 3종류가 있다. (1) 급부목적의 변경으로 인한 경개, (2) 채무자의 변경으로 인한 경개, (3) 채권자의 변경으로 인한 경개가 그것이다(자세한 내용은 김형배, 779면 이하 참조).

변경을 내용으로 하는 경개계약이 유효하려면 (1) 소멸할 채권이 존재해야 하고, (2) 신채무가 성립해야 하며, (3) 채무의 중요부분의 변경이 있어야 한다. 사안에서 甲의 乙에 대한 매매대금채권을 대신하여 그림의 양도라는 새로운 내용의 채권이 성립하였고, 채권의 목적이 금전의 급부에서 그림의 인도로 변경되었다는 점에서 중요부분의 변경이 있었다. 따라서 甲과 乙 사이에는 경개계약이 유효하게 성립하였다.

문제는 사안에서 乙이 그림을 인도하지 않음으로써 이와 같은 경개계약을 위반하였는가이다. 경개계약은 신채권을 성립시키고 구채권을 소멸시키는 처분행위이므로 신채권이 성립되면 그 효과는 완결되고 경개계약 자체의 이행의 문제는 발생할 여지가 없다.[2] 따라서 乙이 그림을 인도하지 않으면 그림의 인도라는 채무를 위반하고 있을 뿐 경개계약을 위반할 수는 없는 것이므로 경개에 의하여 성립된 신채무의 불이행을 이유로 경개계약을 해제할 수는 없다. 다만 당사자 사이에서는 계약자유의 원칙상 경개계약의 성립 후에 그 계약을 합의해제하여 구채권을 부활시키는 것은 가능하다.[3] 결국 甲과 乙 사이에 경개계약을 해제하자는 합의가 없는 이상 구채무를 부활시킬 수 없으므로 甲은 경계계약을 해제할 수 없고 그에 따라 매매목적물의 반환도 청구할 수 없다.

---

[2] 대법원 1980. 11. 11 선고, 80다2050 판결; 김증한 · 김학동, 404면; 김형배, 785면.
[3] 대법원 2003. 2. 11. 선고, 2002다62333 판결.

99. 면 제

사 례 甲은 대리점을 운영하고 있는 乙에게 300만원을 빌려주었는데, 자신의 조카 丙을 대리점에 취직시켜 주면 300만원의 채무를 면해주겠다고 하였다. 乙은 丙이 마음에 들지 않았지만, 일단 생각해 보겠다고 하였다. 그 후 乙은 丙이 결혼 후 성실하게 생활하는 것을 보고 자신의 대리점에 취직시켜 주었다. 甲이 乙에게 300만원을 요구하자 乙은 丙을 취직시켜 주었으니, 300만원을 갚을 필요가 없다고 주장한다. 정당한가?

사안에서 甲의 면제의 의사표시가 유효하게 효력을 발생하였다면 乙은 300만원을 지급할 필요가 없을 것이다. 면제는 채권자가 채무자에게 채무를 면제하는 의사표시를 표시한 때에 채권의 소멸이라는 효과를 가져온다(제506조). 이때 면제가 계약이라고 한다면 채권자의 청약의 의사표시에 대하여 채무자의 면제에 대한 승낙의 의사표시가 필요하게 되는데, 사안에서 채무자 乙이 확답을 주지 않았으므로 면제는 성립하지 않게 된다. 그러나 우리 민법은 면제에 대하여 채권자의 채무자에 대한 의사표시만 요구하고 있으므로 면제는 단독행위이다. 그러므로 채무자가 승낙하지 않더라도 채권자 甲의 면제의 의사표시는 성립하였다.

사안에서 자신의 조카 丙을 대리점에 취직시키는 경우에 면제를 해주겠다는 정지조건부 면제가 이루어졌다. 일반적으로 단독행위의 경우 조건을 붙이는 것은 허용이 되지 않으나, 면제의 경우 조건을 붙이더라도 채무자에게 불이익을 줄 염려가 없으므로 조건을 붙이는 것이 허용된다. 乙이 丙을 대리점에 취직시켜 줌으로써 조건이 성취되었으므로 면제의 효과는 발생하였다(제147조 제1항). 따라서 乙은 甲에게 300만원을 지급할 필요가 없다.

100. 혼 동

사 례 2017년 1월 자기 명의로 사업자등록을 마친 甲은 乙의 건물 일부를 임차하여 막국수 식당을 운영하였다. 이후 식당으로 큰 돈을 벌게 된 甲은 임대차기간이 종료될 때 즈음하여 乙로부터 건물을 매입하였다. 甲은 임대기간이 종료된 후 乙에게 임대보증금의 반환을 요구하였는데, 乙은 甲이 건물의 소유자가 됨으로써 임대계약의 당사자가 되었고 乙 자신은 더 이상 임대인의 지위에 있지 않다는 이유로 거절하였다. 정당한가?

사안에서 임차인인 甲은 자신의 명의로 사업자등록을 하였고 임차한 점포를 인도받았으므로 상가건물임대차보호법 제3조 제1항에서 규정한 대항력이 발생한다. 이때 대항력이 있는 임차인 甲이 임차하였던 건물을 임대인 乙로부터 양도받은 경우, 甲의 보증금채권이 상가건물임대차보호법 제3조 제2항에 의하여 혼동으로 소멸되는지가 문제된다.

혼동은 채권과 채무가 동일한 주체에 귀속한 때 채권을 소멸시키는 채권의 소멸사유에 해당한다(제507조 본문). 사안에서와 같이 대항력 있는 임차인이 있는 경우 임차건물의 양수인은 임대인의 지위를 포괄적으로 승계한다(상가건물임대차보호법 제3조 제2항). 그에 따라 임차인 甲은 임대인인 乙로부터 건물을 양수한 자로서 건물의 소유권을 취득함과 아울러 임대인의 지위를 승계하게 된다. 또한 임대차보증금의 반환채무도 부동산의 소유권과 결합하여 일체로써 이전하는 것이므로 보증금채무와 보증금채권이 모두 임차인 甲에게 귀속하여 혼동이 발생하여, 결국 보증금채권 · 채무관계는 소멸하게 된다. 따라서 대항력을 갖춘 임차인이 당해 건물을 양수한 때에는 임대인의 보증금반환채무는 소멸하고 양수인인 임차인이 임대인의 자신에 대한 보증금반환채무를 인수하게 되어, 임차인의 보증금반환채권은 혼동으로 인하여 소멸하게 된다.[1] 혼동으로 인하여 소멸할 채권이 제3자의 권리의 목적인 때에는 소멸하지 않으나(제507조 단서), 본 사안에서는 그와 같은 사정이 존재하지 않으므로 甲의 보증금채권은 혼동으로 소멸하였고 그에 따라 乙의 거절은 정당하다.

---

1) 대법원 1996. 11. 22. 선고, 96다38216 판결. 상가건물임대차보호법 제3조 제2항은 간주규정을 통하여 임차인의 대항력을 강화시켜 주는 것을 목적으로 한다. 그러나 사안과 같이 동법 제3조 제2항을 엄격히 적용하는 경우 오히려 임차인의 보증금채권 을 박탈하게 하는 결과를 낳는다. 그런데 의사해석상 임차인이 자신의 보증금반환채 권의 소멸을 예상할 수 있었는가에 대해서는 의문이 남는다. 그러나, 이러한 사정이 문언해석상 상가건물임대차보호법 제3조 제2항의 '양수인(그 밖에 임대할 권리를 승 계한 자를 포함한다)'의 범위에서 임차인을 제외할 근거로는 미약하다고 생각된다.

찾 아 보 기

이병준

고려대학교 법과대학, 동 대학원 졸업(법학석사)
독일 Tübingen 대학교 법과대학(법학박사)
부산대학교 법과대학, 한국외국어대학교 법학전문대학원 교수
대법원 재판연구관, 법무부 민법개정위원
현재: 고려대학교 법학전문대학원 교수
E-mail: leebgb@korea.ac.kr

황원재

고려대학교 법과대학, 동 대학원 졸업(법학석사)
독일 Osnabrück 대학교 법과대학(법학박사)
현재: 계명대학교 법학과 조교수
E-mail: hwonjae@gmail.com

정신동

한국외국어대학교 법과대학, 고려대학교 대학원 졸업(법학석사)
독일 Tubingen 대학교 법과대학(법학박사)
현재: 강릉원주대학교 법학과 조교수
E-mail: jungrecht@gmail.com

제5판
민법사례연습 III [채권총론]

2004년 9월 1일 초 판 발행
2023년 3월 2일 제5판 발행

저 자 이병준 · 황원재 · 정신동
발행인 이방원
발행처 세창출판사

신고번호 제1990-000013호
주소 03736 서울시 서대문구 경기대로 58 경기빌딩 602호
전화 02-723-8660 팩스 02-720-4579
이메일 edit@sechangpub.co.kr 홈페이지 www.sechangpub.co.kr
블로그 blog.naver.com/scpc1992 페이스북 fb.me/sechangofficial
인스타그램 @sechang-official

ISBN 979-11-6684-167-5 93360